U0827506

Responsive Security: Be Ready to Be Secure

响应式安全

构建企业信息安全体系

[新加坡] Meng-Chow Kang（江明灶） 著
M78 走马 译
段海新 审校

電子工業出版社
Publishing House of Electronics Industry
北京•BEIJING

Meng-Chow Kang: Responsive Security: Be Ready to Be Secure, First Edition, ISBN: 978-1-4665-8430-3

版权贸易合同登记号图字：01-2015-4173

图书在版编目（CIP）数据

响应式安全：构建企业信息安全体系 /（新加坡）江明灶（Meng-Chow Kang）著；M78，走马译. —北京：电子工业出版社，2018.4

书名原文：Responsive Security: Be Ready to Be Secure

ISBN 978-7-121-33796-3

Ⅰ. ①响… Ⅱ. ①江… ②M… ③走… Ⅲ. ①企业管理—信息安全—管理体系—研究 Ⅳ. ①F270.7

中国版本图书馆 CIP 数据核字(2018)第 041520 号

策划编辑：刘　皎
责任编辑：郑柳洁
印　　刷：三河市华成印务有限公司
装　　订：三河市华成印务有限公司
出版发行：电子工业出版社
　　　　　北京市海淀区万寿路 173 信箱　邮编 100036
开　　本：720×1000　1/16　印张 15.25　字数：244 千字
版　　次：2018 年 4 月第 1 版
印　　次：2018 年 4 月第 1 次印刷
定　　价：69.00 元

凡所购买电子工业出版社图书有缺损问题，请向购买书店调换。若书店售缺，请与本社发行部联系，联系及邮购电话：（010）88254888，88258888。

质量投诉请发邮件至 zlts@phei.com.cn，盗版侵权举报请发邮件至 dbqq@phei.com.cn。

本书咨询联系方式：010-51260888-819，faq@phei.com.cn。

序

这几年，许多组织和安全提供商已经开始转变他们的信息网络安全战略和服务。虽然法律法规和策略合规与否仍是管理层的最高关注因素之一，然而组织的信息安全状况，包括安全弱点，以及针对网络攻击的准备已被视为重点工作。这个安全管理战略转变的趋势是受多方面影响的。其一是这几年媒体报道了导致大量数据泄露和经济损失的多项严重安全事件，并对政府机构和一系列不同行业的国际品牌商业组织产生了恶劣影响。这些事件强化了高层管理者对信息和网络安全的重识，并加强了对组织和个人在这方面的管理。政府和管理机构开始在如何应对网络攻击方面提出相应的要求，受管制的企业必须对这些新的法律法规保持合规。

由于意识到组织内部和外部环境的安全状况信息，特别是与网络系统有关的安全漏洞和最新的攻击手段情报的必须性和重要性，许多安全提供商已把这些安全情报经济化，包装成用户组织可签订的一种信息服务。

安全信息共享也扩展并成熟，到了一个新的阶段，跳出了之前只有安全厂商和安全研究者的经济利益圈子。许多行业已设立了由业内用户组织的安全信息分享和分析架构，并与竞争对手分享安全风险信息。

为提高网络安全应对能力，类似网络靶场（Cyber Range）的技术方案也被商业化，成为安全厂商竞争市场份额的重要项目之一。这种技术提供了一个更真实的训练环境，让组织可以提高安全人员对安全攻击的分析和及时响应的能力。

许多组织的信息安全意识项目也升级到能力训练的层面，不只是安全信息传播。用互动的方法，如防钓鱼邮件的攻击实践练习，能够让用户接触真实钓鱼邮件的样本，从而测试他们的反应是否符合安全实践的要求。

可视度、现状意识、关键对齐、提升应对能力和关注响应能力，这些都是响应式安全的元素。这些元素与近期在业界组织安全管理战略的转变趋势吻合。这是在无计划性和无目的性操纵下的吻合，也可以说是一种巧合。但这个吻合却再次对压电式的信息安全风险管理理论做了一个无计划的验证，表明该理论在技术和商业环境转变下的实用性。

更重要的是，它显示了组织和安全厂商积极地转变网络安全的实践、战略和重点工作，这与提高可视度、应对能力和关注响应能力是吻合的。另外，压电理论也为解释这些战略转变的趋势提供了一个理论基础。

中文版翻译的完成时间超出了我和出版社的计划，我在这期间再次证实了文献中叙述的研究过程、讨论的观点，以及得到的结论，包括其中实现的战略和各种方法是及时的和适用的，而且更适用于当今的信息和网络安全趋势。希望读者能从本书中得到更多信息安全管理的知识和启发，扩展响应式安全的实践，加深在该战略和相关方法上的研究和分享。

致谢

我特别感激 Taylor & Francis 出版社的编辑贺瑞君，电子工业出版社的编辑刘皎与郑柳洁，以及清华大学段海新教授和王永科。

多位信息安全和行动实践研究领域的朋友和同事慷慨无私地与我分享了他们的想法，并在此项工作的各个阶段给出了支持和鼓励，尤其是符传威、Pauline Reich 教授、郑文浩博士及 Bob Dick 教授。我对 CRC 出版社的编辑团队深表感激，尤其是贺瑞君在整个出版过程中给予我的指导、建议和协助。

没有我挚爱的家人毫不动摇的支持、理解和忍耐，本书不可能完成。

谢谢大家。

江明灶（Meng-Chow Kang）

前言

信息安全风险管理是企业和政府机构应对相关信息安全威胁和漏洞的重要组成部分，旨在确保符合管理规定和最佳实践标准，向股东和客户展示自己尽职尽责的工作状态，并以最小成本实现业务目标。

虽然许多研究人员和从业者为信息风险管理的发展和进步做出了一定的贡献，但是现有方法只取得了有限的成功，并且在实践中仍然存在很多问题。尤其是当业务、运营和（或）技术环境面临变化时，这些问题在与信息安全相关的频发事故中是常见的。

信息风险管理所面临的挑战，其本质是复杂性。这种复杂性的出现是由于该领域涉及过多的问题和困境，源于经常互相冲突的要求、需求、认知和影响，包括但不止于人（个人和群体）、过程和技术等，还有问题环境中不同的商业经济发展程度、当局政治期望及文化限制等因素。现有方法只能部分地管理复杂性，还不能很好地满足需求。

为解决遇到的问题和困境，信息安全从业人员必须在实践中反复地反思他们的做法，在过程中不断学习，并且随着其所在风险环境的变化，以迅速的响应和可靠的、演进的方式逐渐提高自己的实践能力。

与此类似，组织需要做好准备，能够随时响应，采取响应式或者压电式（Piezoelectric）的方法，基于组织对响应准备程度的需求应对信息安全风险管理要求，并适应组织所在风险环境不断变化的特性。

响应式方法基于信息风险管理中所谓的“压电理论（Piezoelectric Theory）”的实体理论（Substantive Concept）。压电理论是在实证研究过程中发展出来的，采用了行动实践研究的方法，在六年多的时间内涉及多项案例研究、从业人员采访，并在真实环境中测试了提出的方法。

压电理论指出，如果组织系统中的信息安全实践设计使系统能够重新调整，在系统环境不断变化的风险条件下也能满足系统的整体需求，那么系统环境中新出现的风险状况带来的潜在负面影响将被重新调整所采取的行动措施平衡或消除。

受益于组织系统中的响应行为，环境中突发或新涌现的风险所造成的后果可能会对组织系统产生比较小的负面影响。影响的严重性与安全准备程度和组织的响应能力呈负相关。准备就绪就是指组织能做好准备重新调整其行为，并且能够及时地、系统地采取适当行动来平衡不断变化的风险环境所带来的负面影响。

通过实施和实践，压电理论的响应式方法在解决来自不断变化的风险状况的信息安全需求方面，展现了良好的效果，这些需求都是传统的合规性和面向控制的方法无法有效解决的。

本书回顾了当下认知和实践中存在的问题和困境，介绍了响应式方法的原则和办法，以及安全准备就绪的概念，展示了它在当今信息安全风险环境中的可行性和实用性，鼓励组织更多地采纳并在实践中使用此方法。通过从业人员和研究人员的实践和讨论，我也希望发展并持续响应和调整此方法，解决从业人员面临的不断变化的问题。

目录

1 引言

1.1 背景和动机

信息风险[1]管理的常见目标是确保对信息和信息系统机密性、完整性和可用性的充分保护，这些信息和信息系统对业务顺利进展[2]是关键的和必要的。根据我从事信息安全实践 20 多年的经验，加上不断地与从业人员和研究人员进行交流，我们一致认为对信息风险管理的认识和实践已经落后于其他管理学科，往往不足以支持该领域的从业者需求。

在很大程度上，从业人员的实践活动主要基于个人经验或试错法（trial-and-error），有时还要借用其他知识领域或学科的方法。大多数从业者一直专注于针对已知风险的政策

1 20 世纪末到 21 世纪初，工业界的术语“信息安全”（并非信息安全风险）与“信息风险”之间存在微小的区别。一些组织（包括 ALPHA）开始把它们分成两个职能：前者更关注威胁漏洞和安全解决方案方面的技术；后者更关注通过建立和实现整体框架来管理信息系统和网络中关于人群、方法和技术的威胁、漏洞和解决方案。信息风险管理被这些组织视为一个新的风险管理范例，就像金融机构必须关注和管理的市场风险、结算风险和信用风险一样。本研究中的关注点在后者上——信息风险管理——业界也称为“信息安全风险管理”。

2 信息安全风险管理的目标会根据组织的业务和管理需求的合规性而变化。这一点将在 2.2 节所描述的不同信息安全文献中提到。

合规性（Policy Compliance），即使他们知道每个组织的风险环境是不断变化的，也只在发生安全事故时才进行应对。

对提高我在此领域中实践能力的兴趣驱使我开始研究，以确定或制定一个适用于商业组织中不断变化的风险环境的信息风险管理方案。本书的研究考虑了现有文献资料的知识缺口，以及在实践中观察到的问题和困境。我的思考和分析源于我在此领域的实践经验，这些经验影响了我对问题的研究和得出的结论。我进行的研究已经成为一种用于管理信息安全风险的方法，被称为响应式方法（Responsive Approach），关注组织为应对不断变化的信息风险环境所做的响应准备。

本章介绍了需要研究的信息风险管理中的问题和困境，首先总结实践中的关键问题，然后简单描述响应式安全的调查和研究方法，以后续章节的大纲结尾。

1.1.1 业务、技术和风险发展

我于 2002 年 1 月在 ALPHA[1]开始研究信息风险管理，希望发现或创建一种新方法或增强现有的方法。ALPHA 是一个包括 50 多个国家的跨国金融组织。我是信息风险管理（IRM）[2]小组中的一员，此小组负责亚太地区 11 个城市[3]中 ALPHA 组织的信息风险管理工作。

那个时期，2001 年美国的“9・11”事件[4]和后续的阿富汗战争对全球经济产生了负面影响 (Madrick, 2002; Moniz, 2003)，许多商业组织（包括 ALPHA）基于业务零增长或负增长的前景削减预算，开始采取一系列快速变化的措施以降低成本 (Yourdan, 2002)。

1 通用名“ALPHA”，用来代替一家公司的名字，以保持组织匿名。保持研究对象的匿名性是为了保证读者和其他研究人员不会由于其对该组织身份的先验知识而产生先入为主的观念或偏见。

2 在 ALPHA 组织中，IRM 部门的职能是识别和评估信息安全风险，为业务提供缓解、避免、转化方法的应对建议。IRM 的职能也和业务已经采纳的风险应对方法的实现过程跟踪有关，并解决在实现过程中出现的任何问题。

3 曼谷、中国香港、雅加达、吉隆坡、马尼拉、孟买、首尔、新加坡、悉尼、中国台北和东京。大多数信息风险管理活动通常会集中在中国香港、孟买、新加坡、悉尼和东京。

4 要了解更多“9・11”事件的详细解释，请参考“9・11”委员会出版的报告(Kean et al., 2004) (Kean et al. 2004)。

从那以后经济周期似乎每隔几年重演一次。2008 年年底，在我完成研究时，2007 年开始的信贷危机导致的经济衰退现象再次在美国和其他许多国家若隐若现。在 2012 年出版本书英文版时，欧洲爆发经济危机、中国经济增长放缓，亚洲地区的许多国家也有类似现象，美国经济复苏缓慢，这些都表现出经济周期轮回、不稳定和不断变化的迹象。在 2015—2016 年翻译本书时，全球经济仍然没有好转。

由于经济衰退，许多组织（包括 ALPHA）便在外包和离岸[1]上加快推动和执行的速度，以减少与 IT 相关的和许多业务领域的运营开支。向“扩展型企业”演变要求组织增加对外部供应商服务和运营的依赖，并且要创建一个扩展的信任环境，业务部门可以逐渐依靠该信任环境实现目标。这样的改变在业界是常见的 (McDougall, 2002a, 2002b, 2002c)，而且还在继续。监管机构大体上支持此方案，并制定了新政策以使此方案实现全球化 (Bank of Thailand, 2003; Matsushima, 2000; Yakcop, 2000)。虽然这些改变是有计划的，但是许多组织没有做好准备来应对和管理信息安全风险中的相关变化。支持信息风险管理的知识和实践关注的仍然是针对单个组织配置制定内部控制，并且主要依赖合同和服务级别的协议管理外部的风险，但这些风险是内部策略无法充分控制的。

2012 年，随着云计算、虚拟化技术和移动技术的飞速发展，扩展型企业的概念被提升到一个新的水平，首席信息官（CIO）需要利用这些新工具降低运营成本并提高效率。大企业和小企业都逐渐将他们的基础设施、运营平台系统、应用程序和 / 或数据迁移到云数据中心。云数据中心可能由第三方（云服务提供商）提供、自己内部建设，或者两者结合实现。前者通常是首选，可以减少成本支出，同时依靠新的技术服务提高效率。进一步的成本节省也可通过一种共享的架构（称为多租户）实现，而不是为唯一的用户进行设计。在采用这些新兴技术的周期中，我们也看到了类似的困境，其中也存在信息安全和数据隐私的风险和不确定因素，但是新的安全措施的制定，主要还是整合基于以往常用的标准和

1 “离岸”是一个用于表达从相对成熟的站点转移到一个新的站点的术语。“离岸”的目的是利用新站点基础设施和人力资源的低成本优势。这些“离岸”站点通常会设立于发展中国家，如印度、菲律宾和中国。不像外包（与第三方签约），在“离岸”中，经营权仍然属于经营者。

管理要求[1]提出的各种以控制性为主的措施。出于能更快得到经济收益的目的，以及对新风险的无知，大部分不受政府管制的组织[2]也直接引进了这些新的信息技术。

为了获取经济利益和更强的竞争力，2001 年 ALPHA 也像许多其他组织一样，在业务中着手实施了扩展方案，并与其他两个以财务为主的组织合并。这两个合并进来的组织都有和 ALPHA 不同的安全管理制度和看待风险的文化：一个从事投资银行和股票业务，习惯于承受更多的风险；另一个从事投资及资产管理，偏于规避更多的风险。这次合并要求 ALPHA 将具有不同文化、规模、实践、技能和专业、风险承受能力，以及风险管理原则的组织和业务部门整合成一个新商业企业。这也给 IRM 团队的工作带来了新的挑战，它们面临着在保持符合不同实体监管限制和要求的前提下缩小业务之间差距的问题，对新合并的企业也是如此。时至今日，越来越多的合并、收购和合资企业在各种行业中不断涌现，这样做可以获取市场和技术，以提升组织竞争力，并可以缩短从创新到发布新产品之间的转化时间。IRM 团队必须适应持续进行的业务变化，并随其不断改变，以保证发挥应有作用，帮助每一个组织管理其信息安全风险。

随着这些在全球范围内发生的组织机构变化，互联网作为一种企业和个人的通信和协作工具持续增长、扩张（Furnell, 2002, pp. 1-17; Hall, 2001），利用软件漏洞的安全事件也随之激增（AusCERT, 2002)。自此，攻击技术和金融诈骗动机的复杂性也有所增加（Furnell, 2002, pp. 21-39; Lynley, 2011; Mello Jr., 2013; Skoudis & Zeltser, 2004, pp. 9-13; Whittaker, 2012)。2001 年 9 月，“9 · 11 事件”发生后不久，一种叫作尼姆达（Nimda）的计算机蠕虫（CERT/CC, 2001b）对许多组织的电子邮件、网络和 IT 服务造成了大规模破坏（Pethia, 2001)。随后，在 2003 年 1 月发生了 SQL Slammer 蠕虫事件（CERT/CC, 2002b; Krebs, 2003; Microsoft Corporation, 2002），继而在 2003 年 8 月发生冲击波（Blaster）蠕虫事件

1 例如，云安全联盟（CSA）创建的云控制矩阵（CSA2010），一共包含 99 条高级别控制方案，是安全合规领域用来推荐给安全服务提供商的最佳实践方案。这个计划在计划合规领域间接地为 CCM 达到相关标准合规性的实现计划提供了保证。计划合规领域包括 ISO/IEC 27002、支付卡行业（PCI）、HIPAA、ISACA COBIT 4.1、NIST SP800-53 R3、杰利科论坛和 NERC CIP 出版标准。

2 在一些地区（例如新加坡和香港），监管者把不确定性和不适应性的概念引入行业稳定性描述，例如金融机构等一些管制机构被整顿，促进它们提升技术和服务。

(CERT/CC, 2003b)。同期，来路不明的电子邮件（俗称垃圾邮件[1]）事件也呈指数增长 (The Economist, 2003)。这一切都导致了严重损失[2]，并影响了 ALPHA 的信息安全风险状况。然而，当这些安全事件发生时，信息风险管理者[3]的角色和职责却并不明确，而且许多组织和个人在系统面临破坏时不知如何应对。在互联网上快速浏览 2012 年的重大信息安全相关事件，可以看出在过去的十多年里网络犯罪状况并没有得到改善(Whittaker, 2012)。审视当今组织的信息安全管理可以看出实践方法的改变进展缓慢，但在隧道尽头我们还可以看到一线的光。技术提供商正在设计新的功能，旨在提供更好的预警并检测新的攻击。许多组织正开始部署更多将有助于检测和响应的功能，而不是仅仅着眼于以前普遍使用的预防措施。然而，这也面临更多来自智能移动技术和个人计算设备的挑战，智能手机和平板设备使得雇员和承包人可以更快速地访问企业网络，并可以进出网络转移数据，这是行业内的一种革命性变化，统称为“消费者化的信息技术”(Griffey, 2012; L. L. P. PriceWaterhouseCoopers, 2011)。正如一个信息技术公司在 2009 年宣布的，现在的组织网络是“无边界”的 (Kerravala, 2011)。这样的变化再次给组织和个人带来新的安全和隐私风险问题，困境在于，简单地实施更多的安全规则和控制并不能阻止这些问题发生。

信息安全事件显然是一种计划外的变化，往往源于超出组织控制范围的一系列安全事故。技术进化的影响，以及组织和个人采用某种技术都会引入人们不能预测的风险。为管理这种不断变化的信息风险局面，信息风险管理人员应该如何学习和应对呢？

---

1 关于 SPAM 的定义，没有一致的结论，总体来说，它指的是被不认识的发送者批量发送的未被请求的电子信息，或者发送者预先与接收者没有个人或业务关系。

2 据 Clark 所述 (2003, pp. 40-43)，红色代码（Code Red）病毒造成了 26 亿美元的经济损失；尼姆达蠕虫（Nimda）在 24 小时内影响了全世界范围内的近 250 万服务器和用户；1999 年 3 月，新泽西州的一位程序员释放的梅丽莎（Melissa）病毒造成了至少 8000 万美元的损失。ALPHA 组织也没有逃过这些攻击。

3 IRM 管理者是 IRM 团队的成员之一，其工作是在业务管理中应对风险，执行风险管理任务，例如风险识别和处理，并提供合适的建议和判断，为业务管理层规避识别出的风险。在地区层面，区域信息风险指挥官（RIRO）负责 IRM 的计划和活动；在全球层面（整个 ALPHA 组织内），全球首席信息风险指挥官（CIRO）负责制定全球的策略、战略方向和计划。

1.1.2 常识、标准和实践

信息安全风险管理被普遍认为是识别和评估风险、实施缓解控制[1]并监控这些控制使用的任务，在整个业务系统生命周期内以协调的方式来处理识别出的风险。在安全标准方面，信息安全管理系统（ISMS）的前英国标准 BS 7799 第 2 部分 (BSI, 1999b)，已修订为 ISO/IEC 27001 (2005g, 2013a)，将信息安全风险管理描述为一个“计划-执行-检查-行动”（PDCA）的过程。该标准采用基线控制，如实施 ISO/IEC 27002 (2005i, 2013b) 标准。这种控制也被称为“通用实践”或“最佳实践”，这是一些组织为解决信息风险相关的担忧而普遍采用的安全措施。然而，这些标准中的控制是治标不治本的，并且只是宽泛地进行分类，采用前需要风险管理人员根据风险评估的结果对其进行筛选和优化。这些控制的使用根据个人对风险的理解，主要依赖风险管理人员的知识和经验。同时，国际标准的修订和更新是缓慢的[2]。然而，在不断变化的业务中，在紧缩的预算、缩短的开发时间和快速实现的需求等 IT 环境下，当企业计划为客户提供新服务时，这些只关注已知问题且不能根据变化及时更新的安全控制，将逐渐成为组织内部的障碍。若不实施安全控制的预期收益比实施带来的不确定的或主观的价值高，那么安全控制在实现时往往被忽略、否定或被置于较低优先级。

在信息安全这个领域，我们也一直缺乏标准的信息安全术语，以及实践中对常用词语的解释或术语分类[3]。正如 Jones (2005)指出的，这给信息安全专业带来了诸多不利影响，并伴随较多问题，比如从“组织边缘化问题”、“难以说服组织领导认真采取建议”到“资源利用效率低”等问题。

在新的 IT 系统和网络通信技术领域，企业努力提高生产效率来降低运营和其他开支的成本，或去接触更多的潜在和现有客户以便扩展业务或提供更好的客户服务。即使企业

1 例如 ISO/IEC 27001 (2005g, 2013a)中提到的详细说明。

2 2005 年，国际标准化组织（ISO/IEC JTC 1/SC 27）成功修订了两个标准 ISO/IEC 27001 (2005g)与 ISO/IEC 27002 (2005i)，消除了参与国家关于他们各自主权的标准和控制方案的妥善性和实用性的疑虑（从 2002 年起修订，在此过程中得到了超过 2000 条评论）。2006 年，ISO/IEC JTC 1/SC 27 工作组中的多数项目被重新发起，以修订这些标准并更新以解决新的风险问题。2012 年，该项修订仍然在进行中，一直到 2013 年中旬才成功完成。

3 随着 2700x 系列信息安全管理系统相关标准的制定，这个问题才在 2006 年的 ISO/IEC JTC 1/SC 27 中被关注，包括记录所有相关的词汇和术语的新标准 ISO/IEC 27000。

愿意预先在保护措施方面进行投资，安全标准和最佳实践也难以及时地提供有效的解决方案来应对当前新兴的风险管理需求。一个主要原因是在新技术的领域里，还没有真正的安全技术可以实施，同时，也缺乏可供借鉴的相关系统的安全经验。如果企业希望投资新的方案或方法来解决存在的业务问题或提高业务效率，就会导致企业管理者和 IT 从业者需要承担风险。在大多数情况下，原先为其他业务环境和需求设计的安全措施被重新部署来确保新系统的安全并保护其中的信息。新旧系统之间的差异已经迅速成为安全鸿沟，企业不得不分开管理。组织并不想放弃任何新技术或时机，即使它们可能对其竞争力或赢利能力产生不利影响。近年来，在云计算技术和服务使用方面，正如以上讨论的，我们已经看到了这一幕正在重演。因此，依靠最佳实践方案使企业 IT 技术落后于新进展，具有一定的负面影响。信息风险管理人员应该如何帮助所在组织应对这样一个不断变化的 IT 和业务环境需求呢？

除了应对上述挑战，信息风险管理人员还需要将组织里当前已受管治的信息风险[1]展示给企业管理层，让管理层了解组织的信息安全风险状况。换句话说，信息风险管理人员必须能够衡量 IRM 相关项目活动，以及在安全项目上进行的投资的有效性或能力的表现。在 IRM 团队中，为这种衡量制定合适的指标来获取支持和资源投资是必不可少的。这包括对安全过程进行投资，训练人们具有避开风险和陷阱，以及采取安全措施的意识，定期进行审查和监测来识别安全缺口，以及解决新的安全问题。无论这些行动是否已经全部实现，都不等于能将发生安全事故的概率降为零。组织里执行的信息安全实践和措施必须是可审计的。

在 ALPHA 和其他组织中，包括参与这项研究的组织在内，衡量 IRM 有效性的主要方法是对安全控制的存在及其完整性进行审计和合规性评级，同时包括对安全事故数量和类型进行统计和汇总。这种方法的好处有限，只提供了组织信息风险状况和信息风险管理人员有效性的局部视角，不能提供更全面的意义[2]。

---

1 在本书中信息风险用于表示“信息安全风险”。在这个行业里，这两个词也常被交替使用。

2 2005 年，国际标准化组织（ISO/IEC JTC 1/SC 27）负责制定信息安全相关标准，并开始研究制定国际标准测量信息安全管理的有效性。然而，在度量标准上，来自不同国家实体的标准专家之间存在许多分歧。与此同时，标准专家在测量方法上也没有达成一致。直到 2008 年或之后，也没有一个正式的国际标准出现。这是我参加新加坡标准组织（ISO / IEC JTC 1 / SC 27）的会议所认识到的实际情况。

除了使用合规性和稳定性指标确定内部性能外，一些组织采取某种基准方法来确定他们在行业内与其他组织相比的相对位置。但是，由于文化、业务优先级及其他影响因素，这种方法有其自身的局限性。我们将在第 2 章中进一步讨论。

这些挑战提出了新的疑问。我们应该如何对信息风险管理人员的有效性（包括其策略和计划）及一个组织的风险状况进行评估或测量？与现有方案相比，怎样才能提供关于该组织风险暴露的更有意义的指标，而不只是依据能识别出来的问题数量及其审计级别来定义？

1.1.3 专业、组织角色和功能

从个人层面讲，我在信息安全风险管理方面的研究兴趣直接关系到我在不同职责里的实践。其中包括我在 ALPHA 和在一个提供技术方案和支持的组织（BETA）[1]里的职责。

在 ALPHA，我负责制定方案和步骤来帮助组织管理信息安全风险，目标是减少组织内由于使用 IT（包括互联网）而导致的安全相关风险和不确定因素。在 BETA，我负责提供专业意见，协助信息安全风险管理人员和那些在企业中扮演相关角色的人员制定安全策略和计划，并管理这些计划的执行以达到与我在 ALPHA 中类似的目的。如果没有一种得到研究支持的以实践为导向的方法，所提议的信息安全策略和计划的有效性可能受到质疑。同时，如果安全风险和不确定因素降低[2]了，也难以确定是否为所采取的安全战略计划和行动的结果。

从数据安全实践发展到信息安全保护，再到管理（并综合了风险管理原则），信息风险管理领域可以算是一个新兴领域。由于写本书时该领域的研究刚刚开始，实践者和研究者的社区之间难免在信息风险管理的定义和范围上具有不同的意见和理解。例如，某个一线区域首席信息安全官宣称信息风险管理是一门从信息技术（IT）安全和信息安全领域演变来的学科 (Mahtani, 2004)。但是 Maiwald 和 Sieglen (2002, pp. 5-10)认为，信息风险管

1 用 BETA 代替第二家公司（一家技术产品提供商）的名字，以保持组织匿名。保持研究对象的匿名性是为了保证读者和其他研究人员不会由于其对该组织身份的先验知识而产生先入为主的观念或偏见。

2 信息安全风险是动态的，随着技术的使用、人们的习惯和风险管理活动发生的变化而变化。因此，完全消除风险和控制安全是不可能的。

理的角色因信息安全部门的目的而异，源于政府管理需求、审计报告建议，或是由高级管理层、董事会成员决策或 IT 部门决定的。在第 2 章，根据对现有文献的回顾，我进一步确定了五种不同的信息安全的定义方法，以及在风险管理和风险评估的定义和范围上的差异。

与此同时，像 ALPHA 这样具有信息风险管理职能的组织，一直频繁地重新定义其职能范围[1]。如此频繁的变化进一步支持了以下观点：该领域需要更多的检查和评估来了解需要继承什么、需要改变什么，以使从业人员实现 IRM 目标。我认为很多从业者面临着类似的挑战，并渴望提升其实践能力。

1.2 目的

本书基于 2001 年至 2007 年进行的一项研究，并增加了从那时开始不断从实践中发现的新观点。我的目的是分享学习和了解到的知识和实践经验，带领读者开启对响应式安全方法的探索之旅。本书讨论了此次研究的关键发现及组织用来提升自身信息安全风险管理的实用性方法。本书中建议的方法，是根据我从此次研究的学习和理解总结出来的，共享出来以激发进一步的讨论和实践。

1.3 问题

美国哲学家 John Dewey 曾说过，“把问题明确定义就意味着已经解决了一半”。

总结提到的以上问题和困境，对管理信息风险的从业人员个体和组织来说，有三个在实践中十分关键的原则性问题[2]。

（1）信息风险管理人员在为其组织执行信息安全风险管理的过程中，应该采用哪些新

1 2004 年，在 ALPHA 组织中，被称作“信息技术风险管理”的团队，是为了集中其工作焦点在风险相关的信息技术上，而不是泛指信息。2005 年，ALPHA 在风险管理团队的领导关系上做了改变，这个团队被更名为“信息技术控制管理”，强调重点领域的控制。

2 这些研究问题为研究方法学的选择和研究过程的形成提供了基础，促进了关于数据的理论研究，并是企业中指导探索和制定应用的有效方法。

的策略和计划，或者怎样改变现有的策略和计划，以免重复实现一个被合规性驱动或控制引导的安全文化呢？

（2）在不断变化的业务和 IT 风险环境中，例如，（a）在信息技术领域中可能扰乱业务和／或 IT 运作的安全风险发展；（b）在业务和／或 IT 策略及实施中可能显著改变组织风险状况的变化，信息风险管理人员应该如何管理信息安全风险呢？

（3）组织应该如何解决信息风险管理人员绩效测评和安全事件结果之间的矛盾？ 信息风险管理人员的业绩是否应该反映组织的安全风险状况，或者换句话说，风险管理人员的绩效和组织安全状态之间应该具有怎样的关系？

由于安全的实现需要企业承担成本，并且安全风险管理必须能够使企业平衡成本和来自其目标的潜在收益，因此我在商业环境的背景下，对这些问题进行了研究，以确保企业目标与信息安全风险管理实践之间的充分平衡。

这些关于信息安全风险管理的问题在现有信息安全领域的文献中还没得到充分的解答。更重要的是，在用来定义和处理信息安全风险管理需求的术语和基本原则的使用方面存在分歧，给新涉足此领域的人造成了混乱。因此，需要更多的研究和了解来完善现行做法，拓展新的知识，努力建立可接受的框架、模型和／或方法来发展和提升实践能力。

1.4 研究方法

信息安全风险管理挑战的社会－技术性，以及所研究问题的探索性都表明应该使用定性的方法研究。此外，这些研究问题产生于现实工作中，这是一个探寻理想结果的合适环境。行动实践研究已被其他研究人员和从业人员在职场相关的研究试验中成功应用，例如 Goh (1999)、Kwok (2001) 和 Tay (2003)使用行动实践研究作为研究的元方法论，派生出一种信息安全风险管理的理论性方法，并对其实施效果进行测试。

本研究初始阶段集中于确定执行信息风险管理所面临的问题和困境，基于在 ALPHA 组织中的认识，并与调查和一系列从业人员访谈中得到的结果进行互相验证确认这些问题和困境。经过对组织实践过程的学习和理解，一个不断演化的模型和关联变化的程序被制定出来并实施，在后续五个行动实践研究试验周期中，我们试图解决这些问题和困境，并将此项研究延伸到其他两个组织——BETA 和 GAMMA[1]。

在初始的调查周期中采用了 Kemmis 和 McTaggart (1988) 的“行动实践研究规划”方案。随后的周期也受到了 Avison、Lau 等人 (1999), Dick、Passfield 等人 (2001), Dick (1993, 2001, 2002a) 及 Costello (2003) 研究工作的影响。

数据收集方法包括访谈、问卷调查和档案登记。在整个研究中分析和解释数据的方法包括评估和反思所收集数据、辩证和系统地分析调查结果、对信息安全风险管理的实质性理论和方法进行派生。这些派生方法、辅助性方法和工具后续均通过案例研究及在实际环境中测试实施进行了验证。

附录 A 提供了研究中所涉及的行动实践研究生命周期更详细的描述。

本书其他部分组织如下。

第 2 章——“知识、问题和困境”——评论了现有文献和方法，突显了当今实践模型和潜在假设之间的差异和不足，以期找到不能达到其目的的原因。本章进一步解答了 1.3 节提出的研究问题及社会－技术方法的潜在应用的关联性和重要性。

第 3 章——“实践、问题和困境”——将焦点从知识领域转向现实环境。首先讨论在组织现实环境中经历的挑战，接着讲述通过在组织中引入两种实践模型获得的知识。同时，我们考察了在风险分析和管理中的不确定性问题、信息安全系统的因果关系，进一步说明了当前实践中存在的不足。这两个模型包括从社会科学研究领域借鉴的原则和工具，为在问题环境下满足风险管理需求和解决问题提供了两种可供选择的社会－技术方案。在每一个结合点，我们讨论在两种模型实施过程中发现的限制、问题和困境，并对研究期间出现的一系列事故进行反思。

第 4 章——“响应式安全”——继续对前面章节的调查结果进行研究和论述，将本研究指引到响应的概念上，从而引出响应式方法。该方法借鉴了压电效应的概念作为响应式安全的理论原则，并建立了结构化序列（变化事件、态势感知和关键性对齐），体现了压电效应的特性。本章讨论了三个研究案例来验证和改进在信息风险管理中压电式行为的概

1 用 GAMMA 代替第三家公司的名字，以保持组织匿名。保持研究对象的匿名性是为了保证读者和其他研究人员不会由于其对该组织身份的先验知识而产生先入为主的观念或偏见。

念和原则，并建立适合在组织中普遍应用的框架。在这个过程中，我们分析为何加强对安全事件响应的重视是解决当今风险环境不断变化这一特性最关键的策略。

第 5 章——“结论与启示”——讨论了本次研究的结论，并解答了组织应该如何响应信息安全风险管理的挑战和复杂性的问题，解决了 1.3 节列出的研究问题。本章进一步讨论了响应式安全为理论、策略和实践带来的启发，最后给出了对未来研究题目的建议，并指出为了进一步完善该领域，需要关注哪些方面。

2 知识、问题和困境

2.1 引言

本章重新回顾[1]已有文献，综合当前的知识，展示响应式方法的重要性与必要性。本章着重关注组织中的实践者普遍采纳的信息风险管理领域相关报告文献，这些组织要么认可信息风险管理需求，要么受法律条例强制要求而认可信息风险管理需求。在后续章节，我们将回顾与实践相关的文献资料，讨论已有知识如何被个人和组织应用到实践环境中。

本章开头综述相关概念，包括信息安全、风险、风险管理和信息安全风险管理的定义和准则，然后转向在已有文献中经常被讨论的实现组织信息安全的策略和规划。本章回顾

1 这项文献回顾研究给本章的内容提供了多方面的信息和数据，其中包括已发表的学术研究论文、图书、会议成果和行业内新闻、论文、杂志、安全论坛、会议和研讨会的相关文章（包括这些材料的线上版本）。特定术语的关键词搜索，如“安全”、“信息安全”、“信息风险”、“风险应对”、“风险分析”、“风险管理”、“信息安全管理”、“安全管理”，“信息风险管理”和“信息安全风险管理”在 ACM 数字图书馆、澳大利亚南十字星大学线上数据库、IEEE 线上数字图书馆和新加坡国家图书馆执行，相关出版物也被作为研究的一部分。请注意，本章不包括与数据或实践环境的成果相关的文献回顾，它们将在研究周期及后续的章节中提及。

在当前文献中被详细介绍的理论和知识，在用于管理信息安全风险的概念、策略和规划的上下文环境下，针对信息安全环境的关键特征——变化和潜在的安全故障进行讨论，这是第 1 章讨论过的研究问题中所蕴含的关键主题。

2.2 信息安全

人们常说信息安全并不新鲜 (Hoo, 2000; Piper, 2006)。然而，一些“信息安全”术语定义逐渐发展并在学术界和商业领域被使用，这些不同的定义在很多方面形成了实现信息安全目标的范畴和方法。为达到本章目的，我们必须先回顾和理解这些定义。

信息安全的历史发展可以追溯到历史悠久的密码学 (Kahn, 1996; Singh, 1999)，密码学以保护信息机密性为主要目的。数据和信息的机密性也是国防和情报的主要关注点，以此推动安全模型的早期发展，例如后来被广泛应用的贝尔-拉帕丢拉模型 (Bell & La Padula, 1976)。随着对不断发展和进化的信息通信的了解，尤其是信息技术的商业化应用和信息技术的进步，表明通过保护信息完整性来确保信息内容的可靠性、正确性、精确度，以及发送方和接收方的真实性是十分关键的。用于信息完整性保护的新模型开始出现，例如Biba完整性模型 (Pfleeger, 1997, p. 280)、Clark 和 Wilson (1987)，以及 Abrams、Amoroso、La Padula、Lunt 和 Williams (1993)的后续工作。

除密码学外，访问控制机制已经被普遍应用于实现完整性和机密性保护，其机理是根据受保护资源或信息的访问矩阵中的条件确保用户授权 (D.E.R.Denning,1982)。Denning (1982)也引入了信息流控制和推理控制的概念，分别用于保护传输过程中和数据库系统中存储信息的机密性。当一个信息系统强制实施这些安全机制来保护信息机密性和／或完整性时，未经授权的用户将被禁止访问信息。然而，如果安全机制被强行关闭或破坏，作恶者便可以破坏已授权用户通过访问控制所保护的信息的可用性，在信息最被急需时阻止信息的正常使用。由此我们可以清楚地认识到可用性是信息安全保护的另一个重要需求。Clark 和 Wilson (1987)在早期强调可用性需求的研究者之列，尤其强调针对商业系统中可用性的需求、挑战和方法。

因此，对信息安全的普遍定义是保护信息以确保其机密性、完整性和／或可用性，例如 Shain (1994)、Hoo (2000)及 Blakley、McDermott 和 Geer (2001)的文章中所论述的。多年以来，从业者和研究者投入了不少时间和精力来阐明这些术语的意义，使信息安全的基本定义扩展到包含真实性和可说明性，有时也包含实用性。一个关于信息安全定义最详细的扩展由 Parker (1998) 提出，包含了真实性、所有权、效用性，作为期望的安全属性扩展。尽管如此，信息安全定义这一领域仍然十分混乱。例如，D. L. Clark (2003, pp. 23-24) 在其书中不同的部分给出不同的安全定义，并在一个实例中 (D. L. Clark, 2003, p. 33) 将信任、隐私、不可否认性和完整性（无详细阐述）作为定义的部分内容。而 Maiwald 和 Sieglein (2002, pp. 5~10) 建议信息安全的角色应由一个组织建立其团队的缘由来定义，以此确定组织的信息安全使命和目标。在这种情况下，信息安全的定义将依赖于个人或组织的观点和信仰。然而，Maiwald (2004) 也将信息安全定义为“为阻止未授权使用、误用、篡改或拒绝使用知识、事实、数据或能力所采取的措施”。虽然此定义在信息安全含义中增加了“能力”、“知识”和“事实”，却排除了机密性和隐私的需求。

鉴于信息安全定义中的信息属性列表缺少一致共识，在 2005 年修订 ISO/IEC 17799[1]《信息安全实践准则规范说明》(ISO/IEC, 2000) 时，修订工作组成员采纳了一种不同的方法，将信息安全重新定义为是“保护信息免受各种威胁的损害，以确保业务连续性、业务风险最小化、投资回报和商业机遇最大化”。此方法强调了信息安全和商业之间的关系，突出信息安全与商业目标相结合的需求。这里也强调了信息安全的目标，并把其看作是组织的有机组织部分，最终目的是确保“投资回报和商业机遇最大化”。

在 Alberts 和 Dorofee (2002, p. 5) 对 OCTAVE℠ 方法[2]的描述中，“信息安全是确定什么需要被保护，为什么需要被保护，保护其免受什么威胁及如何保护的问题”。从本质上讲，此定义把信息安全描述为用来识别信息资产，确定每种资产的重要性和优先级，了解资产面临的威胁并设计合适的对策来保护资产免受威胁的整个过程。在其他文献中，这个过程被称为风险分析和风险管理，例如在 Pfleeger (1997, pp. 462-471)、Moses (1994)和 Summers (1997, pp. 616-629) 的文章中论述的。

---

1 2006 年重新编号为 27002。

2 OCTAVE℠ 是“对运营有关键影响的威胁、资产、脆弱性评估”的缩写。这是卡耐基梅隆大学提出的一个系统的、组织范围级别的、用于定义风险评估的方法。在研究的初始阶段，ALPHA 组织也评估过 OCTAVE，有意把它作为公司信息风险管理的主要工具。然而，由于方法的复杂性和实践成本过高，这个工具没有被选中。

另一种方法是，Alberts 和 Dorofee 指出信息安全是回答如何随着时间推移确保你所在组织具有充分的安全级别的问题。

Volonino 和 Robinson (2004) 同样强调安全保证的重要性，但是提出了一种面向法律的方法，考虑了在电子商务交易过程中的各方当事人。他们定义信息安全为：

> 一个组织为确保通过网络电子商务交易得到合理的安全保障所采取的策略、实践和技术。这种保障应用于所有的在线活动、传输和存储，也为在安全事件中有可能遭受风险的商业伙伴、顾客、监管人员、担保人员或者其他人员提供保障 (Volonino & Robinson, 2004, p. 1)。

信息安全各种各样的定义方式表明它作为一种知识域，包含了信息和信息系统的很多方面。综合已有文献，我们至少要考虑五个不同的方面，才能对此话题展开全面地探讨。

（1）信息安全的性质或属性，例如机密性、完整性和可用性。

（2）从信息生成到销毁的策略、过程和功能。

（3）作为威胁和管理环境的功能，其优先级或危急程度，以及对商业和商业环境中可用资源的潜在影响。

（4）适用于处理安全需求和问题的技术和措施。

（5）确保提供安全属性的安全措施，其完整性和有效性得到验证和保障，能够保护并支持流程和功能，并处理高优先级威胁和管理需求。

以上领域与其识别、评估、实现、操作和维护的环境之间的关系需要和商业联系起来。此外，需要评价和关联在一个组织中信息安全将如何处理商业环境中的变化，尤其是处理在此环境中由于变化和故障而涌现的不利条件。

然而，除 Dhillon 和 Backhouse (2000) [1]的少部分研究外，大部分文献一直关注特定的方法和技术来应对已经发生的，或众所周知的变化和问题，但是当新兴的变化显露时，无

---

1 Dhillon 和 Backhouse (2001) 建议增加“责任”、“诚信”（如个人名誉）、“信任”和“伦理性”，作为信息安全管理应包括的附加原则以应对新技术发展和融合的挑战，并且在新千年里商业方式也已经进化。这些原则与在商业环境中发挥作用的个人密切相关。因此，Dhillon 和 Backhouse 专注于信息安全管理的社会—组织方面的研究。

法预测并做好充分的应对准备。换句话说，大部分研究主要关注于了解过去和现在，并制定解决方案来帮助管理和处理已经遇到过的问题，而不是关注实施一些方法和计划来应对持续的变化和未来的问题。

2.3 原则和方法

为实现 2.2 节总结出的“信息安全需要考虑五个因素”这一目标，当今已设计出不同的方法并实施。多年来，研究者和实践者在信息安全系统设计和开发上采用了一系列的基本原则来确定合适的方法和途径。

Swanson 和 Guttman (1996, p.1) 将这些原则称为“不管系统是大的还是小的，也不管是政府机构的还是私营企业的，均需满足明确的本质期望”。在本节中，我们讨论并分析四个在信息安全管理中被广泛应用的基本原则和基于或受以上原则影响的方法。基本原则有（1）最弱环节；（2）纵深防御；（3）没有完美安全；（4）风险管理。了解更多安全原则，请参考 Swanson 和 Guttman (1996)、Schneier (2003) 和 Summers (1997, pp. 7-9)的文章。

2.3.1 最弱环节

> “一条铁链不比最弱的一环更结实。”……不管一条铁链最结实的一环多么结实，也不管其中有多少个结实的环，铁链都会在其最薄弱的一环上断掉。只有提高了最弱环节的强度，才能提高整个铁链的强度 (Schneier, 2003, p. 103)。

这个比喻式的原则在信息安全文献中被广泛引用，建议我们在设计信息安全系统时，必须考虑所有方面——人、流程和技术，而不只是关注一个或几个特定的方面来应对近期刚发生的敌对事件或刚推出的法律、管理和审计需求。

在考虑识别系统的薄弱环节时，Schneier (2003, pp. 103-104) 强调，不同的威胁经常伴随着不同的薄弱环节。因此，为应对某一薄弱环节而设计的特定安全措施不会对系统中所有的威胁生效。想获取更多关于最弱环节原则的详细讨论和实例，请参考 Browne (1976, pp. 1, 3)、Denning 和 Denning (1979, p. 228)、Schneier (2003, pp. 103-116) 和 Viega (2005, p. 44)的文章。

Browne (1976, pp. 1, 3) 解释道，“从系统整体的角度出发并给出连锁措施来防止几乎所有类型的意外事故或者从意外事故中恢复是十分重要的”——这表明“纵深防御”原则中倡导的安全“堡垒”的必要性。

2.3.2 纵深防御

纵深防御“不只是采取一种对策来保护资产，而是采取多种对策”(Schneier, 2003, p. 105)。通过重叠或补充每一种对策，凭借在更高层提供的保护，我们可覆盖底层的安全弱点，反之亦然。在利用纵深防御原则设计分层的安全方案时，信息风险实践者通常建议考虑人、过程和技术方面的需求。

Howard 和 LeBlanc (2003, p.19)、Schneier (2001, p. 370; 2003, pp. 103-117) 同样引用最弱环节原则作为基础来实施纵深防御以减少软件产品和应用系统的攻击面。从检测角度看，纵深防御原则有助于提升攻击被尽早发现的概率，因为系统中每一层都有监控机制。实践者也考虑了将冗余和备份安全机制作为纵深防御实施的一部分 (Pfleeger, 1997, p. 404)。更多纵深防御原则在实践中的应用实例，请参考 Microsoft Corporation (2006b, p. 46)。

尽管最弱环节和纵深防御是减少漏洞和提供防御层以解决意外事故的合理原则，其在系统每层增加安全机制的行为却提高了安全成本。正如 Venables (2004) 报告中提到的，增加的安全层也增加了环境的复杂性，导致意外行为发生时产生新的不可预测的薄弱环节，从而使安全更难以管理。

2.3.2.1 使用安全技术

从信息系统的历史角度观察，计算机安全方法研究领域通常被当作信息安全的一个子范畴，一直以识别弱点和可能的攻击方法为研究焦点，并设计相应的技术和机制来保护和应对它们。因此，当处理信息安全风险时，尤其当应用纵深防御原则时，一些实践者和研究者通常把信息安全当作技术问题看待。类似“假如拥有更好的访问控制策略模型、加密协议的形式化证明、被认可的防火墙、更好的检测入侵和恶意代码的方式、更好的系统评估和保障工具，问题即可解决”(Anderson, 2001b)的主张屡见不鲜[1]。Blakley、McDermott等人提到：

> 信息安全的重要性与组织对信息技术的依赖程度成正比。当组织的信息面临风险时，使用信息技术显然是合适的 (Blakley et al., 2001)。

使考虑社会需求，将其转变成技术措施并实现已成为趋势。例如，Kohl (1995) 提到，“安全问题正在从技术性安全向人类关系领域转变，技术性安全以合理的计算和非人类世界可能的必然性为主要兴趣点，而人类关系领域是技术引导的，因此安全的目的再一次成为人与人之间的一种状态。”为了应对这些需求，Kohl 建议提出一系列技术性安全机制，为终端用户“信息自我确认”、“不可否认”、“可重复生产性”和“设计可能性”提供支持(Kohl, 1995, p. 613)。

技术提供商也一直支持这样的方法，原因是多方面的，包括明确的商业动机。他们经常建议搭建和使用安全技术以提供更好的整体安全性，这样就不用应对易出错的人工操作，降低了安全成本 (Kluepfel, 1994; O'Kelley, 2013)。类似的想法在终端用户组织中盛行(Allen, 2002)。

尽管这样的信息安全方案产生了许多技术性创新（例如反病毒、防火墙、入侵检测和入侵防御系统），但面对不断变化的风险环境，尤其是互联网环境，这些创新无法声称它们已经获得了胜利。

当商业需求或政策改变时，为特定安全需求设计的安全功能已难以改变。例如，像安全标签、强制访问控制、对象重用和许多其他作为前可信计算机系统评估标准 (US DoD, 1983, 1985) 规范说明一部分而设计的安全机制，为满足根据 Bell-LaPadula (1976) 安全模型定义的军事与政府安全策略中各种各样的安全级别而被确定下来。当这些安全机制在计算机系统中实施时，因为商业安全策略没有与军事和国防机构的安全策略保持一致，所以不能应用在电子商务中，是十分不实用的。与此类似，虽然防火墙系统能够根据预定义的网络端口阻止不良的网络连接，但在应对应用层攻击方面却是无效的，因为这些攻击利用

1 一些从业者相信，如果我们能够在技术层面解决安全问题，那些其他层面的问题也将得到解决。

合法的网络服务协议，并通过已经授权的防火墙规则允许的网络端口建立通道。除防火墙外，为应对这种新识别出的风险，不得不设计和实现一种应用层安全机制。为满足大范围需求设计的安全功能经常过于复杂而难以管理和配置（需要额外的工具和技术），在合理的功效范围运作下却无法全面地满足一些特殊的需求。

Volonito 和 Robinson (2004) 同样注意到这种方法存在问题，信息系统会“经常因为工具配置错误、维护疏忽或诸如没有关闭已解雇雇员的网络 ID（访问标识）等操作步骤上的错误，导致这种方法失效”。除此之外，“这种方法没有体现高管层面的保证，没有明确的经济方面的依据，通常对来自雇员的主动与要求较少或没有需求”。关于信息系统和网络实现各个方面的类似问题，在 Kang (1996)、Schneier (1997, 2001) 和其他文献中也进行了讨论，强调了在信息系统生命周期中潜在的人为错误，突出了对实现和管理信息安全来说关注人、策略和过程的必要性。Blakley、McDermott 和 Geer 提到：

> 当前的信息安全技术只能应对信息风险的一小部分问题。实际上，越来越多的证据表明信息安全技术并没有十分有效地降低信息风险(Blakley et al., 2001)。

因此，Blakley 等人认为：“如果想有效地应对信息风险问题，我们必须彻底重新思考我们的信息安全（单一地使用安全技术）的方法。”

然而，在报道普华永道会计师事务所及英国贸易和工业部（UK DTI）2002 年 4 月的调查结果 (PricewaterhouseCoopers & DTI, 2002) 的文章中，Allen 强调：“人们仍然把安全看作技术问题，然而安全应该是商业事务。”2004 年，UK DTI 跟踪调查后报道：“落实安全控制已经取得了一些进展”。然而大部分控制只关注技术相关的解决方案。普华永道会计师事务所和 DTI 在他们的报告中总结道：

> 商业领域趋于单独依靠防火墙保护互联网网关和网站免受攻击。
>
> 少于十分之一的商业公司（和只有四分之一的大公司）对自身灾备计划进行过测试以了解其在现实应用中是否有效。

> 过去的两年间，对 BS 7799[1]的总体认识或实现 BS 7799 信息安全系统的英国企业数目都毫无增长。
>
> 信息安全的投入虽然在增加，但仍然相对较低，这种投入被视为消费而非投资。
>
> 和两年前的 2%相比，现在公司平均将 IT 预算的 3%投入安全方面。大公司大约投入 4%，在安全方面的总体投入水平仍远低于 5%~10%的基准水平。
>
> 少于一半的公司会对安全投入的回报进行评估 (PricewaterhouseCoopers & DTI, 2004)。

正如这些报告和研究所显示的，在基础设施层部署安全技术，虽然安全技术的使用具有提供纵深防御的潜能，但纵深防御的目标却难以正常实现。由于开销和其他资源的限制，一些组织趋于依靠单一的安全技术应对多个安全需求。即使对人和过程具有充分的安全实践和措施，由于非技术因素的影响，潜在的薄弱环节仍然存在于技术层面。因此，单一地使用安全技术不能实现最弱环节原则的目标。

2.3.2.2 基线安全

基于既有安全技术的强度，面对供应商驱动的解决方案，忽略人、过程和策略等更“软”问题带来的顾虑，基线方法建立最小安全等级，采用更全面的方法，更少关注成本代价[2]。最小安全等级必须在组织中所有信息技术系统和基础设施中实施 (Summers, 1997, pp. 6-7)。

20 世纪 80 年代至 90 年代初期，正值商业领域开始部署信息技术，对安全的依赖程度越来越大，基线安全得到普遍使用，其中包括建立相似行业中所有组织均可采纳的最佳实践标准。通过使用基线标准，Ferris (1994) 提到一个组织可以建立“决定可接受风险和

1 BS7799 是由英国标准协会（BSI）发布的两部分的标准，对《信息安全管理守则》（BSI 1999 年 a）和《信息安全管理系统》（BSI 1999 年 b）提供指导。截至 2006 年，这两份文件已经由 BSI 撤销，并分别被 ISO / IEC 17799 (2005f) 取代。2005 年，ISO/IEC 17799 的编号也被改为 ISO / IEC 27002 (2005i)。

2 在基线方法中，在产品或解决方案的选择过程中，安全成本通常是在寻找适当产品和方案时才被考虑。基于购买量与产品或解决方案供应商进行谈判，或使用成本最低的竞标方法选择最终的供应商。

社会行为的工具框架”。基线方法已经实现形式化并以国际标准 ISO/IEC 技术报告 13335 (ISO/IEC, 1999) 发布，作为一种适用于组织进行 IT 安全管理的方法推广。针对实现的特殊安全措施，工业界和国际组织也发布了一系列标准，例如 BSI 的 BS 7799-1 (BSI, 1999a)、国际标准化组织的 ISO/IEC 27002 (ISO/IEC, 2005i, 2013b) 标准。美国国防部的《可信计算机系统评估准则》（TCSEC）(US-DoD, 1985) 也被当作基线标准之一，并被美国政府用来建立基于标准的策略以实现更好的保障和级别可测量的安全 (Ferris, 1994)，并按照预先定义的安全分类处理不同级别的需求 (Summers, 1997)。虽然基线方法基于安全原则，但它还是采用技术性安全措施作为应对策略需求的主要途径。近年，TCSEC 已经被修改为通用准则，并成为国际标准 ISO/IEC 15408 (ISO/IEC, 2005c, 2005d, 2005e)，它清楚地描述了计算机系统中的安全功能和可测量保障要求。此标准为具有安全需求的不同行业定义了可以制定自身安全标准变种的步骤，称为“保护总则”，其目标是为每个行业提供更好的灵活性支持。

基线安全方法也被称为“核查表方法”(Dhillon & Backhouse, 2001)，包括以下明确的高级步骤来管理信息安全：

- 使用核查表（作为风险评估工具）识别安全需求和问题
- 定义可接受的策略和标准
- 在所有系统中实施基于标准的解决方案
- 使用技术和程序化相结合的方法
- 使用补偿控制应对新问题，直到有相应的安全控制技术可用来缩小差距（在核查表审查中识别）
- 使用安全审查和审计作为遵守和执行的保障——基于核查表的使用

对基线方法的主要批评在于其忽略了可持续风险分析和作为信息安全管理一部分的评估过程，并且当组织中非关键业务和信息资产也实施相同的基线措施时，增加了安全成本。当在审计检查中发现非关键业务和信息资产中存在不符合基线措施的现象时，会导致过度的管理负担。因为从审计角度看，如果把通用基线作为公司策略的一部分，即使没对非关键资产执行通用基线也将被视为不合规。因此，此方法存在合规性驱动带来的负面影响，而不是确保充分的信息安全风险管理。

实际上，合规性在大部分公司是信息安全强有力的驱动器。依据 Sullivan (2006)，在

2006 年由 Merrill Lynch & Co 公司进行的一项调研中，收到了来自 50 位首席信息安全官（CISO）的反馈，强制的合规性位居驱动安全软件需求的因素列表首位。

Ferris 同样评论道：

> 在组织中实施基线标准策略的一个缺点是该策略对建立信息安全策略的重要性缺乏重视，而信息安全策略对成功地实施自主访问控制至关重要。这是一个十分重要的管理问题，而不是技术问题 (Ferris, 1994, pp. 75-76)。

为降低安全控制成本，Venables (2004) 提议建立一种“高通用性基线”，关注解决方案和组件集成“使实施安全措施比不实施更容易”。然而，采用高通用性基线可以降低安全成本的可能性还未被证实。虽然如此，设置高通用性基线将会增加对非关键资产（或没有处理或存储任何重要／敏感信息的资产）额外的安全管理和监控成本。这种方法可以潜在地减小来自非关键资产的薄弱环节影响关键资产的可能性。

Dhilion 和 Backhouse 认为：

> 虽然基线核查表方法仍然被广泛使用，但是在安全中寻找理论基础时它们只能提供较少的佐证。说明这些方法只是关注显而易见的事件，忽略了问题的社会属性。核查表不可避免地会关注过程、步骤细节，而不是去处理关键任务——了解什么是实质性问题。过程步骤一直变化，因此很难达到分析的稳定性 (Dhillon & Backhouse, 2001)。

从法律角度看，依据 Hoo (2000, p. 11)，“基线最佳实践方法的基本前提是符合最佳实践集，会保证在安全破坏事件中避免因疏忽而导致的责任诉讼。”但是 Volonino 和 Robinson (2004, p. 193) 却评论：

> 法庭没必要将最佳实践当作提供充分防御的标准。也就是说，如果一个公司的实践是不合格的或过时的，即便就行业而言是最佳的计算机安全实践，也可能不是有效的防御手段。

“最佳实践”这一术语在实践者和研究者之间一直存在分歧。2003 年，在美国国家安全研究的 CRA 研讨会上，McKeown、Clarke 和 Stankovic (2003) 在报告中指出“安全小组最难达成一致的就是最佳实践的内容，更倾向于使用‘似乎合理实践’一词”。在新加坡举办的第一届“BS 7799 Goes Global”会议上，Humphrey (2002) 强调“最佳实践实际上是通用实践”。如 BS 7799（现改名为 ISO/IEC 27002）等标准已经放松了安全措施的选取工作，为信息安全实践者讨论安全风险和保护提供了一种“通用语言”。实践者使用标准来提升信息安全，但是标准最终需要成为组织风险管理系统的一部分，以支持其安全策略和需求。修正标准（例如 ISO/IEC 27002）以紧跟不断发展的风险问题，却给自身带来了另外的挑战，因为即使 ISO/IEC 的所有参与成员均在初审时同意修正标准，标准化过程一般也需要两年以上才能通过修正，况且初审时所有成员均同意的情况是不常见的。因此，即使一个组织成功实施了给定标准集的所有相关安全控制，这些安全措施控制的相关风险很可能落后当前风险现状至少两年。在不断变化的 IT 环境中，由于可以广泛地访问、使用 IT 系统，数字通信和联络呈指数增长。Ferris 也承认“IT 安全标准必须跟随其服务的技术环境一起进化发展”。

> 这种新环境需要一定的灵活性来适应或增加新技术的应用并评估风险影响，像完整性（如数字签名）和访问控制（如个人隐私）等新的控制功能对技术的依赖急剧增加 (Ferris, 1994, pp. 75-76)。

为满足不断变化的需求，Ferris 提议了一种“需要标准的信息技术安全产品工具箱支持的安全服务方向”，并为满足信息技术安全需求提供可选择的技术，为系统规划师提供更好的选择，使决策者能够决定组织可接受的成本和风险之间的平衡点 (Ferris, 1994, pp. 75-76)。换句话说，为满足不同的需求，一个更广泛的可选择安全标准集是必要的，以取代基线标准和安全措施的通用集。如何确定需求、如何决定使用哪些标准，是多基线标准方法最关键的问题。

这种基线方法的缺点揭示了系统中薄弱环节的长期存在，与在纵深防御方法部分提到的问题类似，更多基线也意味着实现时会有额外的成本和复杂性。

2.3.3 没有完美安全

基于信息系统涉及人类行为而人类不是完美的这一认识，另一个普遍接受的原则是“没有完美安全”。在密码学的世界里，“没有完美保密”这一看法众所周知，例如，“一次一密”(D. E. R. Denning, 1982, pp. 86-87; Singh, 1999, pp. 120-124)。数据加密技术是为实现完美保密而设计的经典密码系统，然而因其成本太高无法在实际应用中实施。尽管“一次一密”的变种仍在使用，但是只部署在诸如涉及国家安全的高敏感系统中。这种系统需要权衡多个方面，比如使用方便性的严重降低、实施和使用成本增加、通信即时性降低，以及接受这种密码系统在特定条件下被攻破的风险。换句话说，要做好允许系统存在某些“薄弱环节”的准备。

McKeown、Clarke 等人在 2003 年关于国家安全研究的 CRA 研讨会上报告过：

> 最佳实践是经常受到限制的，经常落后研究团体提出的技术数十年。安全研究和实践之间的分歧意味着不同的处境必须发展推荐不同的最佳路线。既然我们所有的系统均有漏洞存在，那么期望任何一个系统一直绝对安全是不现实的 (McKeown et al., 2003)。

本质上，“没有完美安全”原则和最弱环节原则，以及纵深防御原则是相对立的。当实施纵深防御原则时，风险管理者需要采纳一种更实用的方法，并认识到不管使用了多少防御层或利用了多少不同的安全措施，薄弱环节都会存在。这意味着风险管理者不得不权衡风险和可用资源，这就是风险管理的基础 (Schneier, 2002, 2003)。

2.3.4 风险管理

了解了“没有完美安全”原则，并认识到在安全支出有限的预算条件下需要优先排序并决定资源分配，风险管理方法似乎是符合逻辑的，因此被广泛建议作为一种管理信息安全的方法使用。

Summers (1997, 6) 把风险管理方法称为“成本-效益”方法，D. E. Denning 和 Denning (1979, p. 228) 建议风险管理的“目标是实现良好成本效益比的内部安全保障，并保证计算机软件和硬件充分牢固，不成为安全链的最弱环节”。Swanson 和 Guttman (1996) 在“计算机安全支持组织使命”和“计算机安全应该符合成本效益”两个计算机安全原则中也陈述了风险管理的需求。

Blakley、McDermott 等人 (2001) 解释道，由于信息安全考虑保护关键商务或敏感信息及相关的信息技术系统和基础设施，信息安全事故将意味着发生攻击事件并导致对商业产生负面影响（财产损失或破坏）。因此，在考虑管理成本和/或信息风险对商业的影响时，必须涉及信息安全作为风险管理因素。换句话说，“信息安全就是信息风险管理”(Blakley et al., 2001)。

虽然对信息安全来说，采用基于风险的原则似乎是合理的，并且这种原则经常被高度推荐，例如 Alberts 和 Dorofee (2002)、D. L. Clark (2003)、Schneier (2003)、PricewaterhouseCoopers (2003) 及巴塞尔电子银行监管委员会 (Electronic Banking Group of the Basel Committee on Banking Supervision, 2003) 中论述的，但同时采纳所有原则来满足信息安全需求仍然具有挑战性。

2.3.4.1 风险、风险评估和风险管理

风险被称为“遭受损失、损害或破坏的可能性”(Manser & Turton, 1987)、“遭受破坏或损失的可能性”(Alberts & Dorofee, 2002, p. 8)、“攻击事件及其负面影响的综合概率”(ISO, 2001, p. 12)，或简单地描述为“造成不好结果的可能性” (Borge, 2001, p. 4)。可能性是一种机会（或概率）因素。损失经常同有形或无形资产的价值相关联，无形资产比如说组织的名誉。因此，风险经常同遭受价值资产的危险相关联。

对资产价值、威胁、脆弱性、攻击、漏洞利用和影响的识别、分析和评估的整个过程通常被称为风险评估[1]。

据 Borge 的定义，“风险管理意味着采取深思熟虑的行动来改变某些可能性——提高

1 风险识别的第一步包括识别资产及其相关的价值。如果没有资产需要保护，就没有风险评估和因此产生的管理。在一个信息系统中，信息已被普遍视为一种资产。为了保护信息，其所涉及的物理系统（包括网络、计算机硬件、存储介质和应用软件）也被视为资产，因为它们的安全性会影响信息在信息系统中的处理、传输或存储。这些信息和实物资产的价值在不同组织里都有差别。除了以上提到的货币价值，也有其他无形资产，如组织的声誉或信誉，都将因信息或有形资产的损失或不可用而受到影响。对每一个标识的资产，其丢失的可能性都被评估。丢失的可能性，可能会因预期结果、事件或所涉及的资产有所偏差。为了评估这些就必须使用风险分析的过程。

好结果的可能性，降低坏结果的可能性”(Borge, 2001, p. 4)。风险管理也被称为“识别风险并实施计划应对风险的持续性过程”。ISO 73 号指南关于风险管理一词的定义为“一系列指导和控制组织应对风险的协调活动”(ISO, 2001)。因此，风险管理包括风险评估、风险处理[1]、风险接受和风险沟通[2]。

1. 风险评估

ISO 73 号指南（2001, p. 16）将“风险分析”定义为“系统性地利用信息来识别风险来源和估计风险”。

> 风险分析给风险评估、风险处理和风险接受提供了基础。信息包括历史数据、理论分析、知情意见和利益相关者的关注点 (ISO, 2001, p. 16)。

虽然风险分析通常使用定性的方法实施（采用低、中、高三个分级对风险进行测量），但是商业管理偏向于选择定量的风险测量方法，这样便可以通过与其他财务数据进行数字上的比较做出决策。

定性的风险评估方法从简单使用“低／中／高”来描述风险概率和后果到使用专家系统复杂的公式化描述都有，但取得的成功非常有限。例如，CRAMM[3]和 RISKPAC[4]是 20 世纪 90 年代应用十分广泛的使用定性方法的商业风险评估工具（Moses 1994，250-263）。20 世纪 90 年代后期和 21 世纪早期，随着使用互联网和相关风险的激增，诸如“渗透测试”[5] (Klevinsky, Laliberte & Gupta, 2002; Maiwald & Sieglein, 2002, pp. 46-49; Tiller, 2003)、

---

1 风险处理是指选择和实施措施以改变风险的过程，包括避免（或阻止）、优化、转让和/或保留风险。风险接受是指接受或保留风险的决定所产生的结果。

2 风险沟通被定义为“决策者和其他利益相关者之间风险信息的交流或共享”(ISO, 2001)。

3 CRAMM 由英国政府中央计算机与电信局（CCTA）和英国信息系统有限公司（BIS）开发，并于 1988 年发布。CRAMM 是 CCTA 风险分析和管理方法（CCTA Risk Analysic and Management Method）的缩写。

4 RISKPAC 是美国的化学银行信息系统和资料分析公司商业化开发的产品。它提供了一个可以装载问卷集的框架。评估使用评分系统作为风险的量度，风险的量度影响分析的结果。

5 “渗透测试”是以前在建筑行业被广泛用于测试核心结构的强度和可靠性的术语，在 IT 行业，它指的是利用黑客技术，尝试越过 IT 基础设施或系统的安全保护并寻找安全漏洞的风险评估过程的一部分。

“威胁模型”(Howard & LeBlanc, 2003, pp. 69-124; Schneier, 2001, pp. 288-306) 和“场景分析”(Hoo, 2000, p. 11) 等更多的技术方法作为更新的定性风险分析和评估工具涌现出来。

定性的风险评估在企业中更为常见，主要因为还没有令人满意的定量的方法。Moses 提到：

> 我们需要有根据事件后果产生的影响正确识别数据资产价值的能力。可是当前，这些影响完全用金钱来衡量的确是不可能且不合逻辑的，例如对个人安全的危害。要在没有对事件发生频率的主观规范说明和其他数字的条件下能够评估脆弱性的严重性等级，并且要能够评估威胁来源迹象的等级或可能性 (Moses, 1994, p. 250)。

然而，定性风险评估方法的有效性和可靠性是主观的，并往往严重依赖风险分析师的经验、知识和精确程度。

定量的测量方法让人感觉到一种“对不确定性的权威并自信的表达”(J. Adams, 1999, pp. 23-24)。在信息风险文献中，定量风险分析往往使用“年度损失期望”（ALE）计算潜在的损失，以“年度损失概率”（p）和“资产价值”（v）的公式计算，公式为：

$$\text{ALE} = pv$$

有关ALE计算的例子，请参考Blakley、McDermott等人 (2001)、Moses (1994)、Schneier (2001, pp. 301-302)和 Summers (1997)的文章。

1975 年，美国国家标准局提议将 ALE 作为“65 号联邦信息处理标准（FIPS）”。虽然此标准在 1995 年 8 月被撤销，但它仍然是一种在定量风险评估中被广泛引用的方法。Hoo (2000, p.12) 对 ALE 指标的热衷归因于将两个风险要素（损失概率和资产价值）综合为一个单一数字。然而，这种“综合”也是它的一个主要缺点，因为单从一个数字无法区分高频率低影响事件和低频率高影响事件。因此，仅基于 ALE 做决策是有风险的，因为由高频率低影响造成高 ALE 值的事件可能是可以容忍的，而由低频率高影响造成高 ALE 值的事件可能是灾难性的 (Perrow, 1999, pp. 306-328)。

为了简化风险计算，一些定量的方法去除了损失概率这一因素。Hoo (2000, p. 18) 称为“估值驱动方法”的方法及“第二代方法”中的一种，在风险计算中只使用资产估值和潜在影响两个因素，这使得风险管理者“专注于管理验收、组织惯例和其他部署问题”。但是，Hoo 补充道：

> 虽然他们的简化方法和避免争议具有吸引力，但这些估值驱动的方法却因被简化而带有显著的理论缺陷。他们只关注资产价值，忽略保护成本、措施效果和安全破坏频率，可能导致对资产过度保护或保护不足。这两种可能性在经济上都是低效的，并可能导致竞争力受到影响。这些方法既没有进行成本—效益分析的能力，也没有对基本统计数字收集的需求，没有提供任何机制来激励人们对其安全规范说明进行改进。虽然估值驱动方法在短期内是方便的，却不是一种可行的长期解决方案 (Hoo, 2000, pp. 18-19)。

基于对 ALE 方法的不断学习发展，研究人员一直在推动以一种更广义的观点来看待风险评估，Hoo 将其描述为一种“通用框架”方法。在得出一个风险评估结果（O）时，这种观点考虑了安全需求（R）、资产（A）、安全问题（C）、威胁[1]（T）、安全保护（S）和安全漏洞[2]（V）。这种框架的发布推动产生了迭代的评估过程，这个过程包括威胁分析、安全保障选择和成本—效益分析。该方法可以用于定性和定量的风险分析。一些该框架的商业软件实现工具也已可以使用，例如@Risk 和 CRAMM，具有不同程度的普及。据 Hoo 说，“20 世纪 90 年代，在计算机安全风险模型方面可以发现一些零星的研究成果，除了其中最好的成果外，此框架和其他基于 ALE 的方法未能获得广泛接受。” Hoo 评价此方法失败的原因是有以下三个主要缺陷。

1 造成伤害或攻击弱点的可能性对系统是种威胁。如果没有任何人有兴趣危害系统，就没有威胁，也没有攻击（或利用）被设想。在信息系统的环境中，常见的威胁包括未经授权的读取或泄露、未授权的写入或更新（伪造或损坏），以及拒绝服务或访问（使其在必要时不可用）。同样，如果一个系统没有攻击其弱点的手段，也不会发生攻击。然而，尽管软件和系统工程在过去几十年中取得了进展，信息系统的许多固有性能还是不能被完全预测。信息系统的复杂性使它有时产生非预期行为，从而造成意外的漏洞。因此，不可能确保信息系统是没有弱点的。我们只能消除那些从过去的经验中获知的类似系统的弱点。

2 漏洞通常指一个系统（计算机硬件、软件或进程）中使安全被突破的缺陷或弱点。不同于系统的其他功能特性，漏洞往往是隐密的，或者是一个系统里某个功能的一部分，甚至系统的设计者也不一定知道它的存在。这使得它的识别和评估不能与风险评估中的目标一致。

（1）基于场景的方法与数学或计算机建模任务不匹配，简化问题会影响建模准确性，但如果用户考虑所有的可能性建模任务又变得过于复杂而不切实际。

（2）该模型需要确定的问题空间，“假设所有数量均准确地已知”，而不是在一个概率范围内，并且这种模型“不能识别和捕获不确定性妨碍对风险进行建模”。

（3）该模型要求并假定所有信息——包括频率、估值和功效等数据是可获取的。然而，这些数据很大程度上是无法获取的。

Hoo 对“第二代方法”的分类包括“综合业务风险管理框架”[1]、“估值驱动方法”、“场景分析[2]方法”和“最佳实践”。

Barton、Shenkir 等人 (2002, pp. 13-14) 指出场景分析和使用核查的自我评估表作为全面风险管理体系的一部分在风险识别过程中被普遍使用。此外，在风险管理普遍实践之前，最佳实践方法自 20 世纪 80 年代以来一直在美国政府和一些跨国公司中使用，贯穿整个 90 年代并持续使用到 21 世纪。Hoo 明确指出“复杂性和不确定性的挑战仍然没有得到解决”，这与本章的文献汇总相符。

> 一般情况下，这四种新的风险管理方法是解决问题的短期方案。虽然在解决组织接受和部署问题上相对成功，但是这些方法基本上没有触及上一代方法技术和信息方面的挑战。这些方法缺乏成本依据，无法预测未来发展趋势，并无视保障功效测量，促使组织不断寻求更满意的定量框架来管理计算机安全风险 (Hoo, 2000, p. 20)。

虽然 ALE 方法具有局限性，Blakley、McDermott 等人 (2001) 评论道：

1 综合业务风险管理框架的依据基本上和 Blakley 等人 (2001) 的观点有相同的前提。该方法认为信息安全和技术相关风险是诸多商业风险之一，并专注于商业最终效益方面的影响或增值，而不是风险建模。

2 场景分析方法包括不同场景的构建，由安全可能受到危害的计算机来说明一个组织面对信息攻击的威胁时是多么的脆弱。它还用于鼓励更广泛的计算机相关风险的思考和碰撞，来体现组织所面临风险的不同种类及其严重程度。这样组织就能针对最有可能的和最严重的问题建立和制定其风险缓解的战略 (Hoo, 2000)。

> 安全技术的发展和选择应依靠量化的效益观测研究，而不是依据规避漏洞的先天综合保障。攻击利用的发生概率必须与后果保持平衡。对大多数安全技术来说，ALE 方法（即观测到的结果）必须制定规则，而不是利用一个好故事的情感因素，也不是利用一直以来被大部分安全技术用作卖点的恐惧、不确定性和质疑 (Blakley et al., 2001)。

D. E. Denning (1999, pp. 388-389) 也提到过对定量风险评估方法有效性的顾虑，许多信息安全专家认为试图了解精确的风险程度是不切实际的。

> 风险评估不是一门精确的科学。它不可能准确地估计攻击或损失发生的可能性。有许多潜在敌对因素——黑客、竞争对手、犯罪分子、外国政府、恐怖分子等——每种因素具有不同的动机和技能，并对目标有不同的影响。一些漏洞直到被利用、实现攻击时才被发觉，所以难以量化或提前预测 (D. E. Denning, 1999, p. 386)。

尽管定量风险评估方法存在明显的弱点和局限性，在现实应用中这种方法也并没有被广泛采纳和实施，但 Hoo 对在保险和责任风险行业使用的这种风险管理方法做了评估，并总结道：

> 保险、责任和竞争都是一种潜在力量，推动计算机安全风险管理远离非定量和第二代方法，回归到类似于第一代基于 ALE 方法的定量风险评估框架 (Hoo, 2000, p. 20)。

基于这一假设，“设计一种新方法是必要的，这种方法应该借鉴历史教训，并能够适应未来将强加于它的需求” (Hoo, 2000, p. 20)。

在 2003 年 11 月举办的 CRA “信息安全和保障面临的巨大挑战” 会议上，安全风险管理方法被与会者确定为此领域面临的重要挑战之一。Hoo 等 CRA 会议与会者还强调了定量风险测量的必要性，而不是保持方法的开放性，尽管他们清楚地指出，对导致信息技术风险、某些漏洞和系统的异常行为及在网络系统中故障的依赖关系，还缺乏全面、本质的了解。具体而言，“巨大挑战”项目承诺：

> 10 年之内，制定出至少与定量财务风险管理一样好的定量信息系统风险管理 (Computing Research Association, 2003)。

然而，我在 2012 年年底写的这一章，甚至在 2016 年翻译这一章的时候，这个承诺还没有实现。对风险定量测量（在 CRA 会议和平时均被提到）的偏爱被“如果不能测量就无法管理”的观点继续推动。但是，CRA 会议与会者同样强调“你测量什么就得到什么”，而且“测量错误的东西与不测量一样坏甚至更糟”，并强调测量必须是一致的、公正的和明确的。CRA 会议报告提出了以下问题：

> 我承受了多大的风险？我现在比去年这个时候更好吗？我是否在正确的事情上投入了正确数量的钱？我如何与我的同行相比？我有什么风险转移方案？对于这个问题，他们没有相应的能力将自己的努力与黄、橙或红色警告级别相匹配 (Computing Research Association, 2003)。

最后一点，事实上是最关键的，因为它涉及不断涌现或变化的风险情景，这是我们在组织中一直面临的问题。即使以上五个问题可以准确地回答并且通过多个定量测量的图表完全证实，组织仍然不能应对导致破坏和损失的不断升级的风险情景，这使得所有早期的努力和所做的测量没有意义。

从风险沟通的角度来看，Gigerenzer (2002) 报告说概率的使用不会有助于促进风险沟通。相反，Gigerenzer 建议“当思考和讨论风险时，应该使用频率而不是概率”。Gigerenzer 声称使用引用类，可以使所涉及的风险更清晰。然而，目前还未曾见过这种方法在信息安全风险分析中被采纳。

定量的方法已经得到了更多的重视并继续获得研究人员的青睐，对定性方法的研究仍然有限，这可能归因于信息安全领域对技术的关注。为了更好地了解风险分析和评估方面的定性方法，发展出新知识，信息风险管理的定性和经验研究同样重要，而且应该得到鼓励，如 Bjorck (2005) 的工作。

2. 管理风险

风险分析的目的是在组织中识别和评估风险对信息资产的重要性，而风险处理解决的问题是针对已识别和评估过的风险来确定采取合适的行动（或不采取行动）。

Blakley、McDermott 等人 (2001) 认为“风险可以通过各种各样的机制来管理，包括责任转移、补偿、缓解和保留等”。根据风险管理的定义[1]，例如在 ISO 73 号指南里 (2001)，这些机制通常被称为风险处理机制。

在风险处理方面，尽管越来越多的保险公司提供使用责任转移[2]和赔偿[3]选项，但是相比其他方法，一些组织一直过分偏重使用缓解的方法 (Blakley et al., 2001; Gordon, Loeb, & Sohail, 2003; Hoo, 2000)。

Blakley、McDermott 等人认为缺乏风险数据，包括关于漏洞、事件和损失的数据，是采用责任转移或赔偿方法来处理风险时所需面对的主要问题之一。Hoo (2000) 也指出，“先不管实际的实施问题，我们可以从当前的计算机安全调查中发现缺乏一致观点得到了证实，我们没有就必须进行监控的具体数量达成共识。”

其实持保险为责任或风险转移提供了一种手段的观点也是有欠缺的。Boyne (2003, pp. 3-22) 指出，保险行业是从业务的潜在损失角度来看待风险的，而不是从投保客户的角度。在管理这种风险时，保险公司根据已投保个人（和组织）的概况查看其风险事件的历史记录。然后根据以往类似事故的发生概率确定保险费用。这样一来，保险公司将能够以最低的可能支出募集大量保险费。在实际中也应用了聚合效应，使得募集金额远高于单一或多

1 在实践中，风险管理统筹风险评估、风险处理、风险接受（或保留）和风险沟通的工作。在适当的层级上评估风险管理是非常重要的，有效的风险处理本身并不能保证有效的风险管理。例如，风险沟通错误可能会导致对组织的负面看法与其他危险后果，尽管该组织可能已经采取最适当的措施来处理已经识别并准确评估的风险。

2 在商业运营中，事件责任可通过声明或协议转让。前者包括开展活动时明确声明该组织将不负责某些不良事件的后果，但不指定谁负责这些后果；后者通过与另一方达成协议对某些负面行动的后果承担责任。

3 赔偿通常通过风险汇总或对冲进行。汇总是几家商业组织共同承担风险的成本。汇总的概念基于“攻击事件不可能同时发生在多个参与汇总的组织”的设想基础。保险是最常见的风险共担机制，它们增加风险成本的可预测性，并在同一时间为汇总中的每个组织降低风险的成本。对冲的方法涉及对风险不发生的概率投注，它本质上是利用风险来赢利赚钱。

起事件潜在的支出费用，比如受保公司遭受一场灾难事故，或者在同一时期或同一时间内发生多起事故。因此从投保人的角度看，签订保险计划并没有转移她/他的风险。当出问题时，比如投保个人面临遭受重大损失的情况或事件时，包括潜在的生命损失在内，保险只提供了一种有限的恢复手段。同样的原理也应用于信息安全风险领域的保险政策里。

Gordon、Loeb 和 Sohail (2003) 也提出利用保险来应对信息风险问题仍处于起步阶段。面对如“逆向选择”[1]和“道德危机”[2]等问题的挑战和担忧，保险公司一直不确定如何合适地给自己的产品定价，或者宁愿采取经济上对其业务合理的方式。因此，依靠保险来管理风险，有其自身的风险。在 Gordon、Loeb 等人提议的框架中，一直坚持风险评估的重要性[3]，并把对公司风险承受能力的认识作为保障策略恰当性的关键决定因素。

风险缓解意味着安全措施的应用，包括技术或过程的实现，在有或没有增加新的人力资源的情况下以保护系统、信息或环境免受已识别出的风险损害。这通常采用控制的形式，通过移除或禁用“有风险的”特性和功能，缓解（或消除）已经识别并被评估为严重的风险，但往往会影响信息系统的可用性。因此，缓解措施很少受到企业或终端用户的欢迎，常常被视为阻碍生产力的一种形式。风险缓解通常涉及最佳实践基线安全标准的使用（如 ISO/IEC 17799/27001 (2000, 2005g) 标准），它的生产是为了处理已知的风险问题和实施安全技术手段，以尽可能地确保相关技术的安全使用，以及将缓解措施整合进该组织的工作流程中。大量在线和印刷的出版物中详细讲述了与缓解措施相关的内容。仅举缓解措施的几个实例，包括技术性和过程式的，请参阅 Pfleeger (1997)、Garfinkel 和 Spafford (1997)、Summers (1997)、Potter 和 Fleck (2003)、Meier 和 Mackman 等人 (2003)、Egan 和 Mather (2005)、Hellen 和 Goetz (2004)、Maiwald (2004)的文章。那些还没有技术解决方案的问题，通常设计额外的过程式措施作为临时补偿控制措施。

在风险接受或风险保留方面，已评估的风险由该组织的管理部门接受。管理部门往往认为风险负面作用的发生概率或影响如此微不足道而做出忽略此风险的决定。如果一个组

1 “逆向选择”是指受保者明知一定的风险但没有事先汇报给保险公司。

2 “道德风险”是指受保者在购买了保险后缺乏激励，采取措施减少损失的概率。

3 提供一份保单时，保险公司通常会关注逆向选择的问题。因此，不了解自身风险状况的组织会比了解自身状况的组织评定为具有更高风险。另一方面，了解自身风险状况的组织可能知道一定的风险但向保险公司隐瞒，以便不用为他们的保单支付更高的保费。

织容忍风险，它需要做好财务准备以忍受风险发生所带来的影响 (Degraeve, 2004, pp. 49-50)。金融行业（ALPHA 是其中之一）是一个受高度管制的行业，却拥有对风险和不确定性因素极小的包容性。不确定性因素指的是无法量化或赋予一个概率值进行估算的因素。因此，即使在组织中有正规的用于接受风险的文档化描述的过程，接受风险仍然不是一种切实可行的选择。

2.3.4.2 基于风险方法的问题

和前面讨论过的其他方法一样，尽管基于风险的方法有其优势，但也有较多的挑战和问题。

1. 风险术语

风险相关术语——威胁、脆弱性、攻击、不良事件、影响、危机和危险——经常被随意使用，有时混淆使用以至无法区分。例如，在描述由新的互联网技术和安全攻击导致的不断变化的风险环境时，Egan 和 Mather (2005, pp. 11-12) 在讨论新的攻击方式时使用诸如“混合威胁”、“威胁快速蔓延”等短语，并评论道“预计威胁将继续增长”，应该是威胁发生概率可能潜在增长，而不是威胁本身增长。当信息风险管理人员进行风险评估时，她／他有时并不清楚正在评估的是威胁、攻击、漏洞，还是风险本身。我们在 2.3.4.1 节中回顾“风险评估”和“风险管理”时也体会到了 Hoo (2000) 对这两个术语的混淆使用。

2. 概率

在分析英国安全驾驶和安全带政策时，J. Adams (1999) 评论道，在风险评估上下文环境中的损失概率与投掷骰子的概率不同。不像掷骰子，信息风险事件不一定是确定的，并且信息风险的结果也不是独立于以前或其他风险（或投掷）的。因此，如果我们想采用风险统计测量的方法，就需要收集和分析以往类似事件的信息，然后将过去的统计趋势投射到未来以实现预测判断。正如 Blakley et al. (2001) 和 Hoo (2000) 指出的那样，我们一直缺少数据和关于数据格式（和模式）的共识来允许对风险进行准确的统计测量。即使这些限制因素得到解决，仍然会有关于统计数据使用的问题。正如 Levinson 强调的，关于数据质量、样本规模大小、涉及人员数量及风险评估者的经验等问题，会以各种各样的方式影响风险评估的结论：

从样本的统计信息中得到关于整体的结论就像是在放大一张照片。小的误差会被放大成严重缺陷。如果样本选取没有适当地考虑总体应有的组成种类，这样的样本是有偏差的。

然而未能考虑所有可能差别的样本也不能被证明是有偏差的。只有疏忽了某种必不可少的差别才会导致一个样本不够充分，而且哪种特征必不可少也不总是可以提前预知的。这表明了统计学家（和统计批评者）必须持续防备的一个根本性困难。从某种意义上说，除非在前期阶段进行相关调研，否则不能确切地知道如何收集样本数据。例如，可能在采取了各种预防措施后仍然发现数据中包含一些未知的干扰因素，这可能是没有将理应分离的两个种类在样本中分离导致的。

如果统计学家是自己为其调查收集数据，困难并非不可克服，但是可能意味着增加大量人力。当被迫使用由他人收集的数据时，也许是为了完全不同的目的、并有可能是多年以前的数据，统计学家会陷入面临解决无望的统计难题的危险境地。所有这一切都需要对判断结果做出最合理的排序，并且没有技术性的数学技能可以替代这一行为。另一方面，对高等数学不太了解的统计学家会发现相关主体的技术方面吸引了他过多的注意力和精力，影响到他对整个调查的处理。如果他不了解高等数学知识，那么他不能胜任此项工作，也无法进行统计调查。

除了由于有偏差样本导致错误结论的危险，也存在因为样本数量太小而导致错误结论的危险 (Levinson, 1963, pp. 206-207)。

Boyne (2003) 也提到："如果风险的先验测量和统计测量都是不可能的，我们不得不求助于'估算'"。如果一种风险问题被估算出有较大的影响，该风险可能被给予较高的级别。根据 J. Adams (1999) 的评论，"如果风险变成可预测的，如果概率是公开引用的，那么信息扮演了改变概率的角色"。因此，定量风险分析的准确度变得主观并且这种主观性可能导致不正确的评估，在系统中遗留下弱点（或薄弱环节），却伴随着系统已经安全的错觉。

3. 风险分析的风险

Charette (1991) 评论说："做任何风险分析的首要风险是对风险管理所能达到程度的建议是不准确的。"高估风险会导致缓解工作超额（超越了真正需要的）来克服被认定的风险。另一方面，低估风险可能会造成安全错觉和有害的意外，并往往同时遭遇如何应对意外后果的管理恐慌。在以上任何一种情况下，对风险评估和建议的信任将在后续的分析中受到影响。具有讽刺意味的是，如果我们得到了高度准确的风险分析结果，分析的真值也将被颠覆，因为若是风险被有效地管理，有害事件或损失就不会发生。为风险管理活动争取更多资源或延续时间，可能得不到管理上适当的重视。风险分析也被误用在组织政策中以抗拒改变和维持现状，也以责任分析的形式，成为恐吓胁迫的一种形式，而不是作为改善形势的方法。

Adams 认为：

> 风险是一种不断的自反性现象，通常我们都是监控自身环境安全或危险的迹象，并根据我们的观察调整自身的行为——从而改变我们的环境并引起更多轮的循环往复响应。因此，测量行为改变被测对象 (J. Adams, 1999, pp. 23-25)。

作为潜在事件，没有确定性的评估，风险评估没有质量控制，分析的价值也无法确定 (Charette, 1991)。

4. 风险分析的代价

风险分析有其自身的成本。其中包括软件工具的成本，完成分析过程中分析人员的时间和费用。尽管发现"结果是不准确的，并缺乏实际验证"，Summers 引用 Perry (1985) 和 Baskerville (1991) 的观点，认为：

> 风险分析即使不是强制性的，也是值得做的。它提供了对安全的洞察力，并提高了安全意识，有时是证明安全支出意义的唯一途径。风险分析为管理人员提供了一种熟悉的信息——衡量成本及潜在收益和损失 (Summers, 1997, p. 616)。

5. 风险识别和认知

在很多方面，包括纸媒和电视在内的各种媒体在提供风险信息方面也扮演了重要的角色，影响了利益相关者和其他观点提供者认知的形式，包括风险分析人员在内。正如 Boyne (2003, p. 29) 强调的："当媒体将相关风险告知公众，他们将会根据官方和直接相关的来源相对比较简单地描述，尽可能合理可行地降低对其支持渠道的伤害；他们以这样一种方式做所有这一切的目的是最大化其销售。"网络和印刷媒体的扩散因此给风险分析过程带来了额外的风险和不确定性。

6. 风险管理

根据 Magretta (2002) 所说，管理作为商业领域的一门学科，一直被视为 20 世纪最重要的创新。

> 管理使组织成为可能，良好的管理使它们运作良好。……管理是为了建立正常运行的组织。……所有理论和工具，以及所有的专业知识，都是为了保证组织高效运作。……组织正在发生翻天覆地的变化，并且它们正在采取新的形式，但是没有某些形式的组织，什么都无法完成 (Magretta, 2002)。

Drucker (1973, pp. 39-40) 提醒道："在官僚主义中，管理已经误把自身当作终点，并误把组织制度当作一种手段，这对管理，尤其是不遵循市场规律的管理来说是一种退化性疾病。"

关于信息安全风险管理，其管理和组织方面的研究和文献非常有限，尤其是从 Drucker 防止官僚主义的角度来看。之前，大多数文献，如 Alberts 和 Dorofee (2002)，Stoneburner、Goguen 和 Feringa (2002)，以及标准，如 ISO/IEC 13335-1 (2004a) 和 ISO/IEC CD 13335-2 (2005a)，都对进行风险评估时所用的技术和机制比较关注。近期，更多关于信息安全风险管理的相关工作，是围绕信息安全风险管理系统的讨论和研究，通常被称为 ISMS。例如，Bjorck (2005) 和以 BSI 的 BS7799-2 (1999b) 信息安全管理系统标准为基础的 ISO/IEC IS 27001 (2005g, 2013a)，主要在机构中解决风险管理过程中实施和操作的技术性细节问题。

风险管理的潜在动机仍然是优化和分配有限资源来获取最高回报，却不管那些对企业或组织看似不重要的问题和困难。虽然在重要的风险领域有效利用资源是至关重要的，但是信息风险管理的整体性能不应该局限于此。

Blakley 和 McDermott 等人同样认为目前缺乏对信息安全管理问题和挑战的研究和讨论，例如信息安全管理的人员、组织、组成结构、资源分配（包括财政资源）和效果。

> 我们也对为预防有害事件或减轻其影响而采取的措施的效果了解甚少。事件发生的当事人没有足够的动力去报告；相反，他们有很多诱因去抑制相关信息。最后，我们试图保护的系统（大概由全球互联网和依附于它的一切组成）过于复杂而难以详细地被了解 (Blakley et al., 2001, pp. 100-101)。

从本质上讲，现有的风险管理方法并没考虑某些问题和风险，因为它们是基于风险评估和业务优先级的。这些问题及相关的风险，也可能被不准确地评估并因此面临成为系统中最弱环节的风险。从安全工程[1]的角度，Anderson (2001a, pp. 489-511) 总结出了与商业组织有关的问题：

> 风险管理可能是世界上最大的行业之一。它不仅包括安全工程师，还有火灾和伤亡救治服务、保险公司、交通安全行业和许多法律界人士。然而，令人吃惊的是人们对此主题实在是了解太少了。工程师、经济学家、精算师和律师都从不同的方向看待此问题，使用不同的语言，并得出相互之间格格不入的结论。这其中也有深厚的文化因素在起作用，例如，如果我们假设概率已知而后果未知，其实从不确定性角度来看概率也是未知的，于是大多数人似乎更多地规避不确定性而不是规避风险。当概率是可以直接感知的，风险往往可以直观地被处理；然而如果没有科学结论或没有令人信服的科学结论，人们可以自由地表达各种恐惧和偏见。因此，或许最好的解决方案是教育。虽然如此，还是有一些具体的事情，该由安全工程师去完成或避免 (Anderson, 2001a, p. 492)。

1 根据 Anderson (2001a) 的定义，“安全工程是关于建设在面对恶意、错误或不幸的情况下仍然可靠、可信赖的系统的工作。作为一门学科，它的重点是设计、实施和测试完整的系统，以及让现有的系统适应持续进化的环境所需要的工具、过程和方法。” http://www.cl.cam.ac.uk/~rja14/Papers/SE-01.pdf.

Anderson 对有关信息安全风险管理的问题总结道："其中最重要的，也是最困难的是涉及我们的所有领域，但很少得到关注，因为它们位于软件工程、应用心理学、经济学和管理学的边界"。这进一步印证了需要确定或开发合适的方法，从社会—技术的角度在组织环境下解决信息安全风险管理的问题。

2.3.5 一个环路问题

经过对以上四种常见安全原则的分析，可见形成了一个环状的连接，图 2-1 所示返回到了最弱环节这一初始问题，也就是我们开始分析的地方。

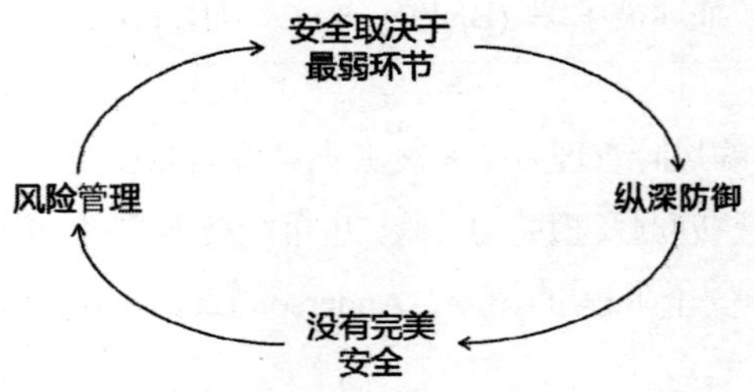

图 2-1　信息安全原则的环路问题

因此，这些原则是不能解决问题的。基于这四项原则的方法没有考虑环路问题，因此不能充分解决信息安全的需求，而不幸的是，最弱环节这一基本问题普遍存在于当今的商业环境和信息系统中。

为了取得进展，新方法不应该添加到当前原则的环路中。（检查是否仍存在环路问题应该是评估用于应对信息风险管理挑战的新提议原则质量的标准之一。）

2.3.6 信息技术安全治理

基于类似巴林银行 (BBC Online, 1999; Degraeve, 2004, pp. 68-69; Holton, 2006a; Leeson, 1996) 和安然公司 (M. H. Bazerman & M. Watkins, 2004; Greenspan, 2007, pp. 423-436; Holton, 2006b) 破产等事件的发生，"立法机关、法定主管机构和监管部门已经建立了一系列复杂的法律和规定来强制改善组织的治理、安全、控制和透明度" (Brotby et al., 2006)。由于采用了诸如 2002 年 Sarbanes-Oxley（萨班斯-奥克斯利）法案 (Moeller, 2004) 等新规定，在这种财政灾难中，不合规性不仅影响到企业组织，也关系到相关主管人员的个人责任。正如 Byrum 指出的，"一个强大的信息技术安全控制结构的存在对 Sarbanes-Oxley

合规性至关重要。”

没有它，如果提供了不准确的财务报表，则管理层要么显露企业内部控制结构的显著不足，要么使该组织的主管人员担负个人责任。虽然还没有专门的法律编纂出来解决信息技术安全控制问题，但随着合规性工作的进展，Sarbanes-Oxley 法案对信息技术安全的影响将是巨大的 (Byrum, 2003)。

加上对信息系统的破坏带来的与日俱增的威胁，以及来自黑客和恐怖分子的信息安全攻击，需要一个用于信息管理的治理方法也得到了广泛的认可。例如，巴塞尔银行监管委员会在 2003 年的报告中指出：

由于董事会和高级执行人员负责制定组织的经营战略，建立有效的管理以监管风险，他们被期望采取明确的、相关方面知情的和文档化的战略决策，如决定银行是否或者如何提供电子银行服务。……有效的管理监督理应涵盖对银行安全控制过程中关键方面的审核和批准，如安全控制基础设施的开发和维护，以妥善保障电子银行系统和数据免受来自内部和外部的威胁。它还应该包括一个全面的过程来管理与不断增加的复杂性相关的，以及越来越依靠外包关系和第三方依赖关系而带来的风险，以确保关键的电子银行职能（2003 年巴塞尔银行监管委员会的电子银行小组）(Electronic Banking Group of the Basel Committee on Banking Supervision, 2003)。

信息技术治理研究所（IT Governance Institute）进一步指出：

当高级执行人员有责任考虑和响应信息安全引起的担忧和敏感问题时，人们也越来越希望董事会把信息安全作为治理的内在组成部分，与他们治理的其他关键组织资源的过程结合起来 (Brotby et al., 2006)。

该研究所提议了五个信息安全治理的基本成果，其中风险管理是关键成果之一。治理方法有助于将对信息安全的重视程度置于组织中正确的级别，给予信息安全管理人员适当的授权来驱动其计划和举措。在治理方法中，了解信息风险管理，有合适的策略来设计和

实施恰当的执行计划对实现治理模型的目标来说是关键成功因素。

通过回顾风险管理原则的动机及在该领域的现有知识，我发现当前的信息风险管理学科存在不足之处。不足之处导致薄弱环节有可能被主观评估为低风险问题，潜在地危及信息安全的治理。

治理方法将安全带向最高管理层，给予它所需的最高的关注度。然而，这也给风险管理人员造成了另一种挑战。大部分高级执行人员只有有限的时间来讨论风险管理问题，因此需要将所有细节总结成简短的段落，在一页或两页纸的范围内，尽可能以量化的形式展示为图表。因此，风险管理人员应该在量化数字的基础上排除不确定性并提高“表现力”，倾向于关注展示投资回报，与安全相关的记分卡（或仪表板）上的业绩提升，以及相关的测量数值，例如审计问题和安全事故的数量及状态的缓解。合规性和控制再次成为“改善”这些量化矩阵所捕获数值的关键。

据安永会计师事务所（Ernst & Young LLP）的调查显示，81%的受访者[1]把“遵守企业政策”作为最重要的信息安全职能之一 (Ernst & Young, 2005)。然而，定量措施的改善是否会转化为组织中信息安全水平的提升，这个问题在现有文献中依然没有得到解答。Vijayan (2005) 也提到企业安全执行人员都对这一发展表达了类似的担忧。

以上对风险评估的回顾表明，定量（以及定性）的方法还没有做好精确衡量风险的准备。依据前面章节讨论过的 J. Adams (1995, 1999)、(Boyne, 2003) 和 Lupton (1999) 所进行的研究，由于风险感知和风险补偿的影响，定量的方法总是有局限性的，风险衡量也依然是主观的。因此，该领域需要更多的研究来制定更好的方法，以解决这些信息安全面临的问题和困境，并且管理相关的风险。具体来说，这印证了对解决以下重要问题的需求：

（1）在组织中管理信息安全风险，信息风险管理人员应该区别性地做些什么，或怎样改变其策略和计划，才能避免合规性驱动和／或控制导向的安全文化呢？

（2）在不断变化的业务和 IT 风险的环境中，信息风险管理人员应该如何管理信息安全风险？例如，（a）信息技术领域中的安全风险发展可能会破坏业务和／或 IT 运营；（b）业务和／或 IT 的战略及其实施可能显著改变组织的风险状况。

1 根据安永会计师事务所的报告，2005 年的调查覆盖了来自 55 个国家的 1300 名受访者 (Ernst & Young, 2005)。

2.4 信息安全风险管理战略

风险管理用来识别显著风险区域并为相应解决方案优先分配资源，而基线控制和安全技术用来处理已识别的具体问题，这些方法是战术层面并以任务为导向的，而不是战略层面的。根据 LeVegue 的论述：

> 战略的基本设计涉及处境、目标和路径。……信息安全战略的处境是指组织所在的当前环境，包括当前的技术和管理环境。……信息安全战略的目标是指所期望的管理系统（组织结构、人员配备、汇报关系、政策和规程）和技术系统（计算设备和网络）。……信息安全战略规划的路径是一套旨在从当前状态推进到所提出的未来状态的项目计划 (LeVegue, 2006, pp. 1-2)。

“战略使得我们能够迅速做出正确的决定，这样我们就不是简单地应对” (Gagliardi, 2004, p.18)。因此，在信息安全风险管理中，管理战略[1]对于发展信息安全项目（见 2.5 节）及帮助管理人员面对有争议的风险问题时采取适当的行动是很有必要的。但是，在目前的文献中，信息安全风险管理战略的概念还没有得到广泛的讨论，只是在描述特定的行动计划和项目时被随意使用——实例可参考 APEC-TEL (2004a) 和 PricewaterhouseCoopers (2003)。

战略可以是防御性的也可以是进攻性的。在实现信息安全时考虑使用进攻性战略，尤其是在商业组织中，已经非常少见了，除了在信息战[2] (D. E. Denning, 1999; Kittler, 1998) 和使用赏金计划[3]的情形中 (Monica, 2003)。本书的重点在于防御性战略，两个家喻户晓的基本战略是：（1）保护—检测—响应；（2）检测—响应—保护。

---

1 在信息安全战略文献中 LeVegue (2006) 的贡献只是相对较新，并主要集中在开发战略的步骤和过程上，而不是针对解决本研究或类似背景下的信息安全问题和困境的具体战略方法。

2 “信息战”涉及识别潜在攻击者或竞争对手（在商业的情况下）的信息需求，并采取措施控制信息流向潜在的攻击者或竞争者。该控制的范围包括从创建虚假信息到信息的净化，目标是迷惑、误导攻击者或竞争对手，或者干脆让攻击者或竞争对手无法积极采取对其有利的行动。

3 “赏金计划”指建立一个奖励制度，以鼓励举报有关肇事者，使受害者的组织和／或执法部门可以采取法律行动阻止未来的攻击。

2.4.1 保护－检测－响应

在实践中，一个常用战略是“保护–检测–响应”（PDR）模型，在信息风险管理人员制定计划时最容易用此塑造模型思路，它包括以下高层次的步骤。

（1）要使保护的信息资源免受已识别的风险危害，主要通过预防或避免攻击的方式，和／或如果不消除漏洞则尽量减少，这需要通过控制所涉及的系统和／或人的行为来达成。

（2）其要在系统内部和周围检测未授权的行为或活动（包括使用和管理系统的人），主要通过监控和定期的安全和日志／审计跟踪评估，渗透／漏洞测试，和／或执行观察来识别人或系统可识别的不可接受的行为或模式。在没有其他可部署的保护措施可以用来应对已识别漏洞的情况下，检测可以作为额外的安全层（如纵深防御）或补偿措施。

（3）当意外事件被检测到或者发生时，要做好应对或响应的准备。在实践中，这一步骤包括在信息安全计划中的两个主要任务，即事故处理和管理，以及业务持续性规划和灾难恢复。

以 PDR 战略来管理信息安全已被广泛接受，在实践环境中也有一些变种被使用。例如，微软 (2006 a) 定义“规划–防护–检测–响应”作为四大战略类别，Doll、Rai 和 Granado (2003, pp. 77-118) 使用“限制–运行–恢复”（Restrict-Run-Recover）重命名 PDR 的任务为“数字安全三 R”。

2.4.2 检测－响应－保护

从时效性的角度观察，Schwartau (2001) 发现如果按照保护、检测、响应的顺序执行，只有在保护措施解决问题所需时间比检测安全攻破事件的时间和在安全小组对问题做出响应的时间总和还要多的条件下，PDR 模型才能为组织提供足够的安全。换句话说，下面的等式必须保持为真，该组织才可能是安全的：

$$Pt > (Dt + Rt)$$

Pt 表示保护时间，Dt 表示检测时间，Rt 表示响应时间。

另一方面，如果 Pt 小于（$Dt + Rt$），将为肇事者提供一段时间来破坏系统或信息资产而不被发现，或丧失对肇事者做出响应的时间。这可能会导致该组织的破坏和损失。

鉴于这一发现，Schwartau 建议对 PDR 模型重新排序为检测、响应、保护（DRP），或者称为“基于时间的安全”，与保护相比把更多的重点放在检测和响应上。如果组织能够检测出安全事件并及时做出响应，即使没有保护措施，安全事故也可以被预防和避免。从成本的角度来看，这样可以显著节约成本，因为用于保护的成本可以被减少或消除。然而，用于设计和实施及时检测和可响应的安全系统而产生的额外成本可能是巨大的。

Cohen (1998) 在对 Schwartau (2001) 撰写的“基于时间的安全”一书的早期版本进行审阅时评论道，使用时间指标衡量安全的想法不是最新的。尽管如此，这仍然是评估安全性的一个重要因素[1]。但是，Cohen 对 Schwartau 关于更多地强调检测的观点所使用的假设持保留意见：

> 检测有其自身的问题，主要问题是检测永远不能完美地在实践中被完成。总有误报和漏报，并且检测需要一定的时间。即使我们可以实现完美的快速检测，我们有效响应的能力是有限的，因为不知道该如何根据形势做出适当的响应，并且响应本身也需要一定的时间 (Cohen, 1998)。

关于将安全成本同时间成本对等：

> 很明显，如果我们要用金钱去衡量时间，需要相应情况下的财务模型。这反过来又需要一个建模系统，在此系统中模型随着其所模拟的环境动态变化。该模型必须持续不断地接收财务和安全信息，预防、检测和响应能力必须适应时间变化以满足不断变化的业务环境 (Cohen, 1998)。

通过引用军事经典著作——中国著名将领孙子撰写的《孙子兵法》，Gagliardi 强调拥有完美的战略是不可能的，因为总会有新的挑战出现。

> 我们也必须明白，满足每一个挑战的完美状态是不存在的，也没有哪个状态是不随时间耗散的。没有终结战略斗争的最终胜利，也没有一切都是完美的

1 及时性也是 OECD 的“信息系统安全指导”（OECD 1992）中提出的九个原则之一。在 2002 年，这一原则被“响应”原则取代。

最终无忧之地。不管我们前进了多远，都有可能面临新的挑战 (Gagliardi, 2004, p. 19)。

同样，虽然在目前的文献中被确定的四大元素——保护、检测、响应和时间是不完美的，但它们还是制定安全计划时需要考虑和评估的重要因素。至少，它们为制定成功的安全战略提供了一个有意义的出发点。

2.4.3 战略性思考需求

除了一般的 PDR 和 DRP 战略模型，Venables (2004) 和 G . Wang (2005) 等专业人士曾报告过企业组织各自专用的信息风险管理战略。Venables 认为"安全是一个复杂系统的突发属性"，并建议我们基于复杂性理论重新思考并改变战略和方法。

Wang 将组织安全项目的不断失败归因于缺乏战略性思考，并且企业组织的安全战略构想往往不能与企业战略保持一致。

这些从实践中发展而来的企业专用的初始举措，显现出在信息安全风险管理文献中缺乏战略性思考。正如 Yourdon (2002) 提到的，在"9 · 11"悲剧发生后，IT 产业不断发展和融合，IT 及相关风险和全球化快速发生变化，所以有必要从多重战略角度重新评估现有的风险管理方法，并推动必要的范式转变，以持续实现企业的目标。

2.5 信息安全项目

依据 LeVeque (2006, pp. 1-2) 的"路径"理念，作为战略的一部分，信息风险管理人员需要制定信息安全项目，以实施所选方法[1]来实现相关业务的信息安全目标，也称信息安全计划 (Bhargavati & Hicks, 2003)或"企业信息资产保护项目" (Kovacich, 2003, pp. 95, 125-164)。信息安全项目是信息安全战略的重要组成部分，为实现企业信息安全目标提供了一个蓝图。

1 该方法可能是信息风险管理、基线安全、安全技术应用或以这些原则为基础的方法的组合。在实践中，组织可以（并且很可能）使用组合的方法解决不同的需求并弥补每种方法的缺陷。因此，在大多数组织中所有三种方法都会被应用。

通过总结目前的文献可以看出，在信息安全项目中，有七个常被考虑的相关领域，即（1）组织和人员；（2）风险评估和管理；（3）策略；（4）安全意识交流、教育和培训；（5）开发，包括应用程序、系统和产品的设计；（6）运营安全，包括管理、监控、响应和恢复；（7）效果衡量。

2.5.1 组织和人员

一个组织的使命和愿景决定了其组织结构设计和信息安全风险管理（ISRM）职能部门的角色和责任。位于 ISRM 职能部门和高级行政管理部门之间的汇报线和等级层次也影响了 ISRM 职能部门对其他组织的权力大小和影响范围。ISRM 职能部门的组织结构可能是集中的或分散的。前者需要建立一个核心的企业级 ISRM 职能部门，为组织中的各项业务和部门提供支持。在这样的结构中，ISRM 职能部门可以向首席信息官（CIO）、首席运营官（COO）、首席技术官（CTO）或企业组织中与上述管理人员对等的角色汇报。在分散的结构中，ISRM 职能部门作为单独业务的一部分运作，为各自部门提供职能支持，在企业层面只有一个战略小组，提供协调和标准化支持来确保业务小组中策略和实践的一致性。想获得更多关于各种形式的信息安全组织模型的详细讨论，包括使命陈述的样本，以及角色和职责，请参阅 Dorey (1994, pp. 36-42)、Kovacich (2003, p. 166)、Kowalski（1995)、Maiwald 和 Sieglein (2002, pp. 5-18)，以及 Summers (1997, pp. 566-568)的文章。

以上两种组织模型，以及集中式与分散式控制模型的结合，各有自己的优势和挑战。但是，现有的文献中很少描述这些模型如何影响信息安全风险管理人员的实践、在组织中管理信息安全风险的战略和方法，以及在实践中组织内部的安全状况。更重要的是，回顾过的讨论安全组织模型的文献也很少考虑瞬息万变的风险环境的影响，以及更多当下的现实问题，如并购、外包及不断变化的 IT 环境，这都是本书研究过程中发现的组织变化特点。

人往往被视为安全链中薄弱的环节之一，包括用户、运营商、开发者、IT 系统和信息资产的管理者，以及在信息风险管理职能部门内的工作人员。

除了需要整体提升组织人员的安全意识和能力，Blakley、McDermott 等人 (2001, pp. 101-102) 指出缺乏正规教育和专业水准是信息风险管理行业的关键问题之一。尽管专业认证机制——即注册信息系统安全专家(CISSP)认证[1]——自20世纪80年代末一直存在，但它对信息风险管理人员没有许可的要求，也没有义务为一个适当的权威机构汇报重要风险事件或信息。Blakley、McDermott等人建议为风险应对引入一种“更全面综合的观点”以提高信息风险管理人员的能力。这已经引发了有关信息风险管理人员应如何学习和保持最新相关知识等进一步的问题，特别是在快速变化的风险和组织环境中，但是这些问题在文献中并没有得到充分解决。

2.5.2 风险评估和管理

正如2.3.4.1节讨论的，风险评估和管理一直是吸引大量研究的重要课题之一，但与此同时，鉴于在2.3.4.2节中强调的问题和困境，风险评估和管理也引发了更多的问题。因此，这个主题一直是本书研究的重点。

2.5.3 策略

许多专家和学者都极力主张把信息安全策略作为组织中实现信息安全的关键因素之一 (Shain, 1994; Whitman, 2003, p. 92)。在每个信息安全项目中，安全策略都被视为基本要素。例如，在美国政府中，安全策略已被用作政府部门安全成熟度的量度指标 (NIST, 2000)。在大多数安全调查中，安全策略也是常被询问的问题——例如：AusCERT (2002, 2003, 2004, 2005)、PricewaterhouseCoopers和DTI (2002, 2004)，Bogolea和Wijekumar (2004) ，Whitman (2003)，都把策略当作组织和行业安全状况的关键指标之一。

> 虽然“策略”一词被广泛使用，但它并没有一个清晰明确的定义。“策略”可以用来指宽泛的方向、正常做法的指示、一个具体的承诺或关于价值的陈述。……这个术语的广泛使用表明“策略”的理念有着巨大的吸引力，导致其被普遍而灵活地用于各种社会环境中 (Colebatch, 2002, pp. 7-8)。

在信息安全领域，“安全策略定义了组织需要的安全理念和状况，是所有后续安全决

1 CISSP认证计划由国际信息系统安全认证联盟[简称(ISC^2)]管理和推广。有关CISSP和(ISC^2)的更多信息，参见http://www.isc2.org/。

策和实施的基础” (Whitman, 2003)[1]。Dorey (1994, p. 32) 进一步指出，在商业组织中，策略“提供了一种机制使得董事会和高级管理者能够清晰地描述方向并制定‘规则’来实现公司的成功运营”。如果策略被正确制定和实施，将有助于“定义安全需求，划分责任”，并对安全措施和控制环境的发展做出贡献。

编写信息安全策略的指南和模板也被广泛使用，Dorey (1994, pp. 32-35) 提出了策略、程序、指南和标准之间的差异，为鼓励重用，Wood (1995) 提供了策略模板来保证策略声明的一致性。

然而在实践中，频繁的策略失误已经成为一个关键问题。控制数据系统 (Control Data Systems, 1999) 将其归因于所在组织没有认识到安全的四个关键因素，即：（1）如果没有适当的设计和管理，“安全将是前进的障碍”；（2）“安全是一个习得的行为”；（3）“预测意外事件”；（4）“没有完美的捕鼠器”。

我们有许多策略模板可用——以 Wood (1995) 所述为例——为了快速使用，对风险管理人员来说采取便捷方式来制定策略变得十分容易，可以避开确保制定适当的策略以应对特定风险的风险评估步骤。一旦策略被公布，很多人不情愿去改变它，因为这个过程往往是漫长且乏味的。同时也出现了“跟不上技术及应用程序中不断迅速变化的问题” (Rees, Bandyopadhyay, & Spafford, 2003)。

为了应对策略失误问题，Colebatch (2002) 提出了一种生命周期方法，“把策略看作有步骤的逻辑继承”。例如控制数据系统 (Control Data Systems, 1999) 提出了三阶段的生命周期——（1）“规划和维护”；（2）“强制实施”；（3）“保证”。Rees 等人 (2003) 提出了“信息安全策略框架”（PFIRES），包括四个不同的阶段——评估、规划、交付和运营。

Rees 等人建议使用 PFIRES 生命周期方法以“促进高级管理部门和技术安全管理部门之间的沟通”，并使组织“更好地被定位来成功实现其目标”。然而，Rees 等人认识到“在此领域仍有很多工作要做”——尤其是，与“国际和区域方面的顾虑、组织行为学、法律

---

1 在信息安全风险管理的背景下，广泛应用的策略的一个例子可能是“所有网络接入点的应用都将被记录和监控”；正常做法的迹象可能是“公司的策略是使用当地的安全顾问进行风险评估”；特定的承诺可能是“出台了一个策略决定来逐步淘汰两年内所有商业应用中的密码使用”。

问题、供应链因素及对特殊行业的考虑”相关的问题。这些领域“将受益于相关信息安全策略的深入探索”。Rees 等人进一步建议更多地研究“生命周期在多大程度上满足了当今组织的策略管理需求，以及还需要改进什么以确保未来的成功”。

从“社会建设”的角度看策略，不同于生命周期的方法，这里策略被看作是“所在环境中的参与人员必须建设和维护的东西，他们对使用哪个解释地图及跟随哪些线索拥有选择权”。

> 它借鉴了社会科学范畴内的研究工作——社会学、社会心理学和组织分析，并借鉴了 Michel Foucault 研究工作的“管制”方法——所有这些都提出了“什么导致了集体行为”的问题，并认为这是需要解答的问题 (Colebatch, 2002, p. 4)。

在瞬息万变的信息风险环境中，人的行为和行动对解决安全问题的结果有显著影响和冲击，针对策略建设和评估的这种方法验证了进一步的评估。策略的属性包括“命令、权威和专业知识”，但是策略也限制了选择。此外，策略还奠定了“质询有组织活动”的基础（例如在策略审计和执行中）。策略的结果和过程作为信息安全项目的一部分都是重要的考虑因素 (Colebatch, 2002)。

传统地讲，通过企业策略已经捕获了信息安全需求，就不再强调信息安全效果衡量的需要。例如，Shain 发现：

> 在实践中，只有当对组织目标进行测量时产生净收益，投入的资源才能得到保障——无论这样的目标是被选择的，还是被强加的（后者通常由法律或法规实施）。为安全控制分配资源的需求意味着每一个组织明白应该得到保护的是什么，以及为什么。这些问题的答案将决定保护策略的选择，并且这种思考应该包含在管理部门制定的安全策略中 (Shain, 1994)。

当高级管理部门强制执行策略时，它们也成为业务需求的一部分。作为策略，它们很少受到挑战，即使策略可能是无效的 (Colebatch, 2002)。单靠策略推动信息安全的目标依然是低效且不充分的。

策略和规章是用来解决已知安全风险的静态措施和程序。如果作恶者攻击一个系统，他们会在信息安全链中寻找最薄弱的环节，往往利用策略和／或其他保护措施排除或忽略无法应对的新漏洞或弱点[1]。与此同时，风险管理人员或审计人员不一定能发现或即时处理最薄弱的环节。即使他们可以做到实时跟踪最近的已知漏洞，也没有办法知道已知漏洞是否是最新的，因为漏洞发现者出于钱财、政治或其他原因可能没有将漏洞公开 (Arora, Krishnan, Nandkumar, Telang, & Yang, 2004)[2]。

在不断变化的业务和风险环境中，使策略变化符合新的不断进化的安全需求所需的时间和工作是另一个考虑因素。随着工作和资源数量的不断增加，尤其是当超越了基本的策略授权时，业务和高级管理人员将开始质疑安全成本。如果业务系统或任何信息资产受到现有策略无法应对的新攻击方式的影响，信息安全风险管理人员将会被认定为失职，业务管理部门也将因为安全（攻破）事件而惩罚他们。因此，对信息安全风险管理人员来说，除了遵守策略或法规的要求之外，迫切需要寻找新的方法来证明信息安全及其所需投资的价值。

2.5.4 沟通

信息安全沟通的需要已经获得了普遍共识，即“如果操作人员受过适当训练，那么数据丢失／损坏或者计算机服务无法访问等许多实例都是可以避免的”(Dorey, 1994, p. 53)。已有许多研究专注于信息安全程序中此方面的执行情况，例如 Kovacich (2003)、Siponen (2000a) 和 Yngstrom (1995) 分别研究安全意识和教育项目的计划和执行。Hinson (2005b) 也提出了对信息安全意识价值的详细总结。信息系统安全研究与调查中心（CISR）[3]等研

1 这些弱点通常是被风险管理者或 IT 审计师无意中遗漏或忽视的，因为他们在评估过程中对其重要性或其存在意义的认识存在不同意见。

2 在 IT 行业，没有先向技术提供商报备而公开报告漏洞的行为是极度不受推崇的，因为这暴露了终端用户的系统，使其受到攻击的可能性大大增加。因此，大多数厂商提出负责任披露的概念，以一个已发布的指导《安全漏洞报告和响应流程指南第 2 版》（来自互联网安全组织 http://www.oisafety.org/）为基础，漏洞发现者和供应商共同参与遵循，以确保终端用户的系统安全性，而不会帮助了潜在的肇事者。

3 信息系统安全研究与调查中心（CISR）是信息保障（IA）、防御信息战，以及计算机及网络安全的军事研究和教育中心之一。关于 CISR 的更多信息，请访问 http://cisr.nps.edu/，最后一次访问于 2016 年 6 月 5 日。

究机构也开展了各种关于人员安全能力的研究，并特别针对刚进入此领域的学习者提供教育和相关课程的研究。

安全项目需要结合培训来提升人员心理意识和防御社会工程攻击的能力，例如要求员工质疑陌生人，以及提高个人对安全责任[1]的认识，这些也已在信息安全领域的早期发展过程中被认识到——例如 Dorey (1994, pp. 53-56)、Mitnick 等人 (2002) 和 Siponen (2000a, 2000b)所论述的。为了提高安全意识和实践能力，虽然可以借鉴从社会心理学角度出发的研究和建议——例如 Kabay (1993, 2002)所论述的，但是社会工程风险仍然是互联网上的主要风险之一。在一项关于文化和风险沟通与设定互联网安全目标之间的关系和影响的研究中，Koskosas 和 Paul (2004) 认为"这些视角对安全目标级别设定具有重大影响"。因此，对组织中信息安全风险管理社会—技术方面的研究需要进一步阐明现实实践中的问题和困境，并寻找新的战略、方法和模型来改善这种信息、安全沟通情况。

2.5.5 开发

明确安全需求并将其融入组织中的 IT 系统、应用和产品的设计和开发中，作为系统开发生命周期的一部分，对信息安全的成功实施起着至关重要的作用。这不仅影响组织中信息资产的安全性结果（信息系统、应用和产品），而且影响后续的运营安全及支持。正如 2.5.6 节将讨论的，糟糕的应用或系统设计会导致安全策略管理、监控和执行上的困难。

在这方面，Baskerville (1993) 从社会性视角来研究信息系统产品和应用在设计和开发中的安全性考虑因素。Howard 和 Lipner (2005)、Howard 和 LeBlanc (2003) 等人也纷纷深入对软件信息安全需求中设计和开发的工程性方面进行研究，并将其作为组织"安全开发生命周期"实践的一部分。信息安全在此方面的正式标准是在 2004 年 6 月由美国国家标准技术研究所（NIST）公布的，为美国联邦部门在信息系统开发生命周期中的安全考虑提供了指导 (Grance, Hash, & Stevens, 2004)。

与其他方法不同，Howard 和 Lipner 将响应元素纳入他们设计的安全开发生命周期中，标志着需要考虑变化和更新。然而，安全开发生命周期如何支持快速变化的风险环境这一问题在此领域中仍然相对较新。

---

1 安全责任包括所有权、保管、控制、系统用户和会计。有关这些概念的更多详细信息，请参阅 Dorey (1994, pp. 27-74).

在翻译本书中文版期间（2016 年 3 月），因云计算的发展，云计算的应用开发也带动了一种新兴的“开发／运营”（DevOps）过程。这种把开发和运营的过程合并、由开发人员主导整个过程的做法也带来了相应的安全挑战。为应付这个变化，安全专家提出了“持续安全”（Continuous Security）的对策，建议云计算应用“开发／运营”的程序把其中应当执行的安全威胁模块分析、安全测试（包括渗透测试、漏洞扫描、风险评估）等要求在设计的过程中自动化执行这些安全纲要，避免影响“开发／运营”方法的效果。然而，这种新兴的“开发／运营”环境的风险演变比之前传统的开发环境更迅速，挑战更大。

2.5.6 运营安全

“运营安全”一词被用于两种完全不同的背景中。在军事上，例如在训练区或战场，它指的是在运作环境中保证环境和系统安全性。在企业组织中，通常指的是作为 IT 运营管理工作一部分的安全运作职能，包括安全管理、安全监控、事件响应和处理，以及业务可持续性和恢复计划。

大多数组织使用了“保护—检测—响应”策略，侧重通过控制来缓解风险，重点在管理上，包括选择适当的控制设施作为安全保护屏障，安装和配置控制设施，维护配置并管理用户对系统和相关控制设施的使用（例如，维护用户标识和密码、重新认证用户标识，以及维护系统信息资源访问控制列表）。关于安全管理问题，Dorey 强调大部分“管理失误”（或管理事故）过程，包括安装、配置、维护和监控，都与支持业务需求和安全要求的应用、产品或系统的设计有关系。因此，把运营安全性考虑在内的安全需求考虑，对运营安全是至关重要的。除此之外，安全人员的专业技能也十分重要，包括（1）对安全策略和要求的理解；（2）对不同应用场景的监控和执行，都具有确定适当的配置和参数的能力 (Dorey, 1994, pp. 61-66)。

随着更多安全管理的自动化和集成要求纳入技术系统和解决方案(正如 Dorey 等人建议的那样），“管理失误”问题将会减少，并且当一个组织实施不同的安全策略（而不是 PDR 策略）时，了解与不断变化的风险环境相关的社会行为变化也很重要。了解在信息安全项目运营安全领域中的社会实践和相关问题，以及伴随安全策略变化产生的对安全行政和管理过程（尤其和人员相关的）的潜在影响（正面的或负面的），是本书特别关注的问题。

除了行政和管理，运营安全还包括规划和执行事件响应、处理、管理、业务持续和灾难恢复计划。虽然这些在信息安全风险管理中也被认为是至关重要的领域，但是关于这个领域的研究和文献大部分是垂直方向的，关注损害控制和恢复领域，例如 Greenberg (2003, p. 63)中所述。

许多组织经常将实施业务持续和灾难恢复计划与信息安全职能设为独立职责部门，例如 Dorey (1994, pp. 36-37)，尽管它们正越来越多地被视为 ISMS 的基本要素 (ISO/IEC, 2000, 2005g, 2013a)。因此，组织中的不同部门经常从事业务持续和灾难恢复的计划和执行。

2.5.7 效果衡量

在美国，一些新的规定将 IT 安全效果衡量作为一项要求。美国 NIST 也发行了关于“组织如何通过使用指标识别本地安全控制、策略和步骤的充分性”的指南 (Swanson, Bartol, Sabato, Hash, & Graffo, 2003)。NIST 标准（SP800-55）的目的是：

> 提供一种方案来帮助管理部门决定在哪里投资额外的安全保护资源，或识别并评估非生产性控制设施。它解释了指标制定和实施的过程，以及它如何用于充分证明安全控制投资的必要性 (Swanson et al., 2003)。

然而，这样的指标专注于衡量部署安全控制设施的有效性，却不关注信息风险管理人员在风险评估、安全控制设施设计和选择及实现中所进行的工作如何。后者的安全工作如果没有一定的质量，前者的绩效衡量就算达到指标也是没有意义的。

更新至 2005 年的 ISO/IEC 27001 (2005g, 2013a) 信息安全管理系统标准也强调绩效和有效性的需求和重要性。之后，在 2009 年，ISO/IEC 27001 标准工作小组发布了专门用于衡量信息安全管理系统绩效的新标准——ISO/IEC 27004 (2009a)，补充了早期 NIST (Chew, Clay, Hash, Bartol, & Brown, 2006) 制定的信息安全绩效指标指南（SP 800-80）。

为优化绩效衡量以向组织信息安全目标看齐，各种标准和指南提出了纲领性方法。一种信息安全有效性的常用衡量指标是信息安全项目执行的安全状况。Maiwald 和 Sieglein (2002, pp. 180-188) 讨论了两种安全状况汇报的方法——指标和风险。指标涉及汇报可衡量的安全属性，如系统漏洞数量、政策违规配置数量、检测到的网络攻击数目、达到安全意识项目的员工人数、访问失败的尝试次数及安全事件数量。这些属性基本可以反映风险环境的稳定性。风险关系到减少风险活动的进展情况，因为作为信息安全风险管理项目的一部分，这些活动的成功实施会减少甚至消除相关风险。

然而，Maiwald 和 Sieglein 所提出的指标的用处是有限的。在组织中实施预防性安全控制，该组织可能会享受到一段时间的稳定（即没有或只有少数安全事件），直到安全隐患被发现或者安全事件发生。请注意，这段时间的长短是不确定的。但是，没有安全事件发生并不代表一定安全。可能作恶者尚未将该组织定为可行的目标，或者潜在作恶者目前还没有发现针对组织中已知风险或漏洞有利可图的利用方法，因此它们还没有被利用。同样，作恶者可能已经利用识别出的漏洞为更大的计划进行狡猾的侦查活动，这些在安全事件发生之前都是隐蔽的，有许多潜在的可能性。因此，采用稳定性（通过统计事件、漏洞或违规数目）衡量不足以明确组织的安全状况。

如果高层管理人员因为没有安全事件发生而自我感觉良好，并且觉得没有必要在安全防护上进行新的投资，那么采用稳定性作为衡量指标会导致更多的副作用。然而，如果针对最新发现的安全漏洞的攻击导致安全事件发生，损失或破坏将是不可避免的。既然存在安全事件，风险管理人员的有效性、安全成本及其投资回报都将变得有问题，即使它的重要性取决于实际安全事件的背景环境和严重程度。造成严重破坏的安全事件也可能使信息风险管理人员丢掉工作。

显然，如果已知风险和攻击持续对组织产生负面影响，那么风险管理人员的方案和措施将受到质疑。风险管理人员将不得不重新评估和改变他们的安全战略和战术来解决这个问题。已知风险问题[1]还发生大量安全事件是不可接受的，虽然这个事实对此组织来说并不是十分充分的指标。然而，仅有少数（或没有）安全事件发生也不意味着组织受到了良好的保护。因此，安全事件和组织安全状况之间是一种非线性关系。当将安全事件纳入绩效衡量中时，有必要考虑相关事件的其他方面。

除了利用指标和风险，Maiwald 和 Sieglein 建议跟踪安全投资的回报（ROSI），针对业务项目中的安全支持促进商业机会和／或节省制造成本。例如，更好的安全性可以降低公司保险费用 (Maiwald & Sieglein, 2002, p. 188)。使用经济模型，如 ROSI，来评估安全

---

1 已知风险问题指的是在组织内已知的信息安全风险。

投资在最近几年吸引了此领域大量的研究，并且已经有很多模型和方法公布，例如 Gordon 和 Loeb (2002)、Mercuri (2003) 和 Rodewald (2005) 中所述。想获得一份完整列表，请参考 Anderson 和 Moore (2006, 2007) 的文章。

Cavusoglu、Mishra 和 Raghunathan 认为：

> 缺乏涵盖 IT 安全技术特定功能的综合模型，使得公司无法采用严格定量的技术来制定安全投资决策。当前的一些工具集，如风险分析和成本效益分析，运行在高度汇总的数据之上，因此这些工具集在 IT 安全配置方面的价值是有限的 (Cavusoglu, Mishra, & Raghunathan, 2004)。

Cavusoglu 等人提出了一个概率模型来评估 IT 安全投资，此模型基于实际风险影响所导致的潜在破坏。风险评估是使用此模型的一个前提条件。对潜在破坏进行分析来选择 IT 安全投资的最优方案，基于可选方案中可实现的最大成本节约来确定，例如，为应对潜在的黑客攻击风险，公司是自行建立一套边界网络基础设施，还是通过第三方网络提供商实现这样的网络基础设施。

这种方法（其他基于成本的安全投资分析也是如此）的一个挑战是在很大程度上依赖于过去的事件数据，并预测同类事件会再次发生。类似事件发生的假设只涵盖了组织中有限范围的潜在风险，并没有充分考虑不确定性。正如 2.3.4.2 节中强调的，概率和统计衡量方法都有局限性，这样的技术方法是主观的。

成本节约可能有误导性，因为并不总是能够建立还未复发的过去事件和安全投资结果[1]之间的明确关系。更重要的是，未来的安全事件可能会因黑客攻击系统的方式、攻击目标的选择、可利用的漏洞的存在形式、潜在影响和涉及的规模不同而有所不同。安全投资能做到的是防止新的攻击实例，这是带给公司的一个明显的好处。然而，如果安全投资仅关注解决过去的问题，就可能抵挡不住将来的攻击，正如 Richmond (2011) 描述的，这些攻击可能采用不同战术，利用系统中新的漏洞，或者精心混合使用多种现有技术。如果投资是为了应对新的攻击，将会面临预测攻击战术和性质的挑战，包括其发生的可能性和潜在

1 例如，过去可用的漏洞利用手段，现在可能由于技术变化导致目标漏洞淘汰而不可用，或者就是因为技术不兼容而不可用。

影响，因为一开始没有关于未来攻击的可用数据。如果这种方法被使用，只能对已知（可识别出的）风险的消费（或投资）提供合理性解释，尤其是对没有预防时容易复发的常见风险。

通过对 Marin 的引用 (1992)，Bjorck 声称“从严格的财务角度看，安全最佳水平的体现场景是附加安全对策的成本正好等于由安全攻击带来的破坏所导致的损失”，意味着为组织实现“利润最大化” (Bjorck, 2005, p. 27)。引用 J. Adams 的话(1995)，Bjorck (2005, p. 28) 也提到：

> 在很多情况下，当前安全对策的总成本和当前安全攻击带来的损失是未知的。而且，展望未来，新对策的潜在成本-效益更加难以估计。

从监管的角度看，随着越来越强调管理责任制，如果高级管理人员太专注于投资回报，那么他们可能陷入束手缚脚的境地 (Berghel, 2005)。

另一种被一些组织采用来确定安全状态的方法是基准调查，包括公司的安全实践、安全事件统计、实际事件造成的财务和／或声誉影响、审计等级，以及一系列与其他同行业组织相比采取的其他措施。这种方法有一些局限性，即使在同行业的公司中，信息和响应的时效性、公司的组织结构和风险环境，以及业务运作实践也不同。Bjorck (2005, p. 57) 建议的另一种方法是针对具体标准执行“评估基准”，例如 ISO/IEC 27002 (2005i, 2013b) 和 ISO/IEC 27001 (ISO/IEC, 2005g, 2013a)。虽然标准在其覆盖的范围内是比较全面的，但是其使用应该依据对所在组织的信息风险和要求的评估，特别是 ISO/IEC 27002 和 27001 系列的安全标准，都是以风险评估为基础的。

因此，在这两种情况下，基准调查只提供了与同行相比或根据被选用的标准获得的组织信息安全实践的成熟度指标，而不是反映信息风险管理中的风险和不确定性。从预算的角度来看，其用途也是受限的 (Jones, 2006)。

目前进行绩效衡量的方法所面临的挑战，说明了解决此研究主题关注点中第三个问题的需要：

组织应该如何解决信息风险管理人员的绩效衡量和安全事故结果之间的冲突？信息风险管理人员的绩效是否应该反映组织的安全风险状况？换句话说，管理人员的绩效和组织安全状况应具有什么关系？

虽然衡量安全绩效和有效性（无论是投资还是使用资源方面的）从管理的角度来说至关重要，但是可衡量的都是过去的事件和状态数据，只提供了该组织遭受已知风险的可能性指标。要了解其安全状况的真实表现，组织需要从了解过去走向应对现在。

然而，应该监控和衡量什么来了解当前的风险状况，并且将这种衡量转化为组织应对风险环境变化能力的方式，这些在现有文献中都是缺乏的。这又是一个需要进一步研究的问题，并为第二个研究问题提供支持：

信息风险管理人员面临不断变化的业务和 IT 风险环境，如（a）信息技术领域的安全风险发展可能破坏业务和／或 IT 运营，以及（b）在业务和／或 IT 战略及实施上的变化可能显著改变组织的风险状况，应该如何管理信息安全风险？

2.6 响应变化

从涵盖前面章节讨论的信息安全风险管理范围的文献回顾中我们观察到，现有研究中反复出现的主要议题是应对风险环境变化的问题。文献回顾表明应对变化已成为确保有效信息安全风险管理的关键属性。Anderson (2001b)、Yourdon (2002)、Gupta、Chaturvedi、Mehta 和 Valeri (2000) 从不同的角度研究了信息安全管理的问题，也反映了同样的情况，总结如下。

从宏观经济学的角度看，Anderson 指出“信息不安全至少是不正当的诱因”。“网络外部效应”影响是指因为经济上的原因，商业系统倾向于推迟引入新功能（包括安全功能），直到下一个版本发布。然而，技术系统的变化是持续的。同样，出于竞争的原因，“为巩固或打破垄断，以及划分和控制市场进行的持续争斗”也一直存在，进一步影响了许多方面的环境条件，安全系统必须不断更新和处理相关风险。随着时间的推移，由于市场压力，安全技术和 IT 系统会普遍提高其自身灵活性和可靠性。不过，它们不会实现提供 100%

或接近 100%的安全保障 (Anderson, 2001b)。我们在 2.3.3 节中讨论的“没有完美安全”的原则也阐明了相同的观点。

从信息战的角度来看，技术更有利于攻击者，而不是防御者，因为防御者有很大的区域需要保护，而攻击者只需寻找一个可以攻击的薄弱环节。信息不对称理论进一步加剧了这种形势，因为它鼓动发现安全漏洞的潜在攻击者保留漏洞只供自己在后续攻击中利用，或者干脆出售漏洞获取利润 (Grow, Hamm, Greene, & Lacy, 2005)，而不是将漏洞报告给供应商以帮助他们保护他们的客户（防御者）并使得攻击者的工作更加困难。

宏观经济学分析表明，“信息安全管理比我们认识到的更深入，并存在更多的政治问题；解决方案很可能是敏感的和局部的，而许多简单的技术方案是注定要失败的” (Anderson, 2001b)。

在分析 2001 年 9 月 11 日的恐怖袭击引起的安全问题时 (Kean et al., 2004)，Yourdon 肯定了转变风险管理范式的需要，并强调：

> 今天的风险可能会发生，然后快速变化，因为它们可能涉及完全陌生的情况，关于风险状况和风险缓解的“官方”信息可能是过时的、误导的、模糊的或者是完全错误的。当提供严重的潜在风险的信息时，在得出要做什么的结论之前，寻找不同的、独立的信息来源是非常重要的——例如来自其他国家的新闻媒体 (Yourdan, 2002, p. 154)。

Gupta、Chaturvedi 等人 (2000) 针对电子银行系统安全策略及风险管理方法的影响进行了实验分析，认为“主动识别威胁并制定策略来对抗会产生更大的效益，并能够专注于核心活动”。

从管理战略的角度来看，Gagliardi 评论道：

> 我们也必须明白，满足每一个挑战的完美状态是不存在的，也没有哪个状态是不随时间发生耗散的。没有终结战略斗争的最终胜利，也没有一切都是完美的最终无忧之地。不管我们前进了多远，都有可能面临新的挑战 (Gagliardi, 2004, p. 19)。

在大量呼吁范式改变，或者为了设计新的战略或方法来处理信息安全风险管理的问题和困难的研究中，例如 Hoo (2000)、Dhillon 和 Backhouse (2000, 2001)，Blakley、McDermott 等人 (2001)，Yourdon (2002) 及 Bjorck (2005) 都没有具体讨论在组织中管理信息风险时如何应对变化。只要是提到变化，目前的文献主要侧重于关于互联网的迅速发展的变化，以及如何处理这些变化导致的信息安全问题。应对变化或管理变化，一直被视为现有范式、战略和方法中的主要问题之一。在实践环境中，变化也被认为是组织中 IT 故障的主要原因 (Mayengbam, 2006)。

2.7 当今的信息安全研究和社会学观点

近年来，研究人员更多地研究信息安全和风险管理相结合的主题，尤其是关注两个方面：（1）信息安全经济学 (Anderson, 2001b; Anderson & Moore, 2006, 2007; Gordon & Loeb, 2002)，促进了信息风险和相关投资的定量衡量；（2）信息安全管理的社会性，为了更好地了解组织中的信息安全风险管理实践，包括安全管理项目、意识、教育和培训的设计和实现 (Clarke & Drake, 2003; Dhillon & Backhouse, 2001)。

对信息安全风险经济学的研究兴趣促进对与商业风险相关的信息安全，以及决定安全支出时商业管理所关注的成本和投资更好的了解。认识到人是安全链条中最薄弱的环节这一事实，促使研究人员对信息安全的社会性进行研究。在技术性研究方面（包括信息安全经济学），有必要留意社会性影响，并充分利用个人和群体行为的心理和社会特征促进信息安全实践的进步。

由 Clarke 和 Drake (2003) 及 Dhillon 和 Backhouse (2001) 进行的研究，都采用了 Burrell 和 Morgan (1979) 提出的社会学范式，这显示了与信息安全相关的大多数研究和文献主要偏向技术和功能。它们在制定解决信息安全问题的战略和解决方案时主要基于规则和控制导向。Dhillon 和 Backhouse 将此归因于所使用的方法，其中大部分方法“基于一种界定明确的现实，即军事化”。然而，这不是唯一的问题。如 2.2 节开始讨论的，研究人员倾向于采取简化方案解决信息安全问题。因此，大多数研究倾向于关注数据而不是信息，关注技术而不是系统。

Clarke 和 Drake 观察到“作为一门学科，信息安全理论基础较差，并且可参考文献将其打造成关注保密和限制的领域，其中基于规则的方法被认为是意义重大的”。在前面的综述中，Clarke 和 Drake 认为当前研究主要关注保密（或机密性），但是我发现这种说法是不确切的 (Kang, 2004)。例如，Clark 和 Wilson (1987) 早在 20 世纪 80 年代，就先后开始研究和强调信息流及信息完整性和可用性等。如 2.2 节中强调的，Parker (1998) 也提出了关于机密性、完整性和可用性模型使用方面的一些局限性，并提议纳入适用性、真实性和所有权。

这些也通常被认为是可用性、完整性和机密性的隐式特性。在得出目前的重点在机密性上的结论之前，或许值得从批判理论的角度来看其他意见和参与者的意见 (Kang, 2004)。

此外，当应用社会学范式分析信息安全研究和文献时，应该考虑使用场景和安全要求。如果在特定视角下需要不同的安全要求，或某种视角有其固有的安全要求，那么也许我们应该因环境不同而考虑采用不同的视角 (Kang, 2004)。

无论如何，本章进行的综述表明关于不同方案和方法的讨论还不成熟，特别是在社会学背景和视角下。

Clarke 和 Drake (2003) 还报告说，向解释性范式转变的趋势已经很明显，但是，“社会理论暗示了解释主义的一个问题，为使人类观点得到认可并付诸实施，开放式的辩论是必要的，但这种辩论在社会，尤其是组织性环境中可能被权力结构所压制或扭曲”。这种现象也可能归因于缺乏对信息安全风险管理专业的专业认识，这是近年来已经引起关注和重视的话题 (Piper, 2006)。

根据 Dhillon 和 Backhouse 的观点，“很少能够查到从社会-组织视角评估信息系统安全的文献实例，说明需要更多的实证研究为防止负面事件制定关键原则，这将有助于安全管理。” 同样，Bjorck (2005, p. 142) 报告说，“关于信息安全管理的实证研究（仍然）缺乏。”

因为直接参与社会环境，所以本书基于的研究是重要的实践，也对信息安全风险管理的社会-组织观点进行了补充。

2.8 结论

虽然最弱环节原则提倡采用纵深防御战略来实现信息安全，但纵深防御带来了复杂性并增加了开展业务的成本。复杂性导致发生可能不利的紧急行为，并在系统中形成新的薄弱环节。成本上升导致保障措施的减少，因此减少防御或保护层，可能增加薄弱环节。专注于消除最弱环节和使用纵深防御，并持续消除下一个最弱环节，就像试图达到完美的安全一样，是代价昂贵而且不可能实现的。

风险管理似乎是打破纵深防御和完美安全驱动力之间平衡的一个解决方案。但是使用风险管理，被评估为低风险的问题通常没有因得到缓解而被接受，或只是被推到低优先级队列中随着时间被遗忘。保留或接受风险意味着在系统中留存着缺口，而且最终可能被作恶者作为薄弱环节利用。

此外，风险分析和评估的结果也受到分析师知识和经验的影响。当分析师评估一个问题对业务的潜在风险较低时，由于缺乏历史数据，并且不了解风险在未来会怎样，这是一种主观的评估。因此，低风险的项目随着系统环境变化和演进可能变成高风险的项目。

如 J. Adams (1995) 强调的，风险补偿现象也表明风险不能被彻底控制。当我们试图处理风险时，风险本身也会发生变化。因此，风险总伴随着一种不确定性因素。在当前的信息安全实践中，正如我在一些组织中亲身经历的那样，风险补偿现象和不确定性因素要么被忽视，要么没有得到重视。同时，即使有人想去考虑它们，也缺乏处理这种现象的建议。为了起到有效作用，信息风险管理人员必须考虑这种风险现象，并将其作为风险管理战略和计划的一部分来处理。大多数组织依赖于事件管理和恢复计划来处理安全事件的善后工作，而不是在风险环境变化被检测到时立即行动。

总之，信息安全的基本原则单独看都是合理的，它们并不一定互为补充并解决薄弱环节这个主要问题。而且遗憾的是，它们之间会发生冲突，导致环路问题。信息风险管理人员应该如何应对？经过回顾和综合现有文献来推断，这提出了一个疑问：当前方法使用传统风险管理策略和技术来实现信息安全是否真的充分或可行？这个疑问表明有必要对信息安全风险管理实践进行更多的研究和探索。

上述综述表明，信息安全风险管理的当前文献和研究一直着重强调从技术工程方面改进或更新信息风险管理涉及的任务、技术和过程，这是在新千年里信息技术和系统的融合和迅猛增长导致的。

20 世纪 80 年代末至 90 年代初，认识到人员在组织系统中扮演着管理信息风险的重要角色，管理信息安全的研究也开始转向了解关于此领域的社会现象。但是，重点仍然放在此领域中特定的子领域，如系统设计和开发，以及安全意识和教育，但很少涉及战略管理层面。

自 2000 年初以来，研究人员也一直在探究信息安全经济学，以更好地了解管理信息风险的问题和困境。在尝试量化风险和安全投资以更好地证明信息安全风险管理技术和过程必要性的过程中，管理信息风险的问题由于不断变化的问题空间性质而困难重重，这一点已经表现得很清楚。改变是必然的，不仅因为业务变化或技术发展和扩散，而且更隐蔽的是，各利益相关者带来的市场经济、政治和竞争优势及相关业务的供需性质。

这些结果表明在管理信息风险时需要把重点放在对变化的响应上，这是现有文献在很大程度上缺少的。

通过分析和解释对文献回顾的汇总，我推断出如下命题。

（1）信息安全风险管理应该聚焦于更迅速地响应变化，或者能够应对信息风险环境中的持续性变化。

（2）信息安全风险管理问题，虽然在 Anderson (2001b) 提出的语义表达上是“硬”（困难且复杂）的问题，但从研究的角度来看它并不完全是硬性的难题。相反，信息安全风险管理系统本质上是人类活动系统（HAS）[1]的一部分，因此属于“软”问题类型。

（3）若想了解信息安全风险管理现象，并改进在该领域的实践，所进行的研究应评估管理信息风险的社会人类行为方面的（即“软”）问题，尤其是在真实技术、过程和人员互动及管理人员处理信息风险的现实环境中。

（4）除了专注于信息安全风险管理的社会方面，我们必须考虑作为技术性研究范式一部分的信息风险的其他两个重要方面。

---

1 请参考 Checkland (1981)、Checkland 和 Scholes (1990)，以及 Checkland 和 Holwell (1998) 的文章，了解对 HAS 更多的见解和他们提出的“软”问题的概念。

a. 信息风险和信息技术之间的密切关系。

b. 技术、业务系统和环境不断变化的性质。

（5）两个方面（社会性和技术性）共同导致信息安全风险管理的预期结果。每一个方面的独特性质都必须被慎重对待，否则它们之间的矛盾将发生作用，并且其互补性也将无法实现。

上述主张表明，需要进行“范式转变”，即在信息安全风险管理中采取社会-技术方法，包含管理信息风险的社会性（“软”）和技术性（“硬”）两方面的问题，考虑处理风险的需要，或在信息风险环境中响应持续性变化。这样的社会-技术方法对理解信息安全和改善其实践是至关重要的。

3 实践、问题和困境

在前面章节中讨论过的知识域中，面临的问题和困境肯定不利于从业人员应对组织的信息安全要求和关于组织、技术、社会及其他环境变化因素引发的持续性安全挑战。但是，从战略发展的观点来看，了解这些因素对减少或消除潜在隐患是重要的。与此类似，我们需要在实践环境中识别和了解这些问题和困境，以确定是否存在与知识域中的发现相似的可识别模式，或在寻求所研究问题的解决方案时需要考虑的其他问题。

另外，我们想测试文献回顾所建议的社会-技术方法是否可以应对现实环境中所面临的挑战，并为 1.3 节中提到的信息安全风险管理问题（2 和 3）提供合理的答案。

本章首先讨论研究初始阶段我在 ALPHA 组织中经历的实践及相关问题和困境，然后讨论后续阶段引入的两种实践模型。由于 ALPHA 是一个独特的商业组织，对许多全球性企业来说其方法并不典型，尤其是对区域性或全球性金融组织来说，但是 ALPHA 组织中出现的问题和困境在很大程度上反映了其他组织的问题。这些问题和困境，以及其他数据源共同提供了一个全面的视角来指导确定和制定合适的战略和方法来解答研究疑问。本章结构依照附录 A 中描述的四步行动实践研究中第一个周期的研究阶段展开。

3.1 信息风险管理实践

作为覆盖全球范围 50 多个国家的跨国组织，ALPHA 与其他跨国企业一样，有一个全球性的信息风险管理（IRM）体系。全球性的 IRM 职能关注于影响整个组织的全球政策、战略和计划，并有一些区域性 IRM 组织为区域性业务提供符合全球性政策和战略的本地执行和支持。

亚洲 IRM 小组是为专注于亚太地区附属机构而成立的区域性团队之一。该小组在新加坡、日本、悉尼、印度和中国香港都有全职成员，因为它们是 ALPHA 亚太区域组织的五个主要业务中心。

虽然这是一个正式的区域性团队，但其中的大多数成员需要向各自的全球风险控制组织职能部门直接汇报。例如，两个区域小组成员是全球计算机事件响应小组（CIRT）的一部分，因此当其他区域组织成员休班时，理应负责提供事件响应和处理服务。另一名成员是外部网连接组织（ECO）团队的一部分，该团队成员定期参与 ECO 相关的委员会会议，并且审查和评估相关业务单位请求的外部网络连接的安全性。

由于 ALPHA 在 2000 年年初刚完成了多项并购，其近期信息风险管理方面的重点是修复由新整合组织所产生的信息安全控制缺口。有 100 多个缺口被优先考虑，并在全球和区域小组之间进行持续地再优化。随着监管者和审计师（外部和内部）在其各自的审计程序中不断发现新的安全问题，这 100 多个缺口的优先级在持续的工作中也被重新划分。

作为一个金融组织，全球性操作风险职能部门已经采纳了 BASEL II 操作风险管理方案，并实施了其建议的操作风险资本（ORC[1]）所规定的实践标准。要求不符合操作风险

1　业务运营风险资本（ORC）是一个组织（金融机构）每年必须拨出的一定量的资金，这样在任何影响组织的经营风险发生的情况下，这些资金可用于弥补事件发生的亏损。ORC 只针对业务运营风险问题，其中包括系统和信息的风险。它的计算是基于运营风险管理者对组织所面临的潜在曝露（或风险）的评估。审计结果（等级评定）被作为这些资本供应的一个系数，因为它应该可以证实在实践中组织管理这些曝露和风险时控制的好坏程度。在 ALPHA 组织的例子中，对“A”、“B”、“C”、“D”和“F”级的评级，该系数分别为 0.85、1.00、1.25、1.50 和 2.00 。如果一个部门有一个“C”或更低的等级评定，其全年经营预算将基于 ORC 系数等比例减少。例如，如果 ORC 以 100 万美元计算，得到一个“C”的评级，该部门会使其 ORC 资本达到 125 万美元。这通常转化为进一步降低成本，减少或消除奖励，甚至裁员以提供所需的 ORC 调整。相反，如果该部门取得“A”审计等级，ORC 将减少 15%的资本要求，这部分资金可以转用于运营、奖金等。因此，审核等级成为一个使部门合规的关键动力。

控制标准的业务职能部门分配一部分预算，应对计划外的任何风险实现的需求。如果业务职能部门得到了较差的或低于平均水平的审计评级，应该采用进一步的“附加费”来提升ORC对相应职能的规定要求，这意味着其运营预算将进一步降低。这里ORC的主要目的是希望利用财务预算使业务部门管理层和执行人员更积极地看待和解决业务操作风险。

3.1.1 组织和管理对信息安全的承诺

虽然业内从业人员不时地做出坊间评论，认为组织管理层缺乏承诺是信息安全有效性的最大抑制因素，但它并没有成为本研究中的重点问题。出现问题和困境也不意味着高层管理人员对信息风险管理的重要性缺乏认识。相反，管理层对解决信息风险问题的要求一直很注重，至少在我们的研究期间是如此。

在ALPHA中，这取决于ORC对风险管理所规定的方法。在BETA中，这是因为组织广泛的负面影响——该公司在21世纪初曾经历过一系列与公司产品相关的安全事件。

通过对30位专业人士进行问卷调查和跟踪访谈，在该小型调查中，得出以下结论。

（1）信息安全已成为大多数企业认可的职能，包括政府机构在内，有相应高层管理人员关注，与首席执行官（CEO）的等级距离不会超过4级。这与在2013年年初进行的一项跟踪调查的结论是一致的（使用同一套调查问卷）。

（2）87%的受访者支持对信息安全方面的考虑进行推广，这些人所在的组织都有各自的安全计划，其中93%的受访者基于其计划进行风险管理决策。在2013年年初进行的跟踪调查中，对应的结果分别接近80%和95%。

这些调查结果提出了一个疑问——为什么组织中信息风险的管理仍然有问题，从而导致需要了解现实环境中所涉及的潜在问题和困境。

3.1.1.1 利益相关者对IRM项目的支持

作为其职责的一部分，IRM需要在各种组织职能和业务之间协调活动，并对项目接受和安全实践实施影响。因此，IRM需要了解利益相关者的目标、动机、支持及其在各自领域和交叉职能领域中的影响。在研究的最初阶段，利益相关者分析确定了10类利益相关者：（1）亚洲[1]IRM团队成员[2]；（2）全球IRM组织[3]；（3）负责亚洲以外业务的全球IRM团队成员[4]；（4）全球信息安全行业专家（SME）；（5）各自业务线上的技术人员；（6）各业务线上的业务经理；（7）各业务线或业务岗位上的运营管理人员；（8）技术支持职能部门的一般工作人员；（9）技术支持职能部门的高级管理人员和技术人员；（10）亚太地区的高级管理团队成员。

如图3-1所示，14%的利益相关者反对IRM的举措，37%的利益相关者认为无所谓，而49%的利益相关者支持IRM的职能。换句话说，超过半数的利益相关者在初期被评定为不信服IRM措施给组织带来的好处，因为他们很少看到过去IRM活动带来的积极成果。另一方面，超过三分之二的利益相关者能够影响IRM的计划和活动，如图3-2所示。这两幅图表明并非所有的利益相关者都以IRM的目标为基准，但总体上来看其可能对IRM计划和活动的成果产生负面影响。因此，将这些利益相关者作为IRM项目的一部分来考虑是有必要并且关键的。

作为此次研究的一部分，在调查的30个组织中，发现这些组织的风险决策也是基于该组织中不同利益相关者群体所做的评估，包括IT审计师（12%）、业务经理（14%）、IT项目经理和团队（19%）、IT运营风险部门（24%）和IT安全人员（26%）。外部顾问（2%）在风险评估中扮演了微不足道的角色。

1 “亚洲”这个词在公司中使用得相当松散，它实际上包括澳大利亚和新西兰。然而，新西兰没有特定的IRM活动，因为它是由澳大利亚支持的（工作人员在悉尼），我的数据收集过程包括采访在悉尼、新加坡、中国香港、东京等地的利益相关者。

2 亚洲IRM团队成员的工作对其他利益相关者的看法和对IRM成果及未来的发展有直接影响。此外，IRM的实践、持续的业务支持及未来的作用和工作重点都将被利益相关者对IRM成果的接受和对IRM价值贡献的看法所影响。

3 全球IRM组织决定了公司中IRM团队的主攻方向和议程，因此对我的计划有很大的影响，同时也提供了一个地区问题上升（到更大范围）的渠道。

4 在研究期间，亚洲没有业务线专有的IRM职能，当时IRM在该地区是跨业务线共享的资源。

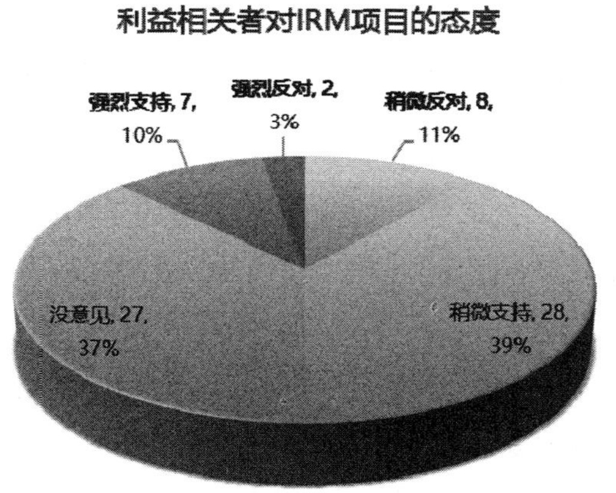

图 3-1 利益相关者分析：利益相关者对 IRM 项目的态度

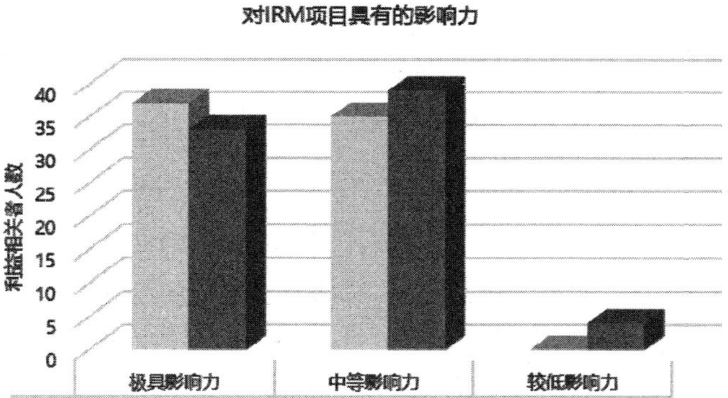

	极具影响力	中等影响力	较低影响力
AR1	37	35	0
AR2	33	39	4

图 3-2 利益相关者分析：影响 IRM 项目的利益相关者能力

在制定和执行其计划和活动时，信息风险管理人员需要考虑产生影响的利益相关者并解决一致性问题。发现 IRM 和利益相关者之间的共同目标是取得利益相关者合作的重要步骤。虽然信息风险管理目标在整个组织中应该是一致的，但是个人和职能团队的目标和议程往往需要较高的优先级，因为这些是用于个人和团队业绩的设置和衡量标准。因此，信息风险管理人员需要调查这些个人和团队的目标和议程，以确定可能的机会进行合作。有人可能会认为，利益相关者这种态度可能是由于缺乏信息安全风险意识，通过提高意识，信息风险活动的优先级就会升级。虽然教育和意识可能有帮助，但不能代替个人和群体短期的目标和议程。教育和意识的效果往往是长期的。因此，必须寻求其他方法，使信息风险的考虑和活动纳入利益相关者的议程，而不是单纯靠教育和意识。话虽如此，教育和意识也作为 IRM 计划的一部分纳入了整个研究，因为这类活动有带来长期文化和实践的变化的重要性。

每一类利益相关者提供的视角和信息，都进一步突出了利益相关者（个人和团队）的顾虑、目标和关注点。位于亚洲的团队制定和／或执行的行动通常对短期计划和举措有更直接的影响。面临的困境是，由于企业层面的其他优先因素和关注点，它们往往得不到足够的优先级，甚至全球 IRM 职能部门也不能给予他们足够的优先级。

3.1.2　面向管制和合规性的风险管理文化

在 ALPHA 中实行的 ORC 条款方法的设计目的是让大家关注运营风险问题，并确保它们得到解决。但是，这种方法是有副作用的。

当一个业务功能没有获得令人满意的审计评级时，其运营风险资本规格将被提升，运营预算减少，这将对个人年度奖金产生直接的负面影响。因此，个人和团队对其部门的任何合规性审计结果都会高度关注。

在某些团队中，处理这些问题的管理人员经常倾向于考虑一些捷径和途径，以确保他们的奖金不会受到影响，而不是确保快速有效地识别和处理管制问题。只要他们能够在审计员到来之前发现问题，他们至少可以有计划地应对他们的质问。他们会推卸尽可能多的问题，并找到一个有经验的人员（或经过审计培训的 IRM）作为与审计员唯一的联系人，并让其团队中的每个人在审计开始前做好审计准备。因此，实际的风险问题得以掩盖，除非他们可以很容易地快速解决这些问题。尽管这取得了积极的审计评级，却造成了一种安全错觉。

在某些业务职能部门中，业务经理甚至在收到审计通知之前，更加积极主动地预测在规定时期内进行的审计将会在何时开始。为在审计员之前尽早查明潜在的审计问题并且用补救计划掩盖这些问题，IRM 往往被要求在审计员到来之前进行安全审查（以预审计的形式）。由于他们关注的是通过审计，根本的或系统性的问题与具体的政策合规性管制问题相比，往往被给予较低的优先级。因此，虽然增加了成功通过即将来临的审计的机会，他们的安全系统却仍然脆弱。

这种与审计员之间的“猫捉老鼠”游戏是非常没有效果的，并没有从根本上解决安全风险问题，只会使组织持续地暴露于被隐藏着的风险中。因为个人奖励和赞誉会直接受到威胁，这些副作用都被忽视了。

ORC 规定背后的原则是符合逻辑的。然而，正如本研究确定的主要问题在于指标而不是审计评级的后果。符合一组预定义的政策和管制是衡量的基线。对于给定的安全风险问题，如果它没有映射到一个现有的政策或管制要求，就不会对指标产生直接影响，而不合规是有清晰影响的明显违规现象。因此，随着时间的推移，合规性文化出现了，并驱动个人和团队的行为。合规性管理因此等同于风险管理，选择合适的指标对成功实施这些原则至关重要。

这样的合规性文化如何能让系统可持续？要知道 IRM 职能与组织业务分离，独立的审计员直接向董事会汇报而不是向业务管理部门汇报。

3.1.3 节讨论对收集和观察到的经验数据所做的分析和解释，揭示了与合规性和面向管制的风险管理文化相关的问题和困境。更重要的是，调查结果有助于了解这种文化和实践的发展和持续性，以及处理所涉及问题所需的反馈和方案。

3.1.3 行动理论和实用理论

正如 Borge (2001, p. 4) 强调的，“风险管理是指采取深思熟虑的行动来转变对你有利事件的概率——增加好结果的概率并减少坏结果的概率。”然而，在 ALPHA 的背景下，对大多数利益相关者来说，由于主要关注与审计有关的指标，改变较差审计评级的概率成为风险管理不成文的首要目标。管理风险变成了关于管理对审计要求的合规性，即符合 IT 管制策略。不合规风险比其他业务风险更明显。这加剧了专注于 IT 管制策略的以合规性为重点的文化，这种文化管理直接关乎个人和团队生计的风险而不是业务面临的实际信息风险。

针对 Argyris 和 Schon (1991b) 及 Argyris (2004) 所得的研究理论与以上在 ALPHA 观察的状况和调查结果进行评估，发现 Argyris 和 Schon 的“行动理论”也对组织的信息风险管理发挥作用。有一类利益相关者相信信息风险管理理论对在组织中进行有效信息管理是必不可少的。然而，他们展示了不同于所信奉理论的“实用理论”，在“实用理论”中他们更关心良好的审计评级，信息风险管理被定位为实现良好的审计评级。在大多数情况下，行动理论被表述得更隐晦，只能通过对比观察其对 IRM 提出的风险问题和审计员提出的管制问题的关注度。如果 IRM 提出的风险问题没有得到审计员的关注，利益相关者对解决这些问题表现出的兴趣不大。

按照 ISO 指南 73 (2001) 中的定义，风险管理包括“一系列协调性活动来指挥和控制组织应对有关风险”。由于“行动理论”的原因，ALPHA 组织中用于信息风险管理实践的协调性活动被合规性文化塑造成关注两个方面——“预审计”审查的实施（如前文提到的）和管制自我评估（CSA）[1]的便利化，两者都是为了确保符合组织的 IT 管制策略。

作为 ORC 规定方案的一部分，组织实施了 CSA 实践。CSA 背后的原理是诱导相关业务的风险思维模式，这通过要求业务职能主管向其职能范围内操作风险的定期识别、评估和修复投入资源而实现。

CSA 报告为了解业务风险状况奠定了基础，因此被当作 ORC 计算的一部分。它也被用来作为审计过程的输入文档。审计员将验证 CSA 报告自我评估的结果以确保其完整性，并跟进一段时间后还未得到解决的管制问题[2]。因此，这促使企业要么在其部门内成立专门的“风险与控制”（R&C）职能部门，要么聘用 IRM 执行并验证 CSA 过程和评估。

在某些情况下，R&C 管理人员担任协调员的角色，发送调查问卷给业务管理人员，整理反馈结果，并更新描述组织状态的记分卡。在其他情况下，R&C 管理人员也代表业务管理人员进行评估。更加积极主动的 R&C 管理人员会要么自己进行，要么与 IRM 人员合作进一步进行“预审计”。

信息风险被当作运营风险的子集，并作为 CSA 问题的一部分被评级。CSA 问题是根

1 CSA 是一个由业务运营风险管理（ORM）部门设计和指导的过程，其中信息风险也作为被评估的成分之一。这是一个基于利用检查表让业务经理执行每半年一次检查以确定他们的业务范围内没有缺少任何控件或没有潜在控制问题的流程。其结果输入中央数据库系统，由此产生的定期报告可以让管理层从控制角度对业务系统的状态有一个全面的认识。对已经完成的每一个检查表清单的问题，按照合规的状态被标为“绿色”、“琥珀色”或“红色”，分别代表“合规”、“行动正在执行但尚未完全落实”、“不合规”或“尚无行动计划”。CSA 不是 ALPHA 组织特有的实践过程，而是业界 ORM 部门常用的工具，还有许多国家的中央银行利用其方法以确保在其组织监管范围内的金融机构实行某种形式的风险管理和控制手段。

2 如果由审计师识别出的问题没有包含在 CSA 报告中，那么该业务部门还可能会被审计评价为差，因为他们未能进行全面或准确的自我评估。

据公司策略手册中的每个要求说明制定的。因此，现有政策未解决的任何新问题或问题苗头没有包含在 CSA 清单之内，都会导致 RCM（风险控制管理人员）和业务管理人员所检查的问题与审计员所审计的问题之间有出入。不可思议的是，IRM 人员被要求在预审计检查期间识别出这些出入。然而，能否成功识别出这些出入在很大程度上依赖于 IRM 与审计人员的智慧和经验对比。如果审计人员的智慧或经验比 IRM 强，能找出 IRM 没预先发现的问题，IRM 的预审计工作就前功尽弃了。

由于 IRM 和 R&C 职能部门进行预审计检查，CSA 的作用就被削弱了，因为预审计检查重复了 CSA 过程。这也间接提示了业务管理人员可以不用过分重视 CSA 过程，因为随后 IRM 或 R&C 将会确保问题数据库在任何审计检查之前被更新验证过。

由于大多数预审计检查是为了应对审计议程，IRM 和 R&C 工作人员只有十分有限的时间来确保完成全面的检查。因此，他们只专注于审计员可能会查看的地方，通常都是通过解读审计员提供的作为进入过程一部分的范围界定文档。如果他们猜中了所关注的领域，审计员将无法发现主要问题（因为这些问题将会在审计之前得以解决或得到合理的解释），所以相关业务将很有可能得到一个中等或正面的报告。仅从通过审计这方面讲，IRM 和 R&C 的价值贡献将是明显和积极的。不过，该组织不会了解实际的信息风险及这些风险是否已被充分管理。

预审计方案有其自身的风险。如果 IRM 或 R&C 工作人员准备解决问题的业务领域没有被审计员关注，或者忽略了某特定领域而审计员决定在预审计后对其进行评估，审计检查结果会对该业务不利。业务管理人员也会质疑 IRM 或 R&C 的能力和价值，从而导致他们因与业务实践有出入而受到处罚。为了管理这样的“风险”，IRM 和 R&C 工作人员经常主动请求作为相关业务整个审计过程的主要协调人。这使得 IRM 和 R&C 工作人员可以确保来自审计员所请求的问题和文档的反馈能够被“适当地”应对[1]。

1 在其中一家被并购来的公司里，IRM 组织了一个“业务一致性”的工作岗位，直接向业务经理（或业务应用开发经理）汇报。这个岗位的主要任务是处理 CSA 和审计有关的活动。在另一个使用“风险与控制（R&C）”的被并购来的公司组织里，IRM 只专注于为解决控制问题提供技术安全建议。但是，IRM 也 R&C 部门利用在主要（正式）商业审计计划的几个星期前进行的安全审查（称为“预审计”），确保所有控制问题在审计前被处理和解决。在审计过程中，IRM 也将执行审计协调的职能。

这些方法用来处理信息风险、管制，以及 IRM 在初始行动实践研究周期中仍然实施的审计问题，提出了关于真正价值贡献、IRM 角色和职责的疑问，这也涉及 IRM 的专业实践。

包括一些 IRM 人员在内的这种方案的支持者，声称这是 IRM 证明其对业务价值贡献的唯一途径，这和 IRM 关于工作保障方面的考虑有关[1]。从 Argyris (2004) 的“行动理论”角度分析，这展示了防御性思维的特征是“保护和防御行动者”，揭示了其“实用理论”实践是关注审计和合规性的。这种实用理论当审计评级是中等或正面时是“有效”的。当审计评级较差或是负面的时候，IRM 人员承认对系统自身所涉及问题缺乏认识，并指责审计员刻意寻找问题，有时也指责业务用户不遵守以前制定的规则或程序。随着时间的推移，IRM 变成“熟练的无能”，不能管理实际的信息风险，但可以胜任管理合规性和审计风险。正如 Argyris 指出的，“无知的设计所产生的技能效果”。因此，从知识的角度来看，原则上这样的做法是不恰当的；IRM 对此后果要么无知，要么无视，因为他们一直在做的是“有效地”证明其存在的“价值”。

根据 Argyris 的“行动理论”，组织的防御性体系鼓励这种障眼法的另一个原因是：

> 为了保证这种障眼法是有效的，其意图也必须被掩饰。况且人类是不大可能给予或接受有用的反馈来处理他们熟练的无能和精明的无知的 (Argyris, 2004, p. 12)。

1 IRM 是不直接带动该组织收入或盈利能力的后台部门。经历了 2000 年和 2001 年巨型合并后的几起裁员事件，IRM 人员和管理人员都担心工作保障问题，所以都渴望能证明其对组织的价值贡献。其结果是，IRM 人员和管理人员都愿意承接“预审计”（审计前的自我审查）的活动，可以更容易地（通过得到令人满意或更高评级的审核）展示自己的贡献。相反， 成功地消除或解决合规性问题不相关的风险只会导致无安全事故发生，是无法衡量价值的。

这表明在这种情况下，IRM的信息安全风险识别和管理能力已经变得可疑[1]。处理审计问题与合规性要求，并不需要IRM识别实际的信息风险。只要能够维护良好的审计评级（在中等或正面水平级别上），信息风险管理能力不足将不再是问题或担忧——被掩饰了。

IRM应该很好地了解相关风险问题，企业认为他们应该能够很好地对付审计员，并应该确保给予审计员恰当的反馈。从信息风险目标的角度看，这种做法是极其不恰当和不专业的。这样“避免了透明化”，而且是一种“自欺欺人”或“障眼法”。这是防御性思维的另一组特征。这种思维阻碍进一步学习：

> 防御性思维的后果包括逐步扩大误解、自我实现预言和自我封闭过程。所有这些都会升级，因为所用的逻辑是以自我为基准的，不会有助于对错误的检测和校正。当这些条件综合起来，将形成一种对学习不利的通病 (Argyris, 2004)。

采用“预审计”检查方案牵涉到信息风险管理中业务实践的信用问题，其副作用可能潜在地损害该组织的学习和长期地位。

即使IRM或R&C在每次单独审计检查之前成功识别出所有的风险问题，该方法也是带有高度反应性的，从系统的角度看，引入了一个根本性问题。如图3-3所示，由于受（6）、（7）和（8）中所描绘的外部事件影响，该系统面临中断风险。由于IRM、R&C和CSA行动关注于应付审计和合规性需求，在审计检查之前处理控制缺口的时间有限，往往采取一些临时措施。信息风险问题的根本原因往往不能得以识别和解决。用户和管理人员并没有意识到风险问题和采用恰当的安全实践来阻止和管理这些问题。这间接地导致了自我满足，正如图3-3中（6）所描述的。当业务环境发生变化时，如图3-3中（7）和（8）所描述的，新的项目、技术和业务举措将引入新的安全和风险问题，增加了条目（5）中所说的“系统弱点”。

---

1 一次对任意IRM人员的知识背景、培训和相关工作经验的检查表明，有50%以上的IRM人员没有信息安全或风险管理的资历、培训或工作经验。在被转移到IRM位置之前他们大多是项目经理或审计员。

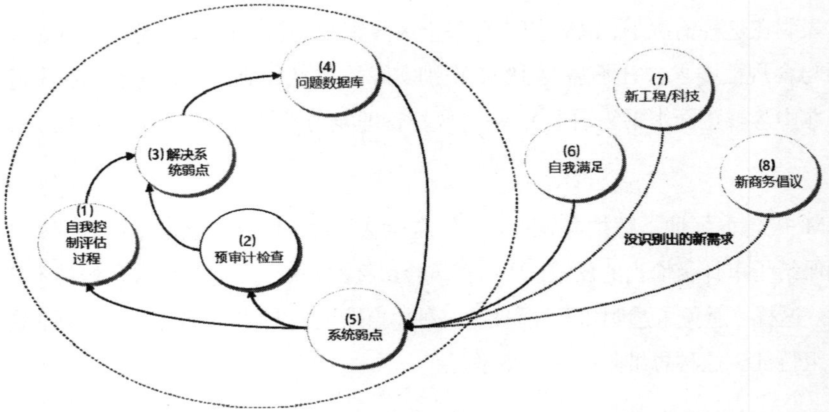

图 3-3　在本研究初始行动实践调研阶段，ALPHA 机构中以审计和合规性为重点的风险管理实践因果关系图

要处理这些问题，显然 IRM 操作模型和实践需要改变，并解决利益相关者担心的主要问题。IRM 人员的能力作为该计划的一部分也需要考查。

关注合规性现象不只存在于 ALPHA 组织中。依据安永会计师事务所 (Ernst & Young, 2005) 2005 年进行的全球信息安全调查，80%的受访者将“符合企业政策”作为最重要的信息安全职能之一。为了核实这一发现，进行了一次包含相关问题的小型调查[1]，有 30 位来自业界的受访者参与了此项调查。本次调查表明，虽然信息安全的主要驱动力是业务持续性，合规性仍然是一个强大的推动力，计划和行动大多基于偏向防御方案的战略，而这些方案是关注于合规性的。2013 年的跟踪调查结果显示，这种趋势一直延续了下来。

IRM 需要实现其帮助组织管理信息风险的目标，所有的利益相关者都必须明确这一目标。IRM 理应能够向利益相关者展示这个目标，以取得他们的同意和支持。这样做时，千万不能形成以合规性和／或控制为导向的文化，以使组织的信息风险而不是合规或管制的状况成为利益相关者最关注的对象。合规状况揭示了该组织的管制状况，但不一定是其

1　为了解 BETA 客户组织（包括政府、金融机构和其他商业企业）的安全风险管理问题和困境，我设计了一个有 37 个问题的小型问卷调查，并用它作为对这些组织的利益相关者进行进一步数据收集的基础。这个调查问卷用于指导对 30 个受访者的一系列结构化访谈，来确定他们对安全风险管理挑战及对管理中所涉及的问题和困境的战略和计划异同。从访谈和调查中收集的响应提供了对有关信息安全风险管理问题和困境的新见解。

风险状况。同时，该方案必须迎合不断变化的业务环境，包括 IT 系统和相关的风险。

正如 Hanford (2003, p. 193) 指出的，“战略性和运营性思考代表了完全不同的方向和技能，虽然它们是互补的”。IRM 执行的行动主要是运营性行为，伴随诸如近期内、具体的行动和动作、针对现有的性能问题及效率提高等的解决方案。能够有效地“反思和学习，有远见地识别关键问题或机遇”，一种战略性的方法是必要的。IRM 组织没有认识到这一点。IRM 采取的策略、计划和行动，即其现实实践，需要改变或演进以解决上述需求和挑战。

3.1.4 习惯性风险

在 ALPHA 组织中，业务线（LOB）上的业务系统用户每年进行两次 CSA，作为其运营性风险管理体系过程的一部分。之所以让业务人员进行自我评估，是因为 ORM 团队认为由于业务用户在业务线上工作，他们会熟悉业务，并且对业务和 IT 策略有充分的认识，他们将能够发现实践中或所使用的应用系统中的出入，以及这些实践和系统是否是有问题的。不过这个假设值得商榷。

正如 Eric Raymond 和 Rob Landley (2004) 指出的，“由于人类重复性地工作，他们形成习惯——推动工作从有意识到无意识的认知变化。”习惯是“逐渐习惯的过程”，或“习惯的状态”，被 Merriam-Webster (2006) 字典定义为“对重复接触的刺激的反应性降低”。当被习惯化了，一个人就适应了过程中的各种刺激，并失去注意力，或对事件变得冷淡。

业务用户，是业务系统的一部分，通过不断熟悉系统和相关过程而习得专业知识。在设计业务系统方面，Raymond 和 Landley 强调良好的交互会“促使形成良好习惯”。因此，随着时间的推移，业务用户习惯了这些交互，并不用经过有意识的思考便可以熟练使用。同样，如果一个业务应用程序存在安全问题，或者是作为系统一部分的漏洞，最终业务用户也会由于习惯化适应了它们。

考虑到 CSA 过程，由于习惯化，业务用户有可能将安全弱点评估为“正常”情况而不是异常情况，除非他们最近了解到与系统中弱点有关的某些安全问题，或者很好地了解安全策略来发现弱点。后者是不可能的，因为业务人员通常不会阅读安全策略文档，除非最近有一个暴露问题，恰好在自我评估前出现在关于某个问题的培训中。

因此，习惯化是业务的一种风险，特别是当系统用户进行自我评估来检测风险时。由于习惯，用户可能在其知识和专业技术范围内对某些控制问题熟视无睹。这为 IT 审计员在业务领域内发现问题，而 CSA 在此审计之前没有发现问题提供了一个合理的解释。更重要的是，这对信息风险管理中 CSA 过程的实用性和有效性提出了疑问。由于 CSA 过程是合规性和业务管制目标所要求的，但是 CSA 过程是否实用或有效对业务并不是很重要。若想注重实效性，IRM 项目需要采取额外的措施来解决习惯性风险。

3.1.5 信息风险管理组织结构体系

除了 IRM 的工作任务及其对业务的价值贡献，IRM 组织及其汇报结构是主要利益相关者感兴趣的另一个方面。有两种组织和汇报方法在 ALPHA 并购的组织中实施，各有其优点和问题，也就是说，要么是以业务为基准[1]，向业务主管或者业务运营汇报，要么是以 IT 为基准[2]，向 IT 服务主管汇报。

来自组织业务一边的利益相关者（包括业务 IT 运营和应用开发）支持以业务为基准的 IRM 汇报方法（援引信息风险问题所有权和责任制的理由）。

来自 IT 服务部门的利益相关者支持集中的 IRM 组织，持续向亚太地区 IT 服务部门主管汇报，他们援引了以下理由：（1）资源利用效率，更好的成本控制，为 IRM 带来交叉培训和学习机会；（2）能为业务提供独立的视角；（3）更好地整合和协调与 IT 服务部门产品经理及项目经理之间的 IRM 活动，因为他们共享同样的终端客户；（4）能够使 IRM

1　在其中一家并购进来的组织中，IRM 作为企业组织的一部分，被称为符合业务的 IRM（BIRM）。在这种方法中，IRM 对运营负责人或业务应用程序开发的负责人汇报，其资源和经费完全由该业务部门负担。BIRM 本身就是业务部门内的全球性团队。例如，在投资银行业务中，有一个全球性的 BIRM 团队，并在战略地理区域的每个地区和商务中心，有一个本地 BIRM 团队支持这些地区 / 本地商务中心。BIRM 只服务于其负责和汇报的业务部门。换句话说，从事投资银行业务的 IRM 不会执行零售银行的工作，反之亦然。这确保了经营的专业化和专注。

2　在另一家并购来的组织里，IRM 是 IT 服务部门的一部分，归为一个集中、共享的资源池并服务于所有的业务。在资金来源方面，基于对 IRM 的实际利用在年底向业务收费。资金同时基于前一年的使用预分配。这种模式虽然为 IRM 员工工作带来了更好的扩展性和更多工作种类，但缺乏业务专业化。IRM 必须了解其所管理的所有业务的信息风险问题。

从日常的业务安全和风险规避运营活动中解脱出来[1]。

除了组织一致性和汇报的问题，还有关于 IRM 活动地理位置的问题，是应该集中分布，还是应该分散分布。如果分散分布，应该如何确定分布情况？

通过分析收集到的数据，同意分布式模型的意见关注于确保区域中心[2]有本地的 IRM 管理人员，因为这些中心对该地区的业务和 IT 运营是至关重要的。

集中式模型可能导致更大的成本，因为 IRM 人员必须经常出差去不同的区域中心和分支机构执行任务。反对分布式模型的意见是关于能够满足所有区域中心的 IRM 资源的成本和可用性。资源的合理性问题其实在集中式模型中更突出。业务利益相关者也担心由于 IRM 资源无法扩大规模而满足不了不断增长的业务和 IT 需求而产生位置“孤岛”。这同样会造成对成本的影响。

IRM 团队的地理位置也引发了关于位置责任的担心，包括参加地方运营委员会[3]（LOC）会议和 IRM 团队的现场会议。一些 IRM 团队成员和业务线坐在同一个办公室里，而其他人却在独立的办公区域中，更靠近 IT 服务职能部门。企业管理人员首选前者的安排，因为他们能够方便地请求 IRM 的帮助，但这影响了 IRM 中团队成员的沟通，造成信息和知识共享的缺乏，以及成员对彼此的工作问题和挑战不太了解。

3.1.5.1 知识-权力体系

“知识-权力体系”分析并质疑“设计的公平性”，以确定其过程效率的受益者，以及

1 在新合并的组织中，IRM 采用了轻微修改后的资源池模型。其中有一个 IRM 团队专注于帮助企业管理其信息风险，有一个安全工程师组成的团队来支持基础设施安全的 IT 服务，还有业务应用开发团队负责应用程序中的安全风险管理。区域团队有两条汇报线，一条是汇报到 IT 服务的区域负责人，另一条是汇报到地区的首席运营官（COO）。全球首席信息风险官（CIRO）对这个汇报结构设计的想法是为了确保权力的平衡，并允许必要时将业务问题上报给首席运营官，以期得到他的协助解决。

2 ALPHA 的区域中心在新加坡、中国香港、东京、悉尼和孟买。

3 LOC 设立在各地区的每个运营位置，以监测和处理本地所有运营相关的问题，包括在本地业务线使用的系统中发现的信息安全风险问题。其中一条业务线的业务运营负责人主持地方运营委员会。委员会成员包括所有业务线的首席管制员（CCO）、合规负责人、审计负责人、IT 服务主管，以及各位置业务应用程序开发主管。其议程还包括处理法规和合规相关的问题和要求。

在 IRM 项目中组织结构的有效性。依据 Flood 的观点，“挖掘知识-权力动力的问题加深了我们对效率和效益的了解，并进一步使人们对设计和决策的道德本性更敏感”(Flood, 1999, p. 118)。

事实上，从公平性的角度分析，IRM 汇报机制的问题在于其关注和建议的功能相对于其项目缺乏 IT 服务团队的支持，这也是一种困境。

从管理的角度分析，采用并行的汇报机制似乎是解决这一问题的合理方法。然而，从研究角度分析，解决此困境的方法是不充分的。

在企业管理领域，据 Drucker (1973, p. 517) 所说，“组织结构是管理领域最古老、最深入的研究领域”。然而，在信息安全风险管理方面情况似乎并非如此。

正如 2.5.1 节提到的，虽然组织问题突出，但很少有文献讨论不同的方法或可能的组织模型，或指出其在实践环境中的重要性。关于信息安全风险管理可获得的文献，例如 Jackson 等人 (1994)，Pfleeger (1997)、Berti 等人 (2003)，Kovacich (2003)、Alberts 和 Dorofee (2002)的文章中，要么对此没有涵盖，要么只是简单地讨论信息风险管理职能部门的组织和汇报结构。

Dorey (1994, pp. 36-39) 简单介绍了这一话题，探讨了向技术部门、企业安全部门及内部审计部门汇报的优点和缺点，并强调了向技术部门汇报的发展趋势。Parker (1998, pp. 437-473) 强调了管理承诺及建立安全监督管理委员会及其职责的重要性。但是，与其他人一样，Parker 讨论的焦点在角色和职责，以及该职能部门应该执行的任务（即信息安全项目的内容）。

Drucker (1973, p. 517) 进一步指出“组织并非始于结构，而是始于构件；没有一个正确或通用的规划，但每个企业需要围绕符合其使命和战略的关键活动进行规划设计”。因此，大多数研究者和从业者在讨论该学科的组织方面时关注信息安全风险管理活动是合理的。

尽管这样，Drucker 补充道“最好的结构并不能保证结果和性能”。

但是错误的结构一定会导致不好的性能，会引起摩擦和挫折。错误的组织会暴露错误的问题，加剧不相关的争端，导致一大堆琐事。它强调弱点和缺陷，

> 而不是强度。因此，正确的组织结构是性能的先决条件 (Drucker, 1973, p. 519)。

正如我们在研究中目睹的，要求 IRM 向 IT 服务部门汇报会引发对其公平性的质疑：如果 IRM 需要 IT 服务部门的支持以确保其福利，而且其表现将由 IT 服务部门而不是由业务部门的职能标准衡量，那么 IRM 在其业务工作中是否仍然能够保持客观。

实际上，该结构的目的是使每个人"做他的事"成为可能。

> 正如批评者声称的，等级结构无法使上级权力更强大。与此相反，等级组织的首要影响是下级针对来自上级独断权威机构的自我保护。梯状或等级组织通过仔细划分下级的权力范围和上级不能干涉的领域做到这一点。下级可以通过说"这是分配给我的工作"来保护自己。下级的自我保护也为坚持一个人只有一个上级的分级原则奠定了基础。否则，下级很可能会发现自己陷入矛盾的要求、矛盾的命令及矛盾的利益和忠诚之间。一个古老民间谚语这么说道："两个好师傅不如一个坏师傅" (Drucker, 1973, p. 525)。

在讨论改进知识-权力体系的战略时，Flood 强调：

> 对知识-权力来说，没有捷径可走，没有快速解决方案，无法马上得到满意的解决结果。然而，面对关于知识-权力体系的疑问……似乎表明了怎样改进根本无法用效率和效益来衡量。从任何人的观点来看这都无法实现，不管是因为在效率和效益方面无法实现，还是因为有偏见的行动导致的不公平的后果 (Flood, 1999, pp. 121-122)。

然而，把 Drucker 和 Flood 的调查结果和观点，以及我对这个困境的反思总结起来，指向亚洲 COO 的并行汇报链无法解决 IRM 面临的困境。亚洲 COO 汇报链面临与来自其他权威个人的命令相冲突的风险，增加了管理 IT 服务方和业务主管之间关系的复杂性[1]。

1 这项风险并没有具体化，因为 COO 没有积极关注对区域 IRM 团队的管理，而是更希望在其议程项目中得到更好的 IT 服务支持，因此倾向于让 IT 服务主管继续成为该区域 IRM 团队的主汇报线。这实际上使得并行汇报机制变得多余。

与此同时，除了那些 IT 服务部门，需要保持 IRM 行动与 COO 议程更高的一致性。

Drucker 也讨论了另一个关于“责任轴心”概念的公平性问题。

> 商业企业和公共服务机构的组织结构有许多轴心：决策-权威及信息；任务逻辑及知识动态。个人工作必须按照若干轴心来规划和定位——任务及其分配、决策、责任、信息和关系 (Drucker, 1973, p. 527)。

而 IRM 的“权威轴心”分为三个方面，其中包括全球 CIRO 职能部门。IRM 的“责任轴心”仍然严格与全球 IRM 团队保持一致。IRM 成员被要求每周与各自的全球同行（高级 IRM）一起参加一次国际电话会议以便提供本地进展和问题的最新信息，同时了解全球范围内可能影响或者不影响本地行动的最新进展信息。电话会议通常安排在纽约的上午时段，由于特定的地理因素，亚太地区会晚 11~15 小时。因此，在该地区的 IRM 成员不得不经常牺牲晚上的家庭和个人时间参加全球电话会议。这个公平性问题在组织中没有被讨论过，从而成为一个被普遍接受的做法（包括其他的职能部门）。

上述分析表明，IRM 组织和汇报结构与商业企业中任何组织相比都是同样重要的。除了直接影响组织成员的有效性和效率，也需要一个适当的组织结构来推动实践公平性，或者至少消除任何被觉察到的由于组织结构中某些汇报链导致的偏见。此外，组织成员履行其职责所需的时间和资源贡献方面的公平性同样受到其权威和责任轴心规划的影响。

虽然 Drucker 设计适当组织结构的原则已经在 20 世纪 70 年代初期出版，但总体来说，在 ALPHA 和其他大部分组织的 IRM 领域中很少被采纳和实施。

在分析本研究周期的反映因素时采用的知识-权力体系原则，进一步体现了在规划时考虑这一维度的重要性。将这些原则映射到 IRM 组织规划中已识别的问题和困境，将满足信息安全风险管理中的两个基本需求：（1）提高意识；（2）为 IRM 组织规划考虑提供有用的原则以避免实际环境中的相关问题和困境。

3.1.6 响应安全事件

在行动实践研究周期的初始阶段，ALPHA 组织遇到了两个关键的但意料之外的安全事件：（1）简单网络管理协议[1]（SNMP）漏洞事件 (CERT/CC, 2002a)；（2）垃圾邮件[2]数量增加事件（严重影响了组织的电子邮件服务）。

3.1.6.1 事件 1——SNMP 漏洞

在 2002 年初，ALPHA 组织的全球 CIRT 发布了安全咨询意见来响应新发现的简单网络管理协议（SNMP）漏洞。外部计算机应急响应小组（CERT）也发布了类似的咨询意见，并定为“危急”级别，向受此问题影响的互联网用户提供建议和应对措施 (CERT/CC, 2002a)。

由于此安全漏洞被定为“危急”，CIRT 的咨询意见要求业务 IT 相关职能部门（如应用程序开发）和 IT 服务部门采取行动来应对发现的 SNMP 漏洞，识别需要更新（即打补丁）的 IT 和网络系统的范围，然后 IT 服务部门应用安全更新来保护系统免受利用此漏洞的安全攻击程序[3]的影响。

因此，第一步是收集搭建时可能有 SNMP 漏洞的网络设备和计算机系统的数量和类型等信息[4]。

因为我参与了 CIRT 咨询意见发布前一天晚上召开的全球 IRM 团队会议，CIRT 请求

1 SNMP 是一种网络管理协议，它是 Internet 协议族的一部分，是网络上的设备和计算机系统用以提供其运行状态和配置到请求站的标准化方式。SNMP 的弱点或漏洞可能会导致攻击者获取设备配置的敏感信息，这样攻击者可以影响网络上信息的完整性并破坏系统的安全性。

2 垃圾邮件是指未经请求的电子邮件，通常是由广告商和营销商发送给收件人以访问他们（发送者）的网站或购买其产品。2002 年，它们成为了收件人的一个烦恼，因为这些邮件很快填满了用户的邮箱，并且要花时间来删除。2003 年，它们开始携带经常试图对用户计算机进行控制或从中窃取数据（其中包括敏感的商业和个人信息）的恶意程序或链接。

3 安全漏洞攻击程序是一种由攻击者或安全研究人员设计的计算机程序，或一系列步骤（这可能基于计算机也可能来自人类行为），利用漏洞获得对计算机系统未经授权的访问或信息，或破坏这种路径。一些安全研究人员开发这种漏洞来展示漏洞的危险性，而攻击者开发和使用它们达到欺诈或犯罪的目的。

4 构建是一个术语，通常在 IT 环境下用于表示版本或为一个特定环境“构造”的应用程序或操作系统。构建集成了应用程序或操作系统（由供应商提供）与其他环境和系统变量，如本地使用的设备、用户数量支持、本地使用的语言、应用补丁的级别等，就是创建一个特定环境版本。

我协助该地区的数据收集工作。第二天，我按要求行事，很快发现我被困在IT服务部门、CIRT和业务IT部门之间沟通不畅和混乱的系统中。没有集中或最新的IT数据库和网络系统可用，各种全球职能部门同时发布信息请求，伴随不同的响应时间表和不同的信息细节。这个事件显现出了一些学习经验，但此阶段出现的响应问题没有被认清。

3.1.6.2 事件2——垃圾邮件

2003年年初，亚太区IRM小组的一名安全工程师通报组织内部CIRT观察到垃圾邮件数量增加。这也是一个不断发展的行业问题（经济学人，2003）。企业用户开始抱怨垃圾邮件占用了邮箱空间，试图清除它们消耗了工作时间。然而，当安全小组在纽约开始寻找解决此问题的合适技术方案时，他们并不确定用户可采用的合适对策。这次事件是预示信息风险管理需求也应考虑这方面问题的另一个实例，或许在其项目中需要考虑或采取某些措施以使组织做好有效的响应准备，但这并没有成为我要考虑的问题，因为全球CIRT已着手寻找处理垃圾邮件问题的解决方案。

发生这些事件说明组织中的信息安全风险管理项目存在显著弱点，这也是该行业的普遍问题。尤其是，这些事件表明关注合规性和管制不能使该组织有效并及时地应对和处理新的安全问题和相关事件。

首先，监管人员采纳的方案和原则往往侧重于解决已知的安全问题。其次，对实现合规性来说，管制和防御性措施等形式的保护，被认为比为未知或意料之外的事件做好准备更有效。最后，在组织中或从业人员之间，很少针对处理未知或不确定风险的问题进行询问和讨论。大多数讨论都集中在针对已知问题的技术解决方案上，尤其是那些审计员和监管者最关注的问题，或已引起重要媒体关注的问题。没有安全事件发生期间的风险管理实践活动并没有带来可以提供更好的响应，或在安全事件发生时及时对其进行处理的行动或计划。

在SNMP漏洞管理事件的案例中，马上被发现的问题是缺乏协调、更新的IT数据库和网络系统——这是IT环境的安全状况得到及时评估的基础，其后果是沟通不畅和混乱不堪，以及不确定谁应该负责所需数据的收集工作。从管制的角度看，这样的差错也是不能接受的。

这些问题反映了缺乏更充分的准备，因此也缺乏对安全事件的预备。发生这些事件意味着 IRM 需求也应考虑到这方面，或者在其程序中采取行动为组织有效地响应做好准备。然而，关于沟通和协调问题，目前的行动只关注于纠正“表面缺陷”，缺乏集中的 IT 资产数据库系统。

这些事件对组织来说也并不新鲜。ALPHA 组织和其他组织一样，之前有不好的经历，其他网络蠕虫曾对其带来负面影响。过去安全事件的经历，如“sadmind/IIS 蠕虫”(CERT/CC, 2001a) 事件（在本书所总结的研究开始之前的事件）都没有被转化为学习和跟进行动。相似类型的事件重复发生，只是不断以新名字出现，并导致 IT 服务和业务运营混乱。从组织行为学的角度来看，这表明了覆盖多个部门的“学习障碍”(Argyris&Schon, 1991b; Senge, 1990, pp. 17-26)，我们将在 3.2.1.2 节和 3.2.2.3 节进一步讨论这个观点。

3.1.7 信息安全风险分析和管理中的不确定因素

正如第 2 章中提到的，在知识域中，风险术语、风险概率，以及风险评估和管理方法面临一些问题和困境。总的来说，这增加了风险分析的成本，更重要的是，增加了组织的不确定因素。风险分析涉及的不确定因素是风险管理的关键问题。

风险分析和管理的通用方法，例如在 Alberts 和 Dorofee(2002)，Stoneburner 等人 (Stoneburner et al., 2002)[1]和 ISO/IEC 13335 标准(ISO/IEC, 2004a, 2005a) 中详细描述的，可明确地分为四个主要步骤（某些方法的描述会细分为多于四个步骤）。第一步，识别可能对组织 IT 环境和信息有负面影响的威胁、漏洞和漏洞利用程序。第二步，针对每个已识别的威胁、漏洞和漏洞利用程序做出评估以确定其发生的可能性。第三步，对于每个已识别的威胁、漏洞和漏洞利用程序，对其影响进行评估以确定其对组织的潜在影响（或损害），通常使用三个级别的分类标准，即低危、中危或高危。

风险分析前三个步骤的结果可以绘制成类似图 3-4 所示的图表。*X* 轴表示威胁或漏洞被利用的可能性，*Y* 轴表示如果威胁或漏洞被利用对组织带来的潜在影响。

---

1 在美国 NIST IT 系统风险管理指南中，风险评估过程有九个步骤。第一步包括系统表征，可以被划分为资产识别步骤的一部分。威胁和脆弱性分析步骤被分为两步，其他步骤如对策、控制分析和结果文档也被提出。本质上，这些步骤都被包含在本节中描述的四个步骤中。

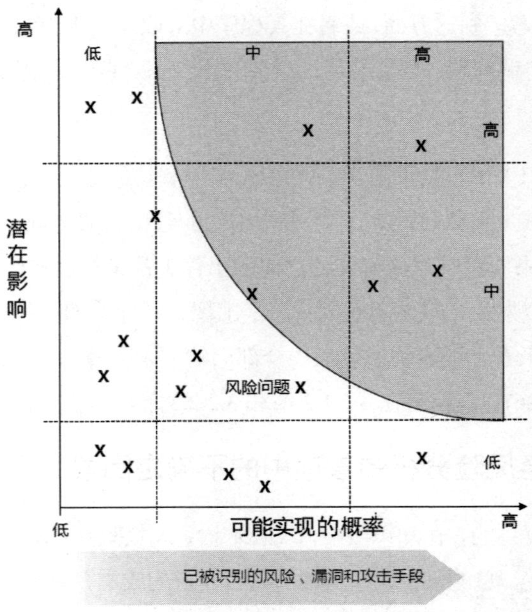

图 3-4　通用风险分析和管理方案图示

沿两个坐标轴的三个等级分类及其之间的边界定义通常是随意的（正如在 ALPHA 中观察到的）和主观的，取决于风险管理人员的经验和知识，以及从策略角度看所在组织的风险偏向（基于与风险管理人员访谈收集到的信息和个人经验）。有些组织定义额外的类别以提高分类的清晰度，例如灾难性的、非常关键的和“不必关注的”之类。在 Knowles (2005) 的案例中，使用“严重性”[1]概念表示所识别和评估风险的重要程度。图 3-4 描述了一个简单的低、中、高分类方法的例子。

第四步也就是最后一步是对风险管理的建议，关于应该如何对已分类的每个风险项目进行管理。通过绘制以上图表，风险管理人员和公司高级管理层可以显而易见地看出图表右上角的区域应该是采取行动和分配资源的焦点区域，以获得风险管理投资的最大回报。

如果有更多的资源可以使用，中等类别是下一个采取行动的区域。如果风险管理人员认为采取行动的成本较低或者能够承担，他们也会考虑中等类别。在大多数信息风险管理

1　Knowles 把风险的严重性划分为三个“重要性”层次，即集合重要性层、战略业务单元（SBU）重要性层，以及低重要性层。

文献中，这被表示为曲线，如图 3-4 中的阴影区域。

而对于低风险 / 影响的类别，他们往往理直气壮地将其排除在行动计划或信息安全风险管理计划之外，因为他们认为低风险类别发生的概率很低，或对组织的影响较低。

通过以上评估，信息安全风险管理人员的通用策略是将曲线尽量往左拉（如图 3-4 所示），让更多的风险问题得到解决。这是在 BETA 组织中采取的策略，低风险区域在该组织中被当作“可接受的”风险。

但是单独采用这种策略可能会增加安全成本。正如 Knowles(2005)强调的，在实际实施时，需要对安全开支进行优化，因为这是企业成本的一部分。最优的成本是安全投入成功消除影响企业的风险或降低风险级别，并且最大化节省开支。从这方面来看，实现安全的成本是对潜在的业务影响进行估计和比较得到的，以得到所需的最优关注和支出。要做到这一点，需要制定出包含相应成本估计的多个安全解决方案，并就可能的潜在业务影响对其进行分析。

这种风险管理方法在确保组织信息安全时存在若干限制因素。一个显著问题是关于组织响应新风险、风险评估错误，以及其他安全事件和灾难的能力，如 3.1.6 节讨论的。

正如 Drucker 对管理层担心承担风险的评论：

> 当今采用的管理科学缺乏的是在其文献和工作中强调把“最小化风险”甚至“消除风险”作为其工作的终极目标。
>
> 在商业企业中尝试消除风险是徒劳的。从当前资产投入到未来预期，风险都是固有存在的。事实上，经济的进步可以被定义为承担更大风险的能力。尝试消除风险，即使尝试减少风险，也只能使其变得不合理和无法忍受。只会导致所有风险中最大的风险：刚性风险 (Drucker, 1973, pp. 511-512)。

从系统学的角度分析安全事件（如 3.1.6 节所讨论的），组织需要做的不只是减轻风险。组织无力响应是妨碍其恰当地处理突发事件的关键因素。这进一步表明当前 IRM 实践中的行动战略和处理新的或突发风险采用的过程之间可能存在差异，其中一种差异可以追溯到组织中普遍采用的风险分析和管理方法的局限性上（如在 ALPHA 组织中）。

首先，关于风险识别和分类，评估是主观的，高度依赖于相关风险管理人员的个人经验。如 2.3.4 节中所回顾的，当前没有可靠的方法来量化信息安全风险，因此风险评估是定性的。当采用定量的方法时，确定风险等级数值又退化为定性评估。因此概率被普遍使用，但仍有其特定的问题（如 2.3.4 节所讨论的）。因此，两个拥有不同经验的风险管理人员就有可能对相同的风险问题做出不同的定性和定量判断。

Kabay (2002) 强调了对安全和风险的感知因人而异。对一些风险管理人员来说，当识别出系统中的一个安全漏洞时，并且评估这个漏洞容易被攻击，这种攻击发生的概率就会被当作是高的。如果攻击被评定为难以执行，发生的概率通常会被评估为低。这种判断即便是正确的，也只能是部分正确，因为并非所有难以利用的漏洞发生攻击的概率都一定很低。一个漏洞可能会因为风险管理人员的能力和经验被定为“难”利用，但是对作恶者来说，可能已经开发了所需的工具来降低攻击难度。此问题是极其不对称的[1]。风险管理人员必须非常了解他正在评估的系统，但仍然会有风险管理人员不了解但作恶者已经了解的漏洞。作恶者只需要找到一个可以利用的安全弱点就足以达成目的了。

借鉴保险业务，在大多数风险评估中，风险管理人员把先验概率作为发生概率评估的一个主要指标。经验会影响个人的认知看法。正如 Styles 指出的，之前的安全暴露有助于经验的构成。

> 视觉感知过程使得我们能够安全准确地对视觉环境采取行动和做出反应。我们需要知道事物是什么、在哪里，以及我们相对于这些事物的位置……
>
> 加上注意力和记忆过程，感知处理过程形成了我们对周围可视事物和事件的经验 (Styles, 2005, p. 49)。

J. Adams (1995, pp.14-15) 也主张“风险意识是受自己和他人意外的经验损失影响的”。因此，过去安全事件的经验对风险管理人员的评估有重要的影响作用。然而，安全事故的发生往往由很多因素共同导致。除了较差的风险评估实践之外，如 Adams 所强调的，个人应对风险的行为也有可能导致安全事故 (J. Adams, 1995, pp. 52-55)。先前已发生的风险事件为其再次发生的可能性提供了数据依据。风险管理人员的行为，以及组织中的

1 这个问题不是对称性的，我们不知道什么问题是潜在攻击者已经知道的，但潜在攻击者可以找出哪些是我们知道的问题，因为我们的方法是开放的，而且往往是基于常见或标准做法和现有技术解决方案。

变化可能掩盖从风险事件暴露出来的问题，也可能使组织更脆弱。另一方面，没有风险事件发生并不意味着将来会发生的概率很低。如果不能依据事先的安全事件经验进行评估，风险管理人员个人的想象力和创造力将在评估中发挥重要作用，这主要依靠其知识和过去其他方面的经验。正如 Posner (2004, p. 171) 在讨论与 2001 年"9・11"恐怖袭击有关的风险时提到的，"仅仅因为无法量化风险或者风险可能很小就将其忽略是错误的做法——因为它可能是巨大的风险。"新奥尔良的卡特里娜飓风灾难[1]发生后 (CBC, 2005; CNN, 2005b)，Daniels、Kettl 和 Kunreuther 认为：

> 评估低概率安全事件不容易，人们往往忽略它们。有充分的证据表明，人们往往不愿意考虑事件可能发生的概率数据，即使这些信息是可用的。只有在灾难发生后大部分人才会重视，然后会高估其可能性 (Daniels et al., 2006, pp. 6-7)。

因此风险管理人员最终的评估是主观的，视其看法而定，受其风险认知影响，他们如何影响其他利益相关者来接受其观点也是影响因素之一。因此，被绘制到图 3-4 所示曲线以下的低风险区域可能导致实际上是高风险的结果被错误地评估。同样，高风险的项目由于之前很少发生，也有可能被识别为低风险问题。

从成本管理的角度来看，正如 Knowles 的"最优成本"方法所强调的，低风险的问题在一定程度上取决于预算，中等风险的问题可能得不到任何管理部门的重视。然而，由于该问题的不对称性，它们可能会成为作恶者的攻击目标。这导致了一种风险管理的矛盾。除了错误和感觉会导致风险评估的主观性，还有其他未知因素（可能只有潜在的作恶者知道，而不为风险管理人员所知）会影响组织的风险状况。

举一个例子，只有作恶者才知道的隐蔽漏洞，由于种种原因未被公开。作恶者可能在利用漏洞获取经济利益。据商业周刊报道，由于商业竞争，高技能黑客已在某些企业的薪资清单上 (Blank, 2001; Grow et al., 2005)。此外，据 Masnick (2006) 在 Techdirt.com 上所说的，"最近恶意软件[2]编写者很可能在从事病毒编写业务，更多的是为了利益，而不是名

1 卡特里娜飓风是 2005 年 8 月下旬袭击美国新奥尔良和美国墨西哥湾沿岸地区的一场四级飓风灾害（并且一度高达五级），造成几万人死亡，基础设施毁坏，并使得许多人无家可归。

2 恶意软件（Malware）是"有恶意的软件"的缩写，它表示其中带有险恶意图编码的软件程序，这种编码有可能损害使用程序的用户或组织。

气或者刺激。”

> 这也意味着，正在被编写的恶意软件类型也在改变。病毒编写者知道，如果病毒能够不被发现是再好不过的，而不是产生巨大的破坏力，或快速地传播并登上头条。他们的病毒越不易被发现，就越有可能不被安全软件阻止，从而更长时间地从恶意软件中获利 (Masnick, 2006)。

因此，未公开的漏洞将一直是风险管理人员的未知因素之一，而作恶者可能已经知道。其中一些漏洞可能技术供应商也知道，基于其内部安全研究，或者来自其他没有公开其发现的研究人员的报告。在 BETA 组织中，作为一个技术供应商，是不能与终端用户组织任意地共享这些未公开的漏洞信息的，这样做可能会在不经意间将这些敏感信息透露给潜在的作恶者供其利用获取利益。此外，当安全漏洞还没有被修补时，不提供修补程序就发布漏洞信息将使终端用户组织产生不必要的恐慌。因此，大多数技术供应商提倡“负责任披露”[1]的原则，严格限制漏洞信息共享，只与负责任方共享信息，直至修补程序已经完成并发布。

即使风险管理人员能够识别和量化所有的风险相关因素，风险评估的结果（如图 3-4 所示）只是提供了该组织所面临挑战状况的一个简单描述。组织内部和外部的运营环境，是一个不断变化的环境。每一次变化都有可能对所涉及的每个风险项目和整个系统产生不同的影响，其中可能有中性的、消极的或正面的影响。

企业内外系统或环境的改变可能是有计划的，例如实施新的信息系统来提供新的业务应用，也有可能是计划外的，例如 SNMP 漏洞、垃圾邮件、SQL 蠕虫王和冲击波蠕虫攻击、SARS（重症急性呼吸综合征，中国大陆惯称“非典型肺炎”，并简称“非典”）疫情和海啸悲剧的突然发生。作为有计划改变的一部分，风险可能被识别和管理，但风险往往只在计划外的改变之后才被察觉。这意味着能够从个人经验得到的风险相关信息和信息来源是有限的。因此，风险管理人员的风险评估由于未知因素不得不打折扣。

据 Perrow (1999) 观察，复杂系统有这样的特性，一个组件发生故障往往会导致不可

---

1 互联网安全组织（http://www.oi-safety.org/）就是由多个技术供应商建立，为推广负责任披露原则和实践的组织之一。

预测的变化，从而引发其他组件故障最终导致整个系统瘫痪。交互式的和／或紧耦合的技术系统最容易出现这类故障，Perrow 将其命名为“常态事故”或“系统事故”。Perrow 总结道：“无论传统的安全设备多么有效，发生事故是不可避免的。”

正如其他从业人士如 Venables (2004)、Mahtani (2004)，以及研究人员 Blakley 等人 (2001) 观察到的，信息安全风险环境非常复杂，并非所有的信息安全风险都是可以被准确识别或预测的。任何复杂的系统中，不确定因素都普遍存在。

风险评估涉及的潜在的错误、感觉和不确定因素是组织中管理信息安全风险常用方法和战略的关键限制因素。对众多的安全事故和自然灾害，从总体和个人角度来看，它们都造成了损失和负面后果。

大多数与 ALPHA 类似的组织，将不确定的风险问题作为灾难恢复或业务持续性管理的一部分来应对，正如在 *X-Y* 坐标轴视图中所显示的，它们是组织中高影响低概率风险的一部分。这导致了风险管理和事故恢复之间巨大的鸿沟，意味着需要重新思考 IRM、业务持续性、灾难恢复计划部门和组织，正如我们在 3.2.2.4 节所讨论的。因此，当看似较低的风险被利用并对业务造成大规模破坏时，风险管理人员往往感到吃惊（例如 SQL 蠕虫王和冲击波蠕虫事件）。

3.1.8 信息安全系统因果分析

因果分析提供了另一种方式来了解在特定的环境或系统中的系统性问题。图 3-5 所示为信息安全系统的因果关系视图[1] (Kang, 2005a)。这种经验性的观点未必是最完整的，但它抓住了信息安全系统及其相关属性的本质，这是十分值得讨论的。

虚线表示沿着箭头的方向产生负面影响。实线表示积极的影响。每个箭头起点和终点的加号（+）和减号（–）表示在系统中每个点处各自行为的增加和减少。例如，不良行为的增加（+）会导致脆弱系统数量上的增加（+），反之亦然；但教育活动的增加（+）将导致不良行为的减少（–），从而减少脆弱系统的数量。

1 这一分析的结果发表于香港信息安全协会出版的 *Journal of Professional Information Security Association* (PISA), *Hong Kong* (Kang, 2005a)。

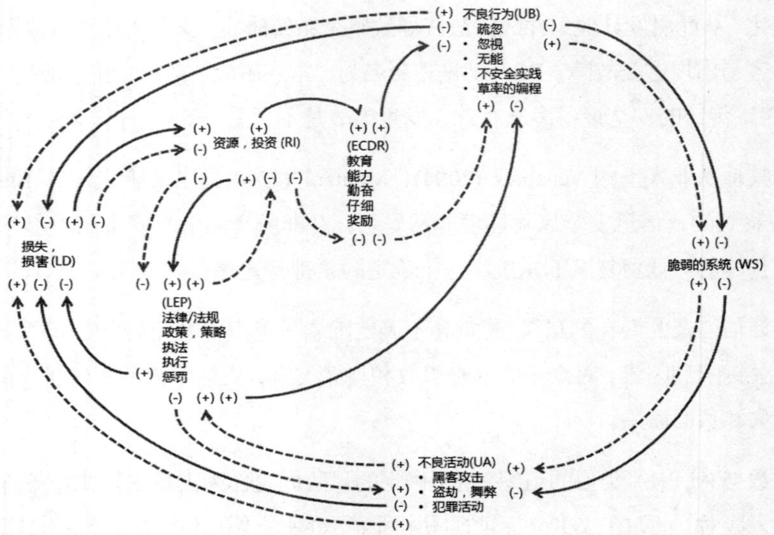

图 3-5 信息安全系统因果关系视图[1]

当我们审视信息系统安全和漏洞利用犯罪的历史时，“不良活动”（UA）问题在危害组织和个人的问题中是较为突出的。UA 问题的一个合理性解释是，脆弱系统[2]（WS）中存在黑客攻击、盗劫和舞弊，没有脆弱系统问题，就没有可被利用的目标。因此，保持信息系统安全是减少 UA 的根本。

我们可能会问，是什么导致了脆弱系统的存在？

脆弱系统的存在是由计算机系统设计、开发、实施、运行和使用过程中的一些“不良行为”（UB）导致的。当参与计算机系统整个生命周期的各方，从设计到清理，没有给予安全需求和保护足够的重视时，将最终导致脆弱系统的存在。不良行为的起因可以追溯到缺乏意识、教育、能力、勤奋、仔细和对良好表现的奖励（ECDR）。ECDR 行为及其影

1 虚线显示沿箭头方向上的不良影响。实线显示积极的影响。加号（+）和减号（–）在每一个箭头的开始和结束点显示系统中的各点的相应增加和减少。例如，不良行为增加（+）将导致脆弱系统数量的增加(+)，反之亦然；但教育活动的增加(+)将导致不良行为减少(–)，脆弱系统的数量将相应地有所减少。

2 脆弱系统指的是即使补丁可用也没有打补丁或安全配置不充分（例如，防火墙禁用、没有账户策略设置），存在安全漏洞的计算机系统容易受到攻击。脆弱系统，总的来说就是不安全的系统。

响往往是长期的，并且需要持续的资源投入（RI）来发展和维持。然而，组织往往看不到ECDR的好处，并且投入不足，直到损失和损害（LD）发生，影响了业务和／或声誉。例如，在2004年全球信息安全调查中，安永会计师事务所（Ernst &Young）报告道：

> 通过观察和访谈，我们发现有些组织没有采取合适的奖励机制。他们往往需要证据来确信通过改进信息安全来降低风险是值得投资的，因为难以衡量其价值，并且只有不发生安全事件才可体现其效益。因此，许多组织只投入必要的最低限度来进行保护。导致的结果是：网络上每一个人整体安全水平的降低(Ernst & Young, 2004)。

随着类似安然事件 (Holton, 2006b) 等安全事件的发生，一些监管机构（如美国证券交易委员会）和专业协会便加紧采用法律法规，如 Sarbanes-Oxley 法案 (M. H. Bazerman & M. D. Watkins, 2004)；政策和强制执法（LEP）来强制或鼓励对ECDR项目和实施活动进行投资，以减少甚至消除不良行为和脆弱系统。

大量的病毒和蠕虫攻击事件，如尼姆达病毒 (CERT/CC, 2001b)、红色代码 (CERT/CC, 2001c; Krebs, 2003)，给终端用户造成了严重的损失和损害，一些企业组织、政府部门和技术供应商也开始变得重视安全教育、能力和创新[1]。

UA的其他方面涉及法律法规是否到位，是否足以解决这些问题，执法部门从潜力和能力方面是否能够成功执行这些法律法规，施加的处罚是否足以震慑此类犯罪，发生这种不良活动在社会文化伦理背景下是否可以接受。其中任何一个环节的不足意味着在社会中UA将会被容忍或很大程度被忽略，从而导致更多的UA。因此，对政策和LEP倡议及其项目的投资是平衡信息安全系统的关键因素。

从系统的角度来看，不良活动的增加也会导致LD的增加。正如前面所说，这促使企业在信息安全上投入资源。同样，不良行为和不良活动的减少也会导致脆弱系统减少，这可能会导致更少的LD或消除LD。但是，这可能会导致不再需要投资的观点，从而导致减少对ECDR和LEP活动的投入，然后回到原点。

---

1 例如，微软可信计算计划（http://www.microsoft.com/twc/），它关注ECDR以减少UB，也投资LEP领域和其他行业的活动来帮助执法部门和政府减少UA。

如图 3-6 所示，通常大多数企业依据商业价值来考虑资源投入。增加投资导致商业价值增加通常是合理的，如果效果是负面的或不明显的，他们将会减少投资。

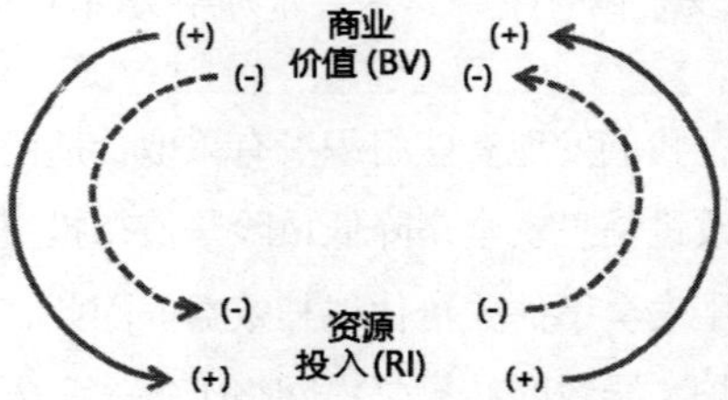

图 3-6　传统商业投资只关注产生商业价值的效果

没有遭遇严重安全事故或攻击的组织常常觉得自己是安全的，并认为问题并不严重，从而忽视可能影响商业价值的不良活动的存在。在当前的商业世界里，我们在很大程度上依赖对信息技术的信任，我们需要考虑内部和外部的不良活动及行为给组织带来的影响。因此，减少不良活动和不良行为（如图 3-7 所示）的资源投入，对实现积极的商业价值来说更加重要和必要。

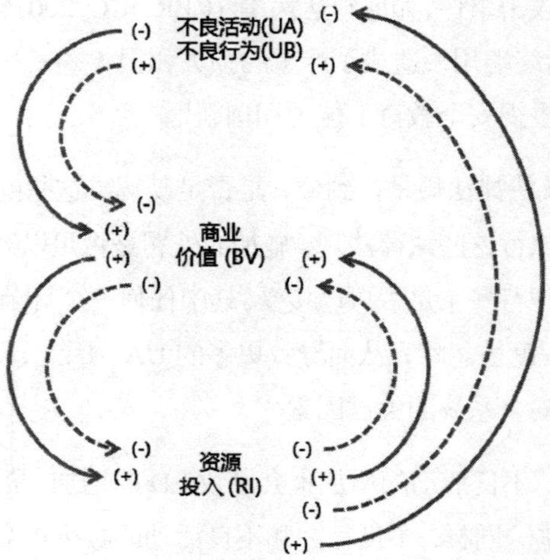

图 3-7　商业价值（BV）、资源投入（RI）和不良活动（UA）/ 行为（UB）之间关系的新系统视图

如果信息安全系统只能依靠自身来响应外部事件及其动态，随着时间的推移，将不会有充足的资源投入来维持减少或消除系统中不良行为和活动所需的积极举措和项目。

相比等待更多的损失和损害来促使（决策者）为 ECDR 和 LEP 增加资源投入，组织应该主动采取必要的措施来维持资源投入以保持系统平衡，使其按照良性（实线）循环运行，而不是恶性（虚线）循环。较少或没有损失和损害，即使不能增加 IT 商业价值，也可以维持 IT 商业价值，因为信息系统是安全的并得到了保护，并能够在性能、质量和可靠性方面最大程度地满足业务需求。通过保持对 ECDR 和 LEP 资源投入的健康水平，信息安全系统会在一种平衡的状态下运行，使攻击风险得到管理。

虽然意识到这种因果系统的存在是非常重要的，但是仅仅意识到不足以推动信息风险管理需求立即被纳入利益相关者的议程。组织需要更具战略性的方法来建立基准，以提供健康的资源水平来维持 ECDR 和 LEP 相关的活动。

3.1.9 问题和困境总结

可以用 Flood (1999) 的四窗式系统视图总结 ALPHA 组织的实践，以及从其他 30 个业内专业人士处学到的在信息风险管理实践中遇到的问题和困境，如表 3-1 所示。

表 3-1 在 ALPHA 组织中初始行动实践研究周期阶段的信息风险管理状况的四窗式系统图 (Flood, 1999)

处理过程体系（效率&可靠性）	组织结构体系（有效性）
• 为响应审计和合规性问题而设计的处理过程（预审计检查形式），基于 IT 管制策略，而不是基于健全的信息安全或风险管理原则 • 无法检测新兴的风险问题 • 无法响应风险环境中的变化，包括危急的安全事件及其导致的事故	• 涉及 IRM 组织结构、角色、职责、资金分配及地理位置等问题 • 分散的组织结构，一些 IRM 成员持续向企业 IT／运营部门汇报，其他成员直接从 IT 服务部门接收指令 • 地理（位置）要求没有得到一致的满足 • IRM 角色、职责，以及价值贡献的混乱 • IRM 团队内部沟通不畅，很少进行知识学习和共享
价值体系（意义）	**知识-权力体系（公平性）**
• 信息风险问题的权威性和所有权不清晰 • 被多个利益相关者施压的 IRM 关注合规性以体现其价值贡献 • 被动地应付审计和合规性问题 • IRM 成员很少学习信息风险领域的相关知识 •（IRM 成员）工作保障的顾虑对 IRM 业务管理人员的行为需求造成了影响，使得他们的行为以提升合规性而不是管理信息风险为目标	• 管理受审计员、业务职能部门及全球高层管理部门影响，而不受 IRM 影响 • IRM 采取的行动是问题驱动的，如果未得到管理，将陷入因果关系流中（如 3.1.8 节所述）

这些发现再次证实了当前文献中识别的信息风险管理问题，如第 2 章所述，更进一步证明了我们面临的困境，如存在多个利益相关者，多个不符合规定和内部 IT 管制策略的实施过程，以及 IRM 和知识域中各种利益相关者的无能。这些发现揭示了当前正被实施的信息风险管理模型中存在的两大主要不足。

不足之一是缺乏对信息安全系统所涉及的个人和团队的系统性思考，基于合规性需求采取行动，没有为响应事件做好充分准备。另一个不足是缺乏对当前所应用的风险评估方法的基本假设和潜在错误的考虑，即需要考虑风险评估中的未识别风险和错误，以及业务、技术和整个风险环境的变化。

为了响应从初始行动实践研究周期和相关文献回顾中发现的研究问题和调查结果，通过制定和测试所发现的这两个方面的两种方案，我们对研究的设计方案进行了修订。

第一种方案意味着制定和测试一种“社会-技术”方法，经过对两种组织结构的研究来响应在上述组织方面识别出的问题和困境，关注已识别的“软”问题。3.2 节将介绍并讨论在研究中实施的两种社会-技术方法的模型，其中包括完成测试后的成果，通过分析得到的主要发现、解释和理解。

第二种方案关注于响应风险环境变化这一观点。在此过程中压电原则开始露面，接着被作为制定和测试该方案的象征和模型。第 4 章将讨论该方案及相关研究的发现和理解。

3.2 社会-技术方法

社会-技术方法是通过采用社会科学和系统思维方法理解个人和组织的行为，并制定计划和行动方案来处理从已有知识中识别出的关键属性。在这个研究阶段，我们利用社会-技术模型改进 IRM 系统及其实践方法。我们建立了两个子模型，称为模型 A 和模型 B，分别在三个行动实践研究周期中实施以测试变化在解决前面所讨论的问题和困境时的有效性和适用性。模型 A 方法建立了新的结构、运营模式，以及一个全面的程序，从当前的做法演化而来，结合必要的社会-技术因素解决所关注的问题。模型 B 方法在组织结构和运营模式方面不同于模型 A，保持了原有 IRM 项目的设计模式。模型 B 可视为一个衍生的模型。这个方法的建立和执行源于组织自身的变化，同时符合研究的需求。这种环境推动的研究变化是不可避免的，也是一个已知的副作用，因为行动实践研究方法必须在工作环境中进行，其环境被当作研究环境的一部分。

在这两种模型方法中，前面章节突出的 IRM 问题和困境形成了所制定模型的设计和测试的基础。这包括解决利益相关者之间识别出的“行动理论”问题。

3.2.1 模型 A 方法

在 ALPHA 组织中用于管理信息安全风险的模型 A 方法在两个实践行动研究周期中实施并测试[1]，作为此项调查研究的延续，我们使用行动实践研究的迭代特性逐步改善所制定的方案。该模型在技术方面包括以下三个主要组成部分。

（1）IRM 组织结构采用集中式的资源成本模型，并受包括 IT 服务在内的各种业务线资助。

（2）角色和职责清晰的 IRM 运营模式。

（3）一个 IRM 项目，包含了：

a. 用于识别关键业务和 IT 系统的子系统，以满足持续风险审查的需求；

b. 对业务应用程序和 IT 基础设施系统进行风险审查的子系统；

c. 进行绩效衡量和管理汇报的支持记分卡的系统；

d. 为各利益相关者和安全风险问题所有者制定并实施的一系列补救行动程序；

e. 一个改进的信息风险意识项目，能够更广泛地跟踪参与行为和所关注的话题，以满足不同利益相关者群体中工作人员的意识需求；

f. 提供给信息风险管理人员的学习集，使其基于所学知识在实践中探究，然后分享他们的学习经历。

社会方面从系统思考的角度关注个人和团队，运用社会科学方法提高对他们的需要和动机的理解，并影响其接受，从而使其行为与 IRM 和 IRM 项目的目标一致。

1 参见附录 A 中的图 A-2。

通过对模型 A 方法实施的学习、分析和解释，这项研究工作在这个阶段形成了“五层行动策略”模型公式。同时，以一种社会科学方法增强了 IRM 系统，被称为 SECD4 系统模型。

3.2.1.1 解决 IRM、业务和 IT 管理人员行动理论存在的问题

从系统思考的角度来看，IRM 成员和业务／IT 管理人员的实用理论反映出“转移负担”的系统原型结构(Senge, 1990, 2006)。如图 3-8 所示，在业务和 IT 运营过程中的正常实践环境都是依据组织中的 IT 管制策略和标准进行风险管制的。企业用户和 IT 系统都必须落实和实践这些管制措施。

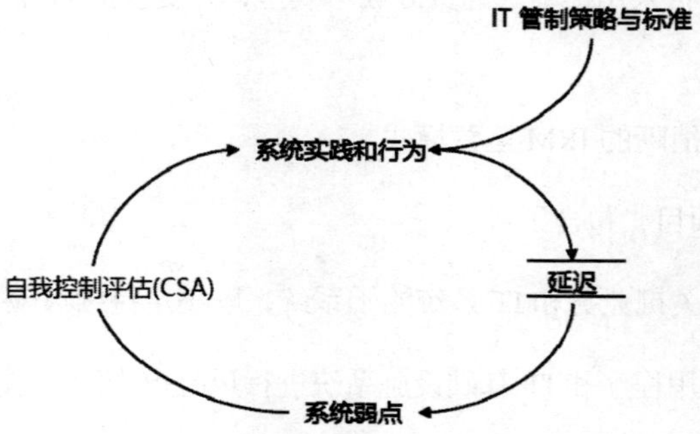

图 3-8 采用 CSA 的信息风险实践

然而，业务和 IT 系统中的安全弱点并没有被立即发现，如图 3-8 中的“延迟”因素所示。CSA 过程被当作检测系统弱点并制定其解决方案行动计划的一种措施。在操作风险管理人员所信奉的理论中，应该改善系统实践和行为，从而生成更好的风险管理环境。

如图 3-9 所示，审计人员作为独立的第三方，周期性地测试系统是否健全。如果检测到不适当的行为或安全问题，所涉及的业务将获得较差的审计评级，从而被处罚，增加其操作风险资本。这往往导致冻结薪资，削减成本，和／或解雇涉及安全问题的工作人员。因此，业务和 IT 管理人员被提醒做出响应。

进行预审计来应对审计挑战的“实用理论”是一种病态响应。这是有问题的。如图

3-10 所示，加上新引入的（主要是被动的）管制措施，以及风险接受[1]过程的广泛应用，形成了一种平衡的审计检查循环。没有采取行动来加强对根本问题的响应以平衡审计检查循环。这种方法的副作用呈现并不明显，直到该结构被重新绘制，如图 3-11 所示。

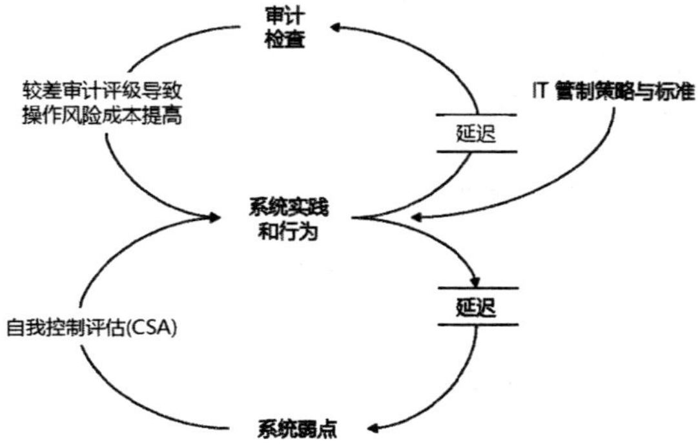

图 3-9 审计检查以确保恰当的系统实践和行为

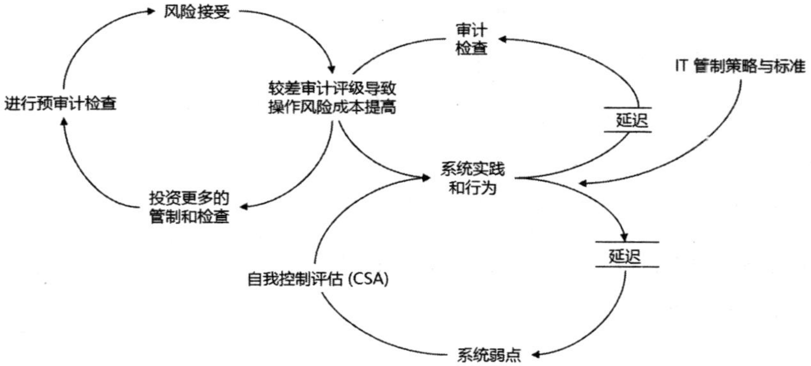

图 3-10 对审计干预的征候响应措施

1 风险接受，在 ALPHA 中称为 RA，是指在特定条件下，将 IT 控制策略正式录档以让信息所有者接受已识别风险的过程。条件包括要求对所涉及的风险正式记录，并且为降低风险的成本和资源被评估得过高。此外，它需要控制补偿程序（使用手动方法）实现，以减少暴露于所涉及的风险的可能性。然而在实践中发现，RA 经常被滥用于绕过太费时或难以施行的安全控制措施。例如，在一个事件中，对应用程序访问数据库系统之前需要的一个通用标识的请求都预先提交了 RA 申请表格，使发行人（来自 IT 部门）可直接发行该通用标识，无须验证请求的必要性。这显然是 RA 程序的滥用。随后一个子项目启动，杜绝了这种做法。

预审计检查和接受风险活动形成了所述的“转移负担”格局(Senge, 1990, pp. 104-113)。该格局的长期潜在影响将导致自我满足增多和 IT 管制策略退化，如图 3-11 所示。审计人员发现的人为自我满足、不遵守既定程序、执行管制程序时忽略关键步骤等众多审计问题可以证明这一点。

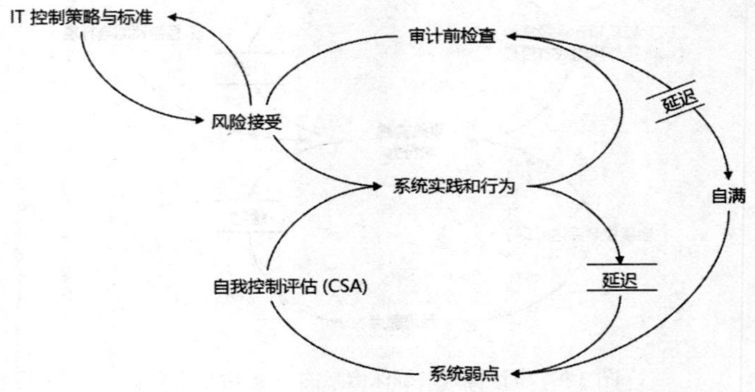

图 3-11 征候响应措施强制实施的“转移负担”格局

在采用接受风险的过程中，很多难以实施或遵守的管制措施都被“接受风险”了，因此无法应用于现实中。通过预审计的检查，业务和 IT 用户等待检查结果以识别问题并及时处理，仅仅为了满足审计人员的检查日程。当审计检查结束后，他们又恢复以前的做法。在 IRM 检查报告中发现很多重复性问题可以证明这一点。

为了对系统做出积极的改变，Senge 建议：“用杠杆原理观察结构中何处行动和变化可以导致显著的、持久的改善。”

> 通常情况下，杠杆原理遵循如下经济原则：最好的结果不是来自大规模的工作，而是来自小的重点关注的行动。我们非系统性的思维方式之所以具有如此大的损害，是因为它们始终带领我们专注于低杠杆率的变化：我们关注压力最大的症状，修复或改善这些症状。但是，这些努力充其量只能使情况在短期内变得更好，从长远来看情况会变得更差(Senge, 1990, p. 114)。

从系统性思考的角度来看，IRM 项目通过在系统中引入两个关键过程——提升风险意识和进行持续性风险检查——增强必要的响应行动以应对审计挑战，如图 3-12 所示。

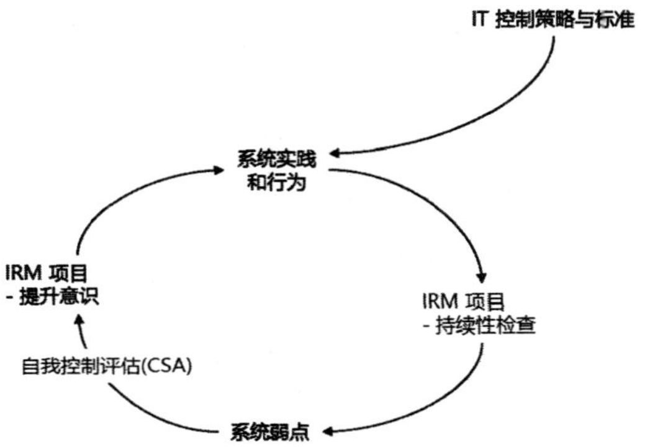

图 3-12　利用 IRM 项目强制实施基本响应措施

因此，分析表明从系统性角度看 IRM 项目是有意义的，分析结果能够帮助我们进一步理解新方法和之前实践之间的差异[1]。

3.2.1.2　解决审计人员行动理论存在的问题

由审计人员执行的行动理论，从其对信息风险管理含义的解释就可以看出。与大多数从业人员表达的“没有完美安全”观点一致，他们认为采用基于风险的方法来管理信息安全风险是必要的。然而，当安全问题被识别出时，找不到提供可用工具或步骤的解决方案[2]，并且做出决断要求进行基于风险的决策，审计人员往往不愿意接受它。这种情况在很多场合下都发生过，风险若想被接受必须经过一个漫长过程和严格的考核，并采用大量低效率又无效果的人工程序，强制实施“补偿管制措施”。

引用 Checkland (1981) 的观点，Jackson 在反思软系统方法论的哲学观点时，也强调了“硬”系统范式：

1　本分析和一系列系统图表也被用来作为一组说明 IRM 项目对利益相关者的好处的工具的一部分。

2　这种控制问题的例子包括遗留（过时的）应用系统不符合 IT 控制策略所需的安全设置，如不符合最小密码长度。为了合规性，要么对遗留应用程序进行替换，要么开发定制的安全系统。这两个选项从商业的角度来看都是昂贵和不合理的。因此，这样的问题，需要做一个风险决策。

> “硬”方法假设世界包含的系统性能可以通过以下系统性步骤得以优化。这些步骤包括建立明确的目标，然后使用可归纳的模型，基于系统逻辑预测和控制现实世界中关心的系统，从而以最高的效率和最好的效果实现目标。不幸的是，用硬系统思维来考量组织中所发生的事件时，与历史、文化和政策形势相比，逻辑通常显得不那么重要 (M. C. Jackson, 2003, p. 185)。

与此相反，Checkland 和 Holwell 指出软系统范式“提倡采取更全面的视角，并采取更合理的方法来调查”。

> 组织被视为社会性过程的核心，实质上这是一个交流的过程，在此过程中通过特定的方式解释世界，使共同的行动合法化，并建立共同的规范和标准 (Checkland & Holwell, 1998, p. 71)。

审计人员的实用理论仅仅寻求缓解措施，而不是面对所涉及的实际风险，这进一步表明他们把信息安全视为一个“硬”问题，即认为只要有一个人们遵循的过程，就有该问题的解决方案。因此，如果没有技术上的解决方案，就一定有一个过程化的解决方案来补偿或者解决该问题。该问题“软”的方面被忽视了。这与我的主张——通过 2.7 节中文献回顾总结出来的信息安全是一个“软”问题——相矛盾。导致这一矛盾的原因可能有以下几个。

- 一般情况下，组织中的系统是基于经典方法的，这些方法主要是硬系统范式。因此，援引 March 和 Simon (1958) 的观点，Checkland 和 Holwell (1998, p. 45) 强调在这样的组织中人们将遵循这样的做法，将“问题”视为“绩效和目标之间的差距”，并把“解决问题”当作找到合适的方式缩小差距的目标，而该目标是已知的。
- 信息风险从业人员普遍缺乏对信息风险问题的“硬”与“软”两方面概念的认识和理解。
- “软”问题是社会性问题，在问题解决之前往往需要社会信任。在这种情况下，要求审计人员相信企业用户和 IT 人员能够在实践中遵守既定的政策和程序。这本质上和他们的角色相对立，因为他们的角色就是为了验证实践中的做法是不是到位的。

正如 Fukuyama (1995) 所说，个人或团队信任另一个人的程度也存在文化偏见。在一个包括来自不同文化背景和成长经历的人员的组织中，信任人们去解决风险问题可能被视为一种挑战。缺乏信任可能是审计人员已经面临的一种情形，因为他们不是被审计业务部门的一部分，与所涉及的个人和团队并没有许多共同的文化准则。

Fukuyama (1995, p. 26) 进一步补充说“信任源于对正规、诚实、合作群体的期望，基于普遍一致的准则，并基于该群体的其他成员”。一个商业组织，在本质上可以被视为一个具有共同利益（实现商业目标）的群体，共同遵守普遍一致的准则。举例来说，相信公司的愿景和使命，践行既定的核心价值观。在这方面，从理论的角度来看，假设这些核心价值观、共同的愿景和使命可以成为既定的准则，组织能够招聘到诚实的人员，在商业组织内部倡导信任并非完全遥不可及。然而，这在每个组织中的实现程度是主观的。结果往往是不可预测的，因为在个体之间、个体与群体之间、个体与组织之间的许多外部和内部的变化和关系是非常复杂的。

虽然通过提升个体承诺构建组织中个体和群体之间的信任可能提高业务效率，并改进信息安全实践，但监管部门认为这样的做法是不可接受的。在与监管机构的高级监管人员召开的一次会议中，监管人员最大的顾虑之一是内部威胁：

> 内部威胁是金融组织面临的最大威胁。如果内部人员能够获得客户的敏感信息，并在外部非法使用这些信息，他们可能会给组织带来巨大的损失。此外，这也可能影响该国家经济和金融市场的信心。[1]

从风险的角度来看，监管人员所强调的实际上是对攻击影响和后果的担忧。存在其他的攻击可能会导致组织试图避免的类似结果。只要攻击者能够找到一个可利用的弱点，不论是内部人员还是外部人员，都能达到其想要的结果。这种结果的风险需要从多个角度、结合风险本身的组成进行评估。攻击者的性格或个人情况仅仅是诸多评估方面之一。其他因素，例如所涉及系统的正常运作情况，所给予的保护措施，行使监测的严格性和有效的响应系统，在预防、检测和最小化攻击的破坏等各个方面都有可能发挥作用。

1　引自新加坡金融管理局（MAS）简报（2002 年 2 月 8 日）。

即便在完全受控的环境中，也无法保证没有内部人员攻击发生。如 Mitnick 和 Simon (2005)、Mitnick 等人 (2002) 提到的，以及 Richmond (2011) 所描述的数据失窃事件，人们往往成为社会工程攻击的牺牲品。外部攻击也随着网络和系统连接的增加而不断增加。同样，高度信任的社会必然导致更多的内部犯罪的假设并没有得到证明。相反，Fukuyama (1995, p. 310) 发现，“社会信任度的下降会明显影响法律的两个方面——暴力犯罪和民事诉讼增加。”

> 信任和社交能力的下降明显影响到美国社会中的一些数字变化：暴力犯罪和民事诉讼增加，家庭结构破裂，社区、教会、工会、俱乐部和慈善机构等大范围的社会媒介结构衰落，美国人普遍认为与周围人缺乏共同的价值观和归属群体 (Fukuyama, 1995, pp. 10-11)。

因此，采取行动来提升组织中的社会信任是减少安全攻击并降低可能来自组织内部信息风险的重要步骤。进一步看，为了实现提升利益相关者和 IRM 之间的社会信任这一目标，有必要在 IRM 项目中结合社会科学和系统思维的方法，改进组织中的信息风险管理。

这两组利益相关者群体所信奉的行动理论和实用理论之间存在差异，这进一步支持了这一推断：组织中有可能存在“学习障碍” (Argyris & Schon, 1991a; Senge, 1990, pp. 17-26) 问题，存在问题的也包括 IRM 工作人员，如前面 3.1.6 节所指出的。更新的 IRM 项目中，重点关注提升社会交互，包括与审计人员不断进行对话，因此这有助于提高他们对信息安全风险“软”的方面的认识和理解。

3.2.1.3 能力和信任

要把当前面对的问题解决好，需要注意两个方面的能力：直接针对行动策略的 IRM 能力和利益相关者职能领域的工作人员的能力。

据 Denning 所说，从信任的角度来看能力很重要：

> 信任是我们对别人及别人对我们所做出的重要评价。如果别人信任我们，我们将大有作为。如果别人不信任我们，我们将一事无成 (P. J. Denning, 2003)。

如何建立IRM与业务线工作人员及IT服务部门工作人员之间的信任呢？采取行动来提升组织中的社会信任是减少安全攻击及降低来自组织内部的信息风险可能性的重要步骤。若要奠定并树立信任，Denning 建议从说与做的角度来解释信任：

> 信任是对实际将要实现的结果和有可能不会达到结果的风险接受的信心的评估。信任是一种情感技能，使我们的意图和准备采取行动的感觉保持一致 (P. J. Denning, 2003)。

呼吁信任的情感因素似乎是一个可行的方法，用于得到利益相关者和相关工作人员的承诺并刺激其采取更积极的行动。这应该包括阐明他们不采取行动或对可能影响到组织信息风险的行动执行不力将带来的后果，而不仅仅是关注审计评级。然而，这种方法要求IRM 成员在一对一的基础上，与利益相关者进行沟通，以便在各自的领域中审查和解决安全风险问题。Denning 认为：

> 我们对别人承诺的信任是基于对其胜任力、诚信和能力的评估。胜任力是指人有具体的技能来实现其承诺。诚信意味着人的内心和所表达的意图是一致的。能力是指人有足够的时间、资源和有利形势来取得成功。我们不会信任那些我们认为不具备胜任能力、表里不一或缺乏能力的人。我们不会信任不信守承诺的人。仅仅知道这些就能帮助我们塑造我们的行为，使我们被视为值得信任的人 (P. J. Denning, 2003)。

将这个观点联系到IRM 成员的胜任能力上，IRM 的胜任能力是获得利益相关部门工作人员信任和承诺的一个关键因素。Denning 说道：

> “具体化”是指融入“身体中”的知识，当情况出现时能够立即采取行动应对。这种形式的知识不同于理论知识，理论知识是“在头脑中的”，随时准备为客户提供解释或说明。本能化的能力包括对世界的诠释，能够使专业人员不用思考就立即“洞察”当下需要什么，以及采取什么行动。
>
> 对许多人来说，将身体融入学习中的概念是陌生的。大部分技术依赖于困难的智力抽象。掌握它们似乎是先进教育的关键。在现实生活中，我们直接理

解了理论知识和本能知识之间的区别。我们会选择已经镶了 100 颗牙齿的牙医，已经进行了 1000 次手术的医生，或者已经经历了 10000 次飞行的飞行员 (P. J. Denning, 2002)。

同样，我们愿意招聘这样的信息风险管理人员：具有对不同环境下不同类型信息系统进行风险评估的经验，曾经管理过防火墙网络，或之前在相似的环境下从事过安全管理工作。但是 IRM 人员需要时间来获得经验和本能知识。同样，业务线上的工作人员也需要时间和实践来养成良好的风险意识，并在各自领域中管理风险。ALPHA 组织采纳的做法，也是其他组织通常采纳的做法，是将胜任力需求作为 IRM 工作人员个人职位描述中的一个标准。

正如 Stewart Hase 和 Boon-HouTay 提到的，"标准对我们如何考虑质量、选拔、晋升、绩效考核、培训和项目管理问题产生了深远的影响"：

> 标准似乎表明了对绩效表现的线性思维。如果一个人、一个团队或一个组织能够有一次达到了某一绩效水平，就可以再次做到这一点。不论这是在什么情况下发生的，结果都是可预知的（Hase & Tay, 2004）。

正如本研究开始时进行的研究周期中所经历的，IRM 成员工作所处的组织环境在本质上是复杂的。

> 鉴于复杂性理论的主张，胜任力的提升是应对合理线性系统的最低标准。但是，我们需要有能力的人员去应对复杂环境的不可预测性。我们还需要考虑如何开发工作环境来促使有能力的人表现出其能力 (Hase & Tay, 2004)。

因此，使用基于标准的方法来奠定和树立 IRM 成员和其构成部门的胜任力，效果有限。

> 我们感兴趣的是如何超越这种能力的基线，如何做好充分准备，从而在新的、复杂的而非熟悉的环境下采用这些标准并发挥胜任力。

我们认为重点在于组织中的过程，而不是结果。

这其中的困难是克服我们似乎必须衡量和预测事物的需求。我们无法预测比创造力更高级的能力，如潜能。我们获得的是成为一名画家的技能和知识，而“艺术作品”是另外一回事儿。

我们面临的挑战是在面对之前没预测到的新问题时，如何落实已制定的过程来为决策创造最佳的条件。这可以说是能力素质的目的，而不是以能力素质为目的。记录该过程以使我们可以从中学习借鉴是我们可以期望的最好的事情 (Hase & Tay, 2004)。

通过评估 Dick (1997a, 2000, 2001)、Davis 和 Hase (1999)、Flood (1999)、Revans (1980, 1982, 1998) 及 Tay (2003) 的研究结果，Tay 和 Hase (2004) 发现行动实践学习和行动实践研究适用于在复杂环境中实现对胜任力的追求。

在另一项研究中，Denning 评论了说与做的哲学，并且强调了对语言与胜任力和可信度之间关系的理解是多么重要。

我们都希望能够完成我们计划要做的事情。随着时间的推移，我们的成就构成了我们的经验基础，并使得我们能够提升到胜任力的更高阶段。我们越能够胜任，就越能取得更大的成就。

说与做的哲学揭示了没有承诺就无所成就的真相。承诺是语言上的行为。我们越懂得语言行为在协作、可能性实现及探索发现中所起的作用，就越能够组织自身来实现我们的目标。大多数人都通过新的有效行动更具胜任力并更值得信任。相对于其他缺乏这种认识的人，他们获得了竞争性优势。

说与做的观点阐明了专业人士感兴趣的许多其他现象，例如创新的意义及如何实现创新的意义，研究的意义及其与创新的关系，权力及其对行动的影响，企业家精神，设计，以及（尤其是对计算机专业人士来说）信息 (P. J. Denning, 2003)。

在这方面，为 IRM 工作人员举办行动实践学习会议是一个合适的步骤，导入了一个共享知识和学习的过程。本研究开始时，组织中开始实现 IRM 项目的正规化，并进一步提供了用于提升 IRM 胜任力的环境。

在业务线上的利益相关者这一方，大多数情况下，作为工作的一部分，工作人员都致力于做好本职工作以确保制定、实施和/或提供充分的安全控制措施。然而，他们往往缺乏胜任力来做到这一点，也缺乏能力履行自己的承诺。因此，有必要进行投资来培训人员和创造有利于获得胜任力的环境。

3.2.1.4 五层行动导图（FLAM）

反思在 ALPHA 组织中实施模型 A 方法的两个行动实践研究周期的结果，用于信息风险管理系统的战略行动导图成为该研究的一个初始成果。

FLAM，正如其名字所显示的，包括五个层次的可能行动战略。前三个层次构成了一种层次结构，而第四个和第五个层次存在于前三个层次中，并且相互关联，如图 3-13 所示。

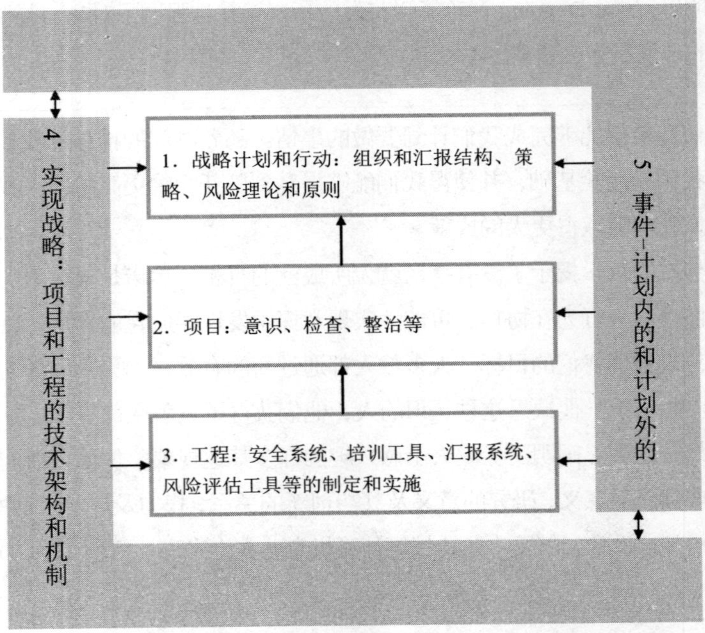

图 3-13　初始的信息安全风险管理系统五层行动导图

（1）战略或管理层次。在该层次中应该设计并制定组织和汇报的结构、角色和职责、政策、风险理念，以及实践原则。

（2）项目层次。在该层次中应该以信息安全风险管理的长期目标为导向，确定并设计一系列项目来解决当前的问题。

（3）工程层次。在该层次中每个项目可能包含一个或多个工程，例如所有权分配、资源配置、日程表确定及任务实施，以使得项目最终运作，并成为组织系统的一部分。

（4）技术和过程／工作流层次。在该层次中以工程的形式确定、设计并实施技术基础设施、组成部件，以及相关的过程和工作流，以作为项目的一部分。

（5）事件层次。在该层次中可以项目式地或者根据发生情况做出某种形式的组织准备工作来处理计划内和计划外（例如紧急突发事件）的事件，这些事情可以是项目的一部分，也可以是项目之外的。将事件层次包括进这个行动导图的想法是从 SNMP 和 SPAM 事件得到的启发，如 3.1.6 节和 3.1.7 节所讨论的。

每个层次的行动策略需要有一套自己的计划［人员胜任力、时效性（或时间表和进度）、过程和技术支持］，以确保能够实现其目标及以上层级的全部目标。

对图 3-13 所示的行动图应用的分析，进一步表明在技术和过程层次与事件层次之间存在内在关联或相互影响，反之亦然。换句话说，作为项目一部分被实现的技术基础设施和过程要么支持，要么阻碍对事件的响应和管理。本质上，第二个研究问题表明作为战略或项目的一部分需要满足（事件的）这种要求，因为事件实际上就是影响风险环境的那些变化。

3.2.1.5 结合信息安全风险管理系统的社会与技术方法

社会-技术方法的另一个结果是将信息安全风险管理系统合理地融入了一个集成的过程中，如图 3-14 所示。该系统集成了已制定的方案，可以使用合并之前各组织部门中现有的工具和流程，以及全球 IRM 团队所实施的衡量系统。

图 3-14 所示的信息风险管理系统和之前所用方法（如图 3-3 所示）之间的主要区别在于将关键的利益相关者列为该系统的一部分。他们是信息所有者、业务线应用程序开发团队、IT 服务提供者及各种管理层理事会和委员会的成员。该图的顶部描述了用于信息

风险管理的宏观处理过程。该系统开始是信息安全风险评估[1]（ISRA）过程，接下来是风险检查、记分卡更新、制定和履行整治计划。周期中重复进行更多的定期审查，回访 ISRA 过程本身以确保对单个应用程序的早期评估仍然有效，否则做出相应的更新。

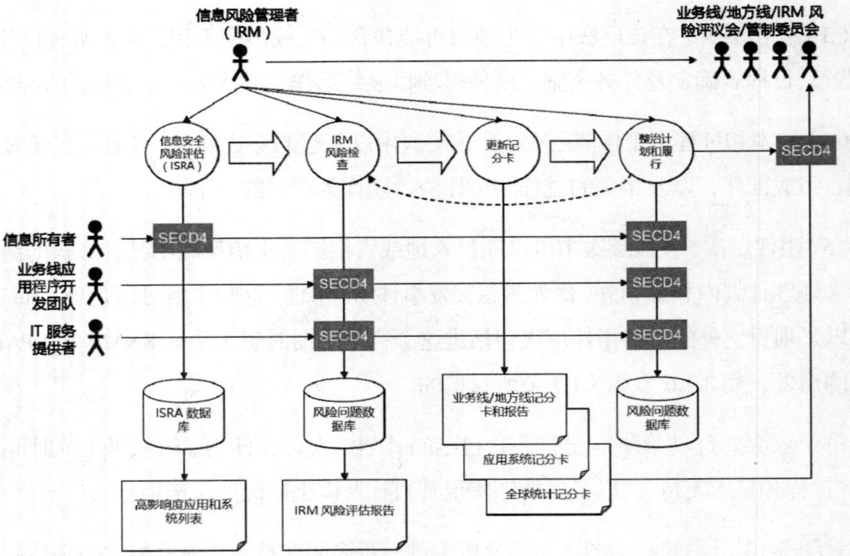

图 3-14　包括利益相关者参与的信息风险管理系统

图 3-14 中的矩形框表示涉及各自利益相关者和 IRM 的活动。这些矩形框是社会和技术活动的结合点，要求 IRM 利用社会学知识、工具和技能了解和解决利益相关者的担忧和待办事项，并对他们的风险接受提供支持以实现每个阶段期望的结果。采用的技术包括利益相关者分析（S）、参与和立约（E）、聚焦访谈（C）、辩证的数据分析（D），以及 Flood 的四窗式系统视图（4），这些技术被认为可以有效地解决信息安全风险管理系统流程中的“软”问题和需求。这些技术在矩形框中被标记为“SECD4”。

SECD4 社会-技术过程先于面向 IRM 风险理事会、LOB、技术管制理事会（TCC）及 LOC 的各种记分卡和汇报，已成为该系统的一部分。SECD4 将记分卡和汇报同这些理事会 / 委员会中的单个利益相关者联系起来，以在实际会议之前最大限度地达成接受 / 协议，

1　ISRA 过程被记录为 ALPHA 的 IT 控制策略要求的一部分，它涉及信息资产识别（包括应用程序系统）、企业所有人、资产分类，以及对那些潜在威胁和影响的高层次评估。

并最大限度地减少给所有被涉及的利益相关者带来的意外。

在 2.8 节的文献回顾中，其中一个命题认为：

> 社会和技术共同实现了信息安全风险管理的预期结果。每一个方面的特有性质都必须被考虑到，否则将导致它们之间的矛盾，也无法实现它们之间的互补性。

如图 3-14 所示，对信息安全风险管理系统的分析表明社会-技术集成方案是可行的，也是必要的，以了解并解决整个系统生命周期过程中所涉及利益相关者的担忧和需求。正如 Drucker 管理非营利组织时宣称的：

> 我很快认识到，（成功的高管）开始时便定义了非营利组织希望为社会和人类带来根本性的改变；然后他们将目标定位到每个组织支持者的担忧上 (Drucker, 1990, p. 111)。

IRM 的使命和目标是“根本性改变”的一部分。IRM 系统中的社会-技术集成方案对利益相关者的接受、承诺、支持和满意的需求，都与后者息息相关，即解决“每个组织支持者的担忧”。

3.2.1.6 沟通信息安全风险状况

图 3-14 所示的模型 A 方法包含了更新的 IRM 系统，研究模型 A 方法的实施可以发现系统中关键要素之一是 IRM 记分卡[1]——一种确定每个业务线和地域 IRM 绩效表现的工具。聚合每个业务线的记分卡，可以提供更高层次的组织单位视图来了解信息风险控制状况，包括区域性和全球性的跨业务线、跨地域实施状况。

我们在 ALPHA 组织东京办事处的 3 个月，使用记分卡作为与风险管制方案相关的绩

1 IRM 记分卡是一种二维表，*X* 轴列出所有 IT 控制策略规定所需的控制，*Y* 轴列出组织（ALPHA）的业务线和核心基础设施系统组件。表中的每个单元格反映业务线单位或基础设施组件执行情况与所需的控制，每一个都显示绿色（完全合规）、琥珀色（部分合规）或红色（不合规）。

效衡量关键点，成功地将高风险（红色）问题的数量从12个减少至3个。这表明，利益相关者已经开始关注记分卡上的突出问题，以及在LOC中呈现出的问题。

然而，记分卡只能捕获与IT管制策略实施和合规性相关的问题。从风险的角度来看，管制措施（IT 管制策略所规定的）只能反映策略正规化过程中被评估的风险，而不是那些随后出现的风险。特别是，随着IT和运营环境不断变化，如越来越多地使用支持互联网的应用，使用IT外包和离岸业务运营提高效率或降低成本，新的风险会出现。新的安全问题，包括那些CIRT职能部门发布的安全公告所报道的问题，都无法被记分卡捕捉到。

从管理的角度来看，控制（control）与管制（controls）之间存在差异。Drucker解释道：

> 在社会组织的字典中，“controls”一词不是“control”的复数形式。更多的管制不一定要给予更多的控制，在社会组织的语境中，这两个单词具有完全不同的含义。管制的同义词是衡量和信息，而控制的同义词是导向。管制涉及方式，而控制关乎结果。管制应对的是事实问题，即过去的事件，而控制应对的是预期，即未来。管制是分析性的，关注的是过去和现在是什么。控制是规范性的，关注的是理应是什么 (Drucker, 1973, p. 494)。

这意味着，组织的 IT 控制策略正在从根本上制定该组织期望实现的最终安全状态——控制的愿景。然而，策略是静态的，但所涉及的环境是不断变化的——动态的。因此，策略中公布的控制愿景被限定在已知风险的环境中，只能包含在其规划时已知的风险，无法包括新的或未知的风险。

鉴于记分卡能够捕获IT控制策略的实施和合规状况，记分卡也可以衡量已知风险环境中已实现的管制状态（琥珀色和绿色的条目）或没实现的管制状态（红色的条目）。换句话说，从信息风险管理的角度来看，记分卡将不提供所期望的控制，因为控制需要应对已知和未知的问题（包括新出现的风险问题），虽然它能有效地让利益相关者关注到关键的已知风险问题。

一项安全管制，如事件响应过程，可能已经实施，因此在记分卡上将被标记为绿色等级。然而，当业务线和IT服务部门面临一个新发现漏洞导致的攻击时，安全补丁还无法使用，或解决方案（即战术上的安全管制）还没有确定下来，就可能无法对实际的安全事件做出响应。这种问题此前在组织中出现过（如 SNMP 漏洞和 SPAM 事件），但不能被记分卡捕获。由于记分卡只能衡量政策中预先制定的管制措施，对新问题无能为力，因此无法响应变化，也不能反映组织面临的实际风险状况。

虽然记分卡对业务线利益相关者支持 IRM 项目有积极影响，但是其以内容合规性为导向也引发了新的问题。一些利益相关者更关心与其他业务线的颜色（等级）对比，尤其是 IT 服务部门，而不关注潜在的问题。这导致注意力分散，有时会影响记分结果及整个流程的效率。如果记分受到影响，最终的补救计划和行动战略也会受到影响。（这可能导致：制定出不完善的补救规划和行动战略，因为利益相关者的个人干预，同时 IRM 工作人员缺乏确保记分卡上的记分准确客观的自信，从而遗留下了被绕过的潜在问题。）

如果在记分卡结果上实现了一致的改善，如东京办公室使用记分卡进行绩效管理的案例，IRM 成员对实现这些改善起到了积极的作用，反映在记分卡上的业务风险状况的结果将表明 IRM 所做的贡献。

当记分卡显示绩效下滑时（有更多红色和琥珀色的问题），问题就出现了。IRM 会是承担记分卡结果显示较差绩效这一责任的利益相关者之一吗？在确定因果关系之前或许需要进行更多的评估，因为有许多可能性会导致风险状况变差：

（1）如果 IRM 成员建议的解决方案是无效的，那么 IRM 确实应该负责。

（2）如果 IRM 成员建议的解决方案是有效的，但是业务中的终端用户错误地实施对结果产生了负面影响，那么或许终端用户应该负责。但是，如果错误是 IRM 成员不正确的指示所导致的（比如说在培训过程中），那么仍然由 IRM 成员负责。

（3）如果记分卡捕获的绩效下降是由环境变化导致的，或者出现了更多的风险评估活动导致记分卡不能有效地反映结果，将很难评估造成负面结果的原因。

IRM 的成就依赖于业务线上的其他部门，以及 IT 服务部门对补救计划和行动承诺的履行情况。他们未能完成某些重要事情很可能阻碍 IRM 工作人员完成已经承诺的事情。为了改进组织中 IRM 的绩效和风险状况，不仅需要建立 IRM 实践中的基本规则。如在讨论胜任和信任（3.2.1.3 节）时指出的，执行和实现承诺的能力也取决于所涉及的业务线和 IRM 工作人员的胜任能力。因此，他们的作用不能通过简化的方法来衡量，如使用记分卡。

即使与负面结果相关的上述问题是可以解决的，事实上，记分卡也不能捕获风险环境中与变化相关的问题，特别是外部环境产生的变化和问题，组织仍将面临与这些变化相关的事件带来的影响。在这种情况下，记分卡将是多余的，但是 IRM 仍然被要求响应这些事件来帮助业务线管理这些风险。

因此，使用这样的记分卡作为一种绩效管理工具管理 IRM 成员的作用是主观且受限的，即使在汇报绩效下降时对个人负面结果采取进一步的调查以确定实际原因，其作用也有限。

鉴于这些局限性，针对关于 IRM 绩效衡量的研究问题，需要制定、测试并评估一种或多种替代性方法。

更重要的是，上面的分析还表明，在 ALPHA 组织中使用的记分卡系统会导致一种合规性文化，专注于面向控制的安全，但无法应对不断发展和变化的业务和 IT 环境中的安全挑战。回到第 1 章中讨论的第一个研究问题，这证明记分卡适合作为管理信息风险工具的观点并不正确。

3.2.1.7 新型 IRM 系统的局限性

新型 IRM 系统通过模型 A 方法引入的关键功能特征之一是引入“主动弱点检测”过程。主动弱点检测过程是根据先前 IRM 系统版本的因果分析确定的（如图 3-3 所示），其目标是消除自我满足，确保任何引入环境中的新工程、技术和业务创新举措在实施前都被纳入风险管理。其目的也是消除“预审计”的做法，保证信息风险的主动管理。

该过程名称中包含“检测”一词，可以采取的行动有两套活动方案——一套预定的风险检查活动和一套综合的信息安全风险意识项目。该意识项目关注的是发展和提高人们的信息风险意识并得到他们的承诺，把该意识真正用于实践工作，这将有助于在其业务系统和实践中识别和检测安全弱点，而不是依赖于 IRM 或其他第三方来检测或发现这些弱点。

虽然意识已经成为改善安全实践的常见建议，如 Parker (1998) 及 Hinson (2005a)[1]所述，意识导致的改善被认为是主观的，在很大程度上取决于呈现的内容和学习的动机 (Siponen, 2000a)。如 Wilson 和 Hash 所强调的：

1 在 2.5.4 节中已经回顾和讨论了这方面的文献。

意识的目的是把注意力集中到安全上。表现意识的目的是让个人认识到 IT 安全顾虑并做出相应的响应 (Wilson & Hash, 2003, pp. 8-9)。

在许多情况下，通过意识项目进行学习无法准确地定性和定量衡量，除了那些专注于与众所周知的风险或错误有关的特定技能的项目。随着员工流动和业务环境的变化，有必要重新培训以使每个人的知识都是最新和一致的。这意味着组织通过个人意识检测风险的能力将是主观的，除非被限定在已知风险的特定范围内并根据预先确定的一系列标准进行定期测试。很明显，这也就把可检测出来的风险限制在这些已知风险的特定范围里。因此，这些工作的作用和效率都是有限的。

回顾现有文献也可以发现当下这是知识域之间的差距，因为关于检测可用的概念、想法及建议都集中在技术措施上，如安全监控和入侵检测系统——例如 Graham (1998)、Northcutt (1999)、Bace 和 Mell (2001)、Grance 等人 (2003)、Frahim (2005)、ISO/IEC (2006) 所指出的——而不是基于信息风险管理的角度，以及人们或组织系统如何扮演角色来实现这一要求（除了灌输和提高个人的安全意识）。

Siponen (2000a) 也讨论了安全意识培训的动机，往往旨在实现组织所采纳的特定安全指南或标准衡量的有效绩效等级，而不是提高风险检测能力——尤其是与风险环境变化相关的风险。

从技术角度看，正如 Ptacek (1998)、Bace 和 Mell (2001)、Frahim (2005) 及 Timm (2010) 指出的，入侵检测系统（IDS）也存在一些安全限制。IDS 系统可能是基于规则的，或者是基于网络/系统及行为的。在这两种情况下，只有已知的攻击或攻击模式，恶意或可疑的网络连接将被停止。因此新的攻击将会绕过这样的检测系统，尤其是那些旨在突破入侵检测系统的攻击。Graham (1998)、Bace 和 Mell (2001) 也提醒过，许多入侵检测系统也面临资源问题、在交换式网络中运行的问题，以及攻击模式数据库正确性和时效性的问题。显然，依靠技术方案检测安全问题也存在局限性。也有人认为技术方案是不充分的，因为所担忧的问题包括人的问题（如自我满足），以及与管理相关的问题（如不能确保新的工程和业务系统得到充分的风险管理）。

上述分析表明，从信息安全风险管理系统整体系统性的角度看，一种平衡的系统（即风险管理系统）不仅需要引入持续的安全风险检查项目和安全意识教育项目。以技术为焦点的解决方案，其效果也已被认为是有限的。

3.2.1.8 通过模型 A 方法借鉴信息安全风险管理经验

在模型 A 方法中实施的最后一个行动实践研究周期，以及后续对利益相关者的分析（如图 3-15 所示）表明更多的利益相关者支持新型 IRM 项目，说明所采纳的社会-技术方法产生了积极的成果。

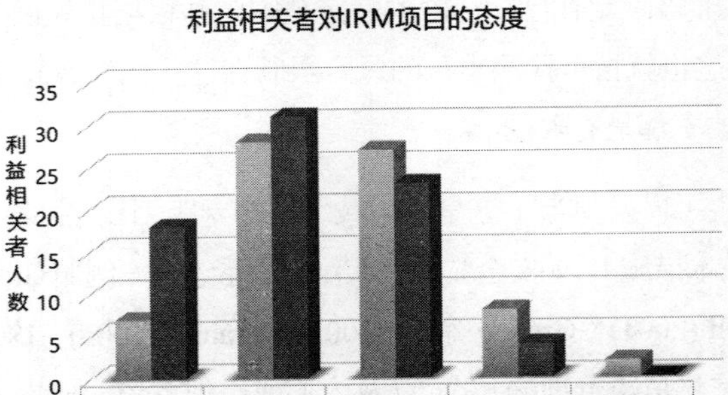

	强烈支持	稍微支持	没反应	稍微反对	强烈反对
AR1	7	28	27	8	2
AR2	18	31	23	4	0

图 3-15　利益相关者接受 IRM 项目的进展

虽然取得了进展，但是分析还表明业务资源限制往往会减缓 IRM 项目相关行动的实施过程，在被要求采取补救行动的业务线上也是如此。这些发现进一步表明 IRM 有必要继续更加积极地和业务线上的利益相关者绑定，使用更多的社会性方法，如“参与和立约”(Dick, 2002b) 技能。在每个 IRM 检查活动周期中，除了协商角色和责任，也要协商承诺。

在本研究阶段重复进行的第二个行动实践研究周期中，模型通过制定和实施演进的方法得到进一步加强，可以识别关键风险并采取项目化的方式解决。该方法包含了应对风险管理社会性方面所需要的办法，派生出如图 3-14 所示的社会-技术系统。该系统结合了全球 IRM 团队引入的控制记分卡系统（Control Scorecard Systems），此记分卡系统被用作绩效衡量的工具来跟踪组织中的控制实施状况。然而，人们认为该模型使用记分卡作为管理 IRM 项目及相关子系统的绩效表现和作用的工具是存在不足的，因为它局限于 IT 控制策略所规定的、预先确定的管制措施，从而对不断变化的业务环境中新出现或正在形成的风险问题无能为力。

本研究阶段的结果受到组织环境中变化的影响，这包括外包和离岸的做法，两者都要求 IRM 项目和模型灵活应变的能力更强。变化再次被确认为影响 IRM 项目有效性的关键属性。

通过对实施过程的研究，我们也确定了模型 A 方法有以下不足之处。这些不足限制了模型只能在已知和已记录风险的情况下应用。

（1）虽然该模型已经包含了一个组件来应对计划外的突发事件（通过学习前面研究周期中的相关事件而知），但在这个研究阶段仍未找到或制定出实现这一目标的方法。部分原因是组织专注于补救已知的风险问题及解决审计合规性问题。与此同时，在现有文献中或从其他从业人员那里没有找到合适的方法来满足这种需求。

（2）在检测新出现的风险问题方面，模型 A 方法仅依靠人们的意识作为主要途径在其工作范围内识别并报告观察到的异常事件。

3.2.2 模型 B 方法

一些关键利益相关者将模型 A 方法的不足归因于汇报结构方面的组织机构差异。因此提出并实施了一种改进模型，称为模型 B 方法。改进专注于组织结构方面，将 IRM 职能部门拆分为单个业务线的一部分，让区域和总部（全球）IRM 职能部门成为各自业务线的协调点，以保证实践的一致性并协助解决跨业务线的风险问题。

3.2.2.1 组织模型

IRM 组织结构变化的主要动机和结果是支持 IRM 职能部门的成本模型。从表面上看，风险管理模型并没有受到影响。虽然责任和问责被转移到业务线上，但是支持战略的各种功能和举措仍然保持不变。

从全球组织结构的角度来看，组织模型由于被分散开一共就两个模型。在全球层面，该模型呈现出“联邦组织”的形式，如 Handy (2002) 所描述的，具有一个小的核心（总部 IRM），以及多个附属部门（各业务线的 IRM 部门）。为了使联邦组织结构能够正常运作，Handy 强调必须理解并实践两个原则：

> 第一个是权力下放原则：较大和较高的部门不应该行使，可以由较小或较低的部门有效行使的职能。
>
> 第二个原则针对那些附属部门：他们必须要扩大自己角色的活动范围。

业务线能够接受 IRM 职能作为其业务一部分的想法。全球业务线的 IRM 作为审查工作职能的一部分也愿意扩大其活动范围。

因此，新型 IRM 组织模型在全球范围内满足了这两个原则。正如 Pugh 和 Hickson 指出的，为使联邦模式正常运作：

> 需要大量的信任和信心。核心部门不能确定附属部门是否可以像其以前实际进行的那样高效地行使职能。但是在进退两难的情况下，如果核心部门把缺乏经验作为反对附属部门去尝试的借口，那么附属部门的结构就不会显现 (Pugh & Hickson, 1996, pp. 41-42)。

第二个原则意味着能够提供“更多自由从事未指定工作的机会，而这些未指定的工作如果能够被有效执行，将被视为恰当的创新尝试” (Pugh & Hickson, 1996, pp. 41-42)。因此，如果该模型被很好地执行，将会给业务线上的 IRM 部门带来明显的好处。

在区域性层面，虽然 IRM 本来认为每个区域性业务线 IRM 小组也拥有类似的自主权，但现实情况是，区域性业务线 IRM 的成员也是全球层面较大业务线 IRM 团队的成员。因此，他们并没有特权在其自身部门中做出决策或指定方向，而不得不在业务线中遵循全球业务线 IRM 主管部门的战略和计划。从本质上讲，在每个业务线 IRM 组织内，这是一种非集中式的层次结构。

通过矩阵汇报形式“松散”形成的区域性 IRM 团队，其中每个 IRM 拥有三个汇报对象。这三个汇报对象分别为：（1）全球业务线 IRM 主管部门；（2）区域性信息风险官（RIRO）;（3）区域性业务线 CTO 或 IT 主管。作为区域内 IRM 计划和活动的主要协调人，RIRO 不得不与七个业务线 IRM 全球主管保持同步，并同时确保七个区域的业务线 CTO 均认同这些举措。这给 IRM 组织自身带来了大量的协调工作和沟通需求。

通过对所收集的数据进行辩证分析，正如之前研究周期中所使用的方法，与模型 A 方法中的组织结构进行比较，我发现模型 B 方法也有一些不足之处。下面对我的研究日记中记录的不足之处进行总结。

（1）虽然成本管理是激励改变的因素之一，但是其实施过程导致了员工数量方面额外的成本（由业务直接导致）。此时，共有七个全球业务线 IRM 主管，与高级副总裁的职位平级，而不是副总裁级别，业务线不再依据各自员工人数与其他业务线分享 IRM 资源。业务线必须拥有最少一个 IRM 员工。在重组前，几个业务线可以只资助区域 IRM 团队半个或更少的人力资源。

（2）虽然重组后亚洲地区的 IRM 成员总数增加了（从 14 位到 17 位），但该团队仍然无法达到跨区域支持不同业务线的规模。有些 IRM（属于不太重要的业务线）由于涉及的业务应用数量较少而很少采取活动，这也是因为这些应用程序（如会计和人力资源系统）拥有比较静态的特性。然而，其他 IRM 部分将持续面临业务应用和监管合规性方面更多的变化和挑战。另外，不同业务线的 IRM 工作人员也失去了为其他业务线提供支持的动机，因为他们会因负面结果而被追究责任，正面结果却得不到认可。当一个总部设在中国香港的业务线被要求对位于新加坡的外包服务提供商（OSP）进行安全审查时，资源共享问题就出现了。投资银行业务线所使用的一些其他 OSP 也设在新加坡。在模型 A 方法中，在新加坡的 IRM 成员可以简单地被任命去审查所有新加坡的 OSP 而不必担心与特定业务线相关的成本问题。而在此种新组织结构的情况下，香港的 IRM 必须对此次新加坡旅程只是为了审查进行说明，并且新加坡的 IRM（不是 CBS 的 IRM 工作人员）不能为审查提供协助。从风险管理的角度来看，依据业务线的划分进一步减少或限制了 IRM 能够收集有关 OSP 风险的视角。这些视角必须单独汇总而不是通过全球 IRM 记分卡的流程。

（3）对 IRM 实践来说，在不同业务线之间保持一致性成了另一个问题。在模型 A 方法中，每一个业务线 IRM 已经在计划特定的方案来管理风险、减少差距和问题，以及避免使用不同的汇报和评估工具。他们投入大量的时间和资源以带来更多的一致性。随着变化，业务线 IRM 将更专注于满足区域性 CTO 和全球业务线 IRM 主管的需求，而不是确保 IRM 团队之间实践的一致性。虽然从责任和资源的角度来看，成立了全球性 IRM 技术风险委员会（TRC）以促进实践过程中的一致性，但该委员会所提出的建议并不是强制执行的。委员会只能影响到实践过程中的一般原则，而无法决定实践过程是如何落实的。

（4）实践过程中的不一致会潜在地引起业务和审计人员的混乱，也可能导致对政策的不同解释。

（5）因为每个业务线中 IRM 工作人员的数量是有限的，所以每个业务线 IRM 将有更广的职责范围。这给专业化提供了较小的空间。因此 IRM 工作人员将变成更全面的风险管理者，处理较新的问题需要更多的外部援助。这将影响 IRM 人员的职业发展，并增加风险管理的成本。

（6）全球业务线一致也意味着在该地区的（业务线范围内）每一个风险决策都需要咨询全球业务线 IRM 主管。因此，IRM 周转响应的时间会变长。当全球层面的优先级开始转变，该地区的注意力也将受到影响。从本质上讲，如果业务线 IRM 不能利用其他的本地或区域 IRM 资源，业务线暴露的风险可能会更高。

（7）作为业务线的直接成本并且直接向业务线 CTO 汇报，IRM 成员将不得不更关注业务结果。虽然这可能有助于他们更好地理解所服务的业务，但也意味着 IRM 将会避免那些可能被视为不以业务结果为导向的有争议的问题。这也关系到习惯性问题，之后将在 3.2.2.2 节进行分析。

通过使用四窗式系统视角来分析 (Flood, 1999)，这些问题和困境将在以下四个方面产生潜在的不利影响。

（1）实践过程中的不一致问题和困境，增加了成本并降低了 IRM 资源的可扩展性，增加了汇报的复杂性和官僚问题，以及问题和决策的升级会影响系统的结构，从而影响 IRM 团队的有效性。

（2）成本与可扩展性的问题，以及官僚问题的增多将进一步影响系统流程，从而影响该团队的效率和可靠性。

（3）跨业务线支持的难度会减少 IRM 之间的互动及从其他业务线 IRM 和相关问题中学习新知识的机会。另外，从系统意义的角度来看，IRM 发展和 IRM 专业知识推广的局限进一步降低了 IRM 工作和实践的意义。

（4）最后，从知识-权力视图系统来看，随着管理信息安全风险成本的增加，必须考虑新组织中对业务线的公平性问题。此外，本地层面的业务线 IRM 执行更大范围的职责而又没有足够的资源支持，我们也不得不质疑这是否公平。鉴于新型组织结构中业务线IRM汇报和奖励体系中存在的偏见业务线IRM对解决业务线中识别的风险问题为组织提出建议的公平性也受到了质疑。

因此，从四窗式系统的角度来看，这些改变并没有给IRM系统带来显著的价值。与模型A方法相比，模型B方法引入了一些新的问题和困境，而没有带来实质性的好处。

3.2.2.2 通过模型B方法借鉴学习信息安全风险管理

正如以上“IRM组织模型”讨论中所指出的，模型B方法的实施和执行过程引发了一些问题和困境。研究结果表明，该方法在改善组织风险状况和信息安全风险管理系统方面没有效果。

更关键的是，通过分析这些改变，即IRM成为业务线的内部人员，像CSA过程那样，有可能带来习惯性风险——如前面3.1.4节所述。如果这样的组织模型投入使用，需要采取额外的措施来应对这种习惯性风险的挑战。

通过学习、分析研究周期中突出的负面案例，从信息风险管理及成本和资源管理的角度来看，我们否定了模型B方法的价值和作用。模型A方法在研究期间制定和演变了许多组成部分，提供了一个有效的框架来解决组织中社会-技术方面的信息风险问题和困境。然而，它并没有满足响应式需求。

3.2.2.3 从SQL蠕虫王、冲击波蠕虫和SARS事件中吸取教训

当组织遇到重大的安全和非安全相关事件，而且这些事件会对组织风险状况产生影响时，会对任何一种信息风险管理方法或模型进行测试。在行动实践研究周期中，我们对两个社会-技术模型进行了实施和测试，组织遭遇了三件对企业有相应威胁的重要事件：（1）SQL蠕虫王网络蠕虫；（2）重症急性呼吸道综合征（SARS）疫情事件；（3）冲击波网络蠕虫。

1. SQL蠕虫王传播事件

2003年1月，一个匿名的作恶者在互联网上发布了一种网络蠕虫程序。根据CERT/CC的描述：

这是一种利用 Microsoft SQL Server 2000 解决方案和 Microsoft 桌面引擎（MSDE）2000 中的漏洞进行自我传播的恶意代码，该蠕虫被称为 SQL 蠕虫王、W32 蠕虫王和蓝宝石蠕虫。该恶意代码的传播造成了互联网各种级别的网络瘫痪，同时一些存在该漏洞的机器被攻破(CERT/CC, 2003a)。

被该蠕虫利用的 SQL 数据库服务器系统上的安全漏洞(Lanza, 2002)的补丁已在 2002 年 7 月 24 日发布(Microsoft Corporation, 2002)，也就是在事件发生前五个多月发布的。此外，该蠕虫程序需要访问特定的网络服务（UDP[1] 1434 端口），在大多数情况下，外围网络防火墙会阻止外部网络访问该端口，尤其是通过互联网访问。但是，ALPHA 组织的网络受到了该蠕虫程序的攻击，而且它成功传播到澳洲的数据库服务器系统中。该蠕虫程序导致内部网络服务高度瘫痪，影响了各种关键业务和办公应用系统的访问。

在蠕虫传播到该区域网络的前一天，IRM 的 CIRT 工程师收到有关新兴威胁的一份安全公告，并立即通知 IT 服务部门和业务线应用系统开发团队禁止访问所涉及的网络服务，并尽快使用安全补丁。然而，IT 和业务利益相关者都没有及时响应该安全警报，导致隔天的服务受到显著影响。

事后我从全球 IRM 成员那里得知，一名顾问应该对该事件负责，他意外将 SQL 蠕虫王从其受感染的机器上带入组织的网络中。他通过组织的虚拟专用网络（VPN）远程访问服务，从他在纽约远程工作的宾馆中连接到了组织的企业网络。

由于这一事件，IRM 对 IT 控制策略进行了修订，规定所有外部顾问和供应商只能使用已“认证”的计算机系统，在他们访问组织的网络环境之前需要安装安全软件。

2. SARS 事件

2003 年 3 月上旬，一种新的疫情在亚洲爆发，被称为 SARS，中国大陆惯称“非典型肺炎”，简称“非典”。截至 2003 年 4 月 1 日，在中国香港和新加坡分别有 16 例和 4 例死亡病例，并且超过 1000 人被隔离在家里和医院中。由于仍然没有完全了解该病毒的

1　用户数据报文包（UDP）被用于广播网络服务中，基于 UDP 的网络服务被公认为更容易受到攻击。基于互联网的应用在一般情况下，不要求 UDP 网络服务，有其他更安全的方法可代替 UDP 使用。因此，通常的做法是在网络边界阻止基于 UDP 的网络服务。

传播原理，并且病例数量激增，组织开始采取额外的预防措施以尽量减少工作人员感染的爆发。ALPHA 组织决定在部分地区采用应急计划，如中国香港和新加坡让其工作人员在多个分散的地点工作，如在家里和业务衔接站中，使得办公室里不会过度拥挤，以最小化该病毒的潜在传播可能性[1]。

从信息安全的角度来看，这种情况下最关键的需求是安全的远程访问。由于以前要求大量员工无论是在家或商务旅行时停留的宾馆中都能远程工作，在地区和全球范围内已经广泛地实施和使用安全的远程访问基础设施。然而，这样的基础设施还涉及一些组件。用户需要一套工具，无论是在他们的笔记本上还是在家用台式计算机上（以使他们可以从远程地点安全地连接企业网络继续工作），以及现有的系统账户来合法地访问企业信息、系统和网络。这种账户不同于平常的办公访问账户。缺乏这两套工具造成了实施应急措施的瓶颈。

突然有大量请求来创建新的远程访问账户、发布 ID 和硬件设备、安装软件程序以提供远程访问。这成为 IT 服务部门的一个挑战，他们不得不应对这种需求激增的情况。当 IT 服务部门遭遇硬件设备短缺无法满足用户的应急需求时，更多的问题出现了。最重要的是，新的远程访问用户需要在回家之前了解这些新工具的使用以便恢复他们的工作状态。我们从该事件意识到的另一个问题是网络承载能力——VPN 基础设施可以支持的远程连接数量。原先所设计的基础设施正常情况下支持该地区大约 25%的用户数量，并可以支持受影响的两个地区 50%的员工进行远程工作。如果有更多的员工需要远程工作，远程访问解决方案将达到阈值，应急预案将无法充分部署。

技术服务外包，将所有的运作支持功能外包给第三方，在 2003 年 4 月 1 日完成了移交。这对组织来说应该是好事，因为第三方可以利用其他地方的资源来满足我们组织中激增的需求。然而，外包服务提供商也为受到类似事件影响的其他组织提供 IT 基础设施。在这种情况下，不太可能使用外包服务供应商的基础设施长期持续运行。该组织面临资源竞争问题，而不能从外包服务提供商那里得到充分的支持，因为在这种超越一家公司、超

1 采取这些步骤是基于卫生部门的意见，其中包括针对旅客的建议。例如，新加坡卫生部的建议 (Singapore Ministry of Health, 2003)。技术建议也可以从专业组织获得，但事故的本质只限于内容和适当的应对措施。这也是新加坡有史以来第一次出现这和情况，参见 Goh (2003)。

越一个国家和地区的事件情况下服务提供商不会有足够的资源满足需求。

疫情一直持续到 2003 年 7 月下旬。该事件过后的影响是深远的，影响到该地区的经济及许多组织的财务业绩 (Prystay, 2003; Song, 2003)。幸运的是，非典期间组织中没有发生重大的安全攻击或欺诈事件。

3. 冲击波蠕虫传播事件

2003 年 8 月上旬，另一个网络蠕虫程序，被称为 W32/冲击波或者直接叫作冲击波，在互联网上被报道出来。冲击波蠕虫利用了一个众所周知的微软 Windows 操作系统平台上远程过程调用（RPC）接口的漏洞（(CERT/CC, 2003b; Finlay & Morda, 2003)。这个安全漏洞及相关的安全补丁于2003年7月16日首次公开发布 (Microsoft Corporation, 2003)，也就是于 2003 年 8 月 11 日在全球范围内检测到冲击波蠕虫爆发 25 天之前发布的。

冲击波蠕虫查找微软的 NetBIOS[1]网络服务（在 135、137、139 端口），这是在网络环境中实现微软 Windows 操作系统的网络文件共享而广泛使用的。在大多数组织中，使用 NetBIOS 服务的文件共享被（网络防火墙设备）阻止在网络边界[2]上，因为该服务仅限于在内部网络中使用。

虽然该组织有管理良好的网络基础设施，拥有多层防火墙系统，但是 NetBIOS 网络服务的外部连接却是开放的。虽然安全补丁程序是可用的，但并没有应用到该 IT 环境中。因此，该组织的网络很快就被冲击波蠕虫程序感染了。几乎所有运行 Windows 操作系统的台式机、笔记本电脑和服务器系统立即受到了影响，造成网络拥塞，而机器不断地关闭并重新启动。

---

1 NetBIOS 是一组计算机网络联网服务。NetBIOS 可以在许多不同的网络协议上实现，例如 TCP / IP。

2 网络边界是从公司内部网络划定因特网（或任何其他公共网络）的逻辑分区。边界通常使用网络过滤装置，通常被称为网络防火墙，它执行某种网络安全策略。在大多数企业网络中，边界网络架构包括多个防火墙系统以对可能的攻击和信息泄露进行分层防御。所述策略规定了允许的网络服务的类型，以及那些没有明确允许的网络。网络工程师通常承担基于策略的防火墙系统配置的责任，并监测违规行为。信息安全工程师和信息风险管理人员通常会与应用程序开发团队共同合作，定义网络边界的适当安全策略来执行。

该事件被升级为“一级高危”状态，IT 服务部门必须停止所有其他活动立即部署补丁程序，在网络边界禁止 NetBIOS（139）服务端口，并运行杀毒软件以消除恶意程序。进行了一个多星期的补救行动才成功清理了被网络蠕虫感染的 IT 基础设施。IRM 成员和我都被动员起来参与“一级高危”电话会议，并根据需要提供风险管理咨询。

在 IT 服务部门公布该蠕虫病毒已经被清除之后的星期一，该蠕虫再次出现在网络上。调查证实是一名本周休假的员工之前将其笔记本电脑连到家庭网络时被蠕虫感染，但没有清除蠕虫，所以当回到办公室后蠕虫传播到了组织网络中。再次感染事件仅限于少数未打补丁的 PC 系统，几天后问题便被解决了。

虽然社会-技术方法（模型 A 方法）能够帮助解决组织中的“软”问题，但是这些方法关注于了解利益相关者的视角，并在行动中获得他们的认可，而不是为变化的活动和相关事件做好防备或准备工作。因此，当这些事件发生时，随着事件的发展，响应仍然是被动的，关注于恢复而不是限制事件的扩展和破坏。除了防备状态不佳，这些事件还表明（组织）缺乏响应能力和胜任。

经历过 SQL 蠕虫王事件，组织总部 IRM 团队提议更新 IT 控制策略，要求第三方只能通过“已认证的”计算机系统访问企业网络。然而，那时没有可用的技术来检测连接到网络的计算机系统是否是授权的。唯一可能做到的是使用固定的网络地址，和／或系统网卡的硬件标识符。在管理角度上这被认为是不现实的，由于网络上拥有大量的计算机系统（全球有超过 10 万名工作人员）。虽然可以实现对第三方计算机系统的认证，但无法检测违规连接情况，就无法执行该策略。但是，冲击波事件发生时（也就是在 SQL 蠕虫王事件发生七个多月后），该认证过程仍在讨论中。

为了方便交付服务，承包商、顾问甚至是工作人员继续连接到公司网络中任何一台机器，来帮助他们交付组织所需要的服务。如果无法交付服务，他们会被罚款，但病毒或蠕虫攻击而追溯到他们的机会是比较小的，当被发现在网络上使用未认证系统时他们还可以声称不知道策略和认证过程。最后，当一个认证机构进行检查工作时，该认证机构必须提供进行恰当检查的证据。该认证过程无法确保认证完成之后机器用户不会在该系统中添加或删除其他软件和设备。

关于控制策略的另一个担忧是制定并实施“安全构建版”计算机系统，要求确保第三方连接到网络的计算机系统自身不是被感染、被恶意攻击或者有漏洞的，以防止传播到企业网络中的其他系统。理想情况下，“安全构建”应该能够检测到所要连接至网络系统上的新的和先前已知的风险。然而，在本研究周期中可以实施的包括软件和配置在内的技术措施（2003 年），仅限于防止已知风险的攻击。防病毒软件，这是确保机器安全的主要安全技术依靠，只能检测先前已知的病毒和蠕虫，而无法检测新出现的病毒样本。如果采用启发式的非签名病毒防护办法，倾向于采用更具有预防性的方法，但往往会导致误报。因此，针对不同情况降低灵敏度，以取得用户的接受，造成了另一种形式的习惯性问题（见 3.1.4 节）。

因此，即使执行认证过程和推行安全构建版的计算机系统，新的策略仍不足以提供所需的管制措施来响应意外事件。

关于 SQL 蠕虫王和冲击波事件背后的技术问题，这两种蠕虫都是利用请求访问网络服务（NetBIOS 和 SQL）的漏洞，而这些服务不应该在互联网上对外公开。当时有一种可以安全地提供这些服务的方案（例如，通过应用程序代理服务器），却没有被部署在组织的网络中。这种方案已经是外界常用的阻止外部利用的商业技术方案。这表明在设计那些请求公开网络服务的应用程序时缺乏安全和风险考虑。这两个事件中，蠕虫被发布数周之前安全补丁就已经可用了，但是补丁并没有被使用。这表明部署在 IT 服务部门中的补丁管理系统是不起作用的，这在事后的审查中得到了确认。

正如在冲击波事件发生后的审查中所发现的，策略实施过程中无效的沟通及对 IT 资产不准确的清点是有效响应和成功恢复的主要障碍。这些在 SQL 蠕虫王事件中就应该被发现，但事后 IT 服务部门并没有进行审查，再次表明组织中可能存在“学习障碍”(Argyris & Schon, 1991b; Senge, 1990, pp. 17-26)，如在 3.1.6 节和 3.2.1.2 节中讨论的。

如果作恶者已经开发出攻击代码，并发布了病毒或蠕虫程序来攻击互联网上存在漏洞的系统（在企业防火墙网络内外），其他作恶者都会复制这种攻击模式。从信息风险的角度看，我们因此也应该预料到相似的或演进的攻击类型会再次发生。组织至少要做好准备以处理所预料的这些事件。再次发生类似事件并非巧合，正如 Burger 和 Starbird 所强调的，这些事件是“预料中的巧合”，因为攻击一旦发生，就会出现大量关于这种攻击的数据，并且结果和影响已经得到了证实。

巧合事件确实会发生，当它们发生时，我们会加以注意。任何特殊的巧合事件实际上都是极为罕见的事件；但是，对我们来说更为罕见的是完全没有经历巧合事件。需要期待意料之外的事件基本上是毫无疑问的 (Burger & Starbird, 2005, p. 4)。

除了准备应对意料之内的巧合事件，我们还需要预测意料之外的事件（如持续数月的非典疫情，也在我们预料之外影响了基础设施系统）。

现在回想起来，SARS 事件也应该被当作意料之内的巧合事件，因为禽流感事件于 2002 年在中国香港已经发生过，造成超过 17 万只鸡被捕杀以避免任何可能的病毒变异进而演变成瘟疫 (CNN, 2002)。业务持续性管理（BCM）职能部门没有预料到禽流感事件后会发生疫情并直接影响到商业组织。因此，SARS 成为意料之外的事件，没有任何组织做了响应准备，包括医疗服务提供者和医疗专业人员在内。

2005 年，在一次涉及 1300 多名受访者的全球信息安全调查中，安永会计师事务所 (Ernst & Young, 2005) 报道组织面临攻击时平均只分配自身 15%的时间和预算在事件响应相关的活动上，却分配 38%～41%的时间在日常事务上，18%的时间在合规性上，6%～7%的时间在其他方面上，18%～22%的时间在战略上。

在同一项调查中，安永会计师事务所发现 60%的受访者认为“遵守规定”，31%和 55%的受访者认为“蠕虫病毒”和“满足业务目标”是显著影响或将显著影响组织信息安全实践的主要驱动力。安永会计师事务所随后几年的调查显示，虽然有更多的受访者已经开始更多地关注新技术和社交媒体风险，合规性仍然是信息安全的最大驱动力，2006 年为 50% (Ernst & Young, 2006)，2008 年为 68% (Ernst & Young, 2008)，2012 年在三大主要因素中占 64% (Ernst & Young, 2012b)。与此相反，安永的调查结果显示对事件防御的关注度仍然偏低——2011 年是 10 个百分点，2012 年是 48%。2008 年，“只有 24%的受访者进行了涉及业务和行政管理的风险管理测试”（Ernst & Young, 2008）。业务持续性计划理应包括事件预防在内，但 2012 年只有 55%的受访者承认这是他们的三大重点之一 (Ernst & Young, 2012a)。

因此，缺乏对事件防御和准备的关注是业界普遍存在的问题，并不只是 ALPHA 组织特有的。从信息风险管理的角度看，这些事件证实了前面研究周期制定的信息风险管理模型中事件级别的行动策略的必要性和重要性。今天我们看这些问题，会发现网络安全风险正在迅速发展，对事件防御的需求变得更紧迫 (Ernst & Young, 2012b)。

3.2.2.4 重新考虑信息安全风险管理与商业持续性和灾难恢复计划的关系

虽然 SQL 蠕虫王和冲击波事件揭示了组织在应对信息安全风险问题方面的不足，但是对 SARS 事件的思考提供了对 BCM 运作的新见解，其中包括组织的业务持续性计划（BCP）和灾难应急恢复计划（DCRP）。

如图 3-16 所示，在 2.4 节也讨论过，传统信息安全计划的做法往往是基于保护、检测、响应或应对的策略。然而，大多数组织，如 ALPHA，鉴于监管和审计部门对合规性的推崇，高度关注和重视防御性元素。虽然事件检测、响应和管理是 IT 控制策略的一部分，但是检测系统主要关注的是已知事件，并且响应管理系统的焦点是恢复的准备和效率。

在大多数情况下，如在 ALPHA 组织中，IT 基础设施和应用系统的恢复都作为 IT 管理的一部分，因此被当作 IT 服务部门的附属职能实施，关注于 DCRP 或 DRP 的目的。

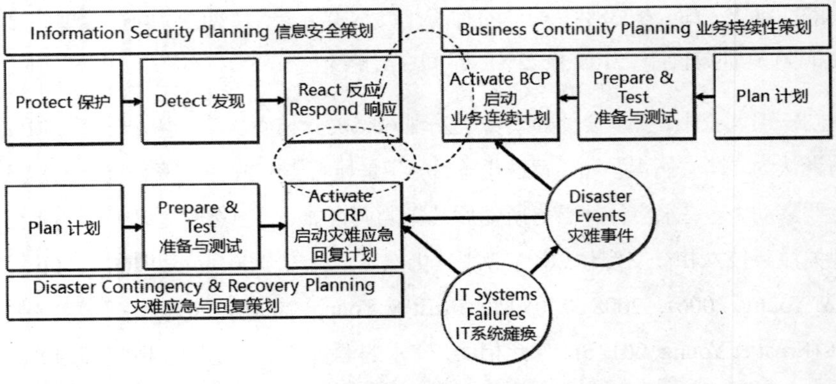

图 3-16 IRM、BCP 和 DRP 系统和过程缺乏协同效应

对于业务相关服务的恢复，作为 BCP 过程的一部分，由 BCM 职能部门负责。

如图 3-16 所示，IRM 可以实施许多安全控制措施来预防安全事故发生，但是一旦事件发生，IRM 往往不能依靠保护和预防性的安全措施来应对（因为事件已经突破保护或预防的范围）。如果是影响 IT 基础设施或系统的安全事件，IRM 不得不启动灾难应急（危急管理）过程，采取 DCRP 所制定的计划行动。在业务运作或服务出现问题的情况下，IRM

的应对／响应部门将该事件引导至 BCM 以确定应该采取哪些业务持续性措施。IRM 的角色后移，根据需求提供咨询建议，主要是关于是否可以及时放宽 IT 控制策略来满足该事件情况下的需求。在事件发生之前，IRM 计划和行动都不提供任何指导或培训，或实施任何提供更敏捷响应和快速恢复的系统或程序。相反，DRP 和 BCP 很少或几乎不关注信息安全相关的风险和事件，它们假定 IRM 作为其实践范围的一部分将会考虑这些风险和事件，而当他们的计划是由于这样的事件启动时，他们往往会措手不及，对该行动感到十分惊讶。这种结果的确是在研究期间发生的一系列事件后所经历的。很显然，这三个都关心影响组织意外事件的角色，他们之间的协作存在缺口或者显著缺乏协作。我们可以要求 IRM 与 BCM 和／或 DRP IT 部门更密切协作地工作，反之亦然，但是如果每个职能部门的方案系统保持不同和独立，尤其是如果保持合规性和进行风险防范仍然是 IRM 的首要关注点，就不太可能通过协作实现一个集成的方案。

3.2.3 问题、困境和研究成果总结

表 3-2 总结了研究阶段中分析和解释的关键问题和困境，也包括对模型 B 方法的测试。

表 3-2 ALPHA 组织在模型 B 方法行动实践研究周期中信息风险管理形势的四窗式系统视图

过程体系（效率&可靠性）	结构体系（有效性）
分散式组织模型（模型 B 方法）增加了资源开销，决策机构集中在全球团队中可能对每个业务线中的区域 IRM 的效率和可靠性产生影响。 现有的过程体系无法检测新出现的风险问题。一些安全事件表明该过程体系没有做好高效且可靠地响应紧急安全事件的准备。 IRM、BCP 和 DCRP 在安全事件响应与管理方面存在整合与协作缺口或明显缺乏整合与协作	模型 B 方法缺乏灵活性，要求所有的决策都要通过全球团队中组织层次结构的顶层部门完成，进一步增加了需要在全球和区域之间协调沟通的环节。 多个安全事件都表明现有体系侧重于保护和预防，几乎没有关注响应的需求，导致生产力长时间遭受严重损失，直到完成恢复工作。 改变组织结构并没有满足地方计划和行动战略增加的需要，影响了 IRM 和业务线应对业务和 IT 环境中风险的有效性
价值体系（意义）	**知识-权力体系（公平性）**
为了使 IRM 项目有利于各自的团队，不同的利益相关者要求不同的沟通方式。 关于 IRM 记分卡的价值，相关评估认定其只对合规性措施有价值，并只关注那些在 IT 控制策略中预先制定并记录在案的关键问题。	在设计 IRM 汇报方式和组织结构时，再次出现了一些疑问，如对 IRM 评估和资源关注度上的偏重，以及对区域 IRM 成员时间和资源方面不合理的要求。

续表

价值体系（意义）	知识-权力体系（公平性）
IRM 项目在紧急事件情况下无法为实现有意义的成果提供支持	分散的组织结构导致权力集中在全球总部团队中，需要利用区域的影响力来获得所承诺的结果并激励 IRM 的业绩表现。 减少某些地方或区域的权力和自主权，导致对当地的要求和问题显著的不重视

在社会-技术方法制定和实施过程中的研究结果总结如下。

（1）将社会科学和系统思维方法应用到 IRM 系统中是可行的，而且通过随后的利益相关者分析，这种方法对 IRM 项目接受及实施过程中利益相关者的承诺起到了积极作用。新型 IRM 系统的因果分析也表明，它们能够在利益相关者之间解决行动理论中存在的问题。

（2）借鉴社会-技术方法所演进的 FLAM（五层行动导图）框架和 SECD4 过程，提供了一套实用的工具来了解和认识现有的 IRM 系统，并制定实践行动策略来改善组织的信息风险管理系统。

（3）通过模型 B 方法的实施过程可以得知，组织结构是一个完全分散的模型，IRM 职能部门完全从属于业务线，通过四窗式系统视图评估，发现这样未必是有效率、有效、有意义和公平的。

（4）一系列的安全事件表明关注 IRM 系统“软”的方面是重要的，但仅仅这样是不够的，因为它并没有应对信息风险环境不断变化的性质，鉴于与当前风险分析方法之间的不一致，以及合规性导向方法的局限性，这些事件也凸显了 IRM、BCM 和 DCRP 职能部门之间的差异，并将需求和焦点汇集在了响应元素上。

这些研究结果表明我们需要进一步完善 IRM 模型和方法，来满足应对组织信息风险环境中计划内和计划外不断变化的事件的要求。

4 响应式安全

初始研究周期的结果表明，针对变化做出响应是 IRM 系统里必须解决的关键问题，而 ALPHA 不断演变的计划显然无法满足这一要求。“预先准备从而及时响应”一开始并非 IRM 策略关注的焦点，直到 SNMP 漏洞事件爆发，这一需求才开始逐渐明确起来，而随后连续发生的垃圾邮件、SQL 蠕虫王，以及冲击波等一系列事件，更有力地说明了这一需求的重要性。然而，随后的研究推进却是通过实现和试验“社会-技术”方法来解决 IRM 系统和程序中的“软”问题，发展以响应为重点的方法就被延后了。

在意识到 BCP 和 DRP（见 3.2.2.4 节）所用方法的缺陷的过程中，我发现响应的过程是 IRM、BCP 和 DRP 系统的交集。响应的过程是这三个职能部门都需要执行的，这样才能达成各自的目标，也是各自可利用和协作的共同优势。

文献回顾及对事件行动实践研究周期中的反思分析与解释，这两种探索方法更有力地说明了“响应性”的必要性。关注后续行动实践研究周期响应性概念的不断演化的方法，其迭代论述、案例研究及实现测试证实了响应式安全的有效性[1]。

---

1 在实证研究中，我们只能从观察到的实验结果证实理论的有效性还没被证伪，而不能声称该理论因为没发现能证伪其有效性的证据就证明它是有效的。这是 Popper 指出的一种推理的问题，也被命名为“黑天鹅”问题。

本章讨论最终研究周期中涉及的反思分析和解释，进而讨论并继续验证与优化在风险持续变化的环境下，为信息安全风险管理构建的响应式安全方法所涉及的概念、框架及其方法论。

4.1 压电式隐喻

在与郑文浩博士（一位行动实践研究领域研究专家）的非正式讨论中，谈及响应式概念时，他介绍了一种普遍应用于电子和电气工程领域的感应器。这种材料被称为压电式感应器，它具有其他常规传感技术不具备的特性。“Piezo” 是一个希腊词汇，意思是 “挤压”。当压电式元件受到外力作用（挤或推）而发生形变时，电荷会聚集到对应的表面(PCB Piezotronics Inc, 2002)。这一特性使得压电式元件具有许多实用的用途，如压力感应器、力量感应器、加速度感应器，广泛地部署于工业应用中。

压电式感应器的特性非常有趣，电荷被均匀地移动到两级，正电荷在一侧负电荷在另一侧，通过电荷的移动来响应外力的作用。这种材料对外部压力的感应触发了内部状态的变化（两侧表面电荷的累积）。这一现象所涉及的状态变化可以归纳为三个不同的状态：压力、触发和对齐。当压力消失时，我们可以得到另外三个状态：放松、触发和无对齐。

将这个现象与人类组织相对比，在常规状态下的个体关注各自的任务，就好像是 “放松” 状态下的电荷。当一个事件发生时，例如对工作环境施加外部压力，对事件做出响应的往往就是那些离事件最近的个体。然而，与压电式材料不同的是，人类的响应会是主观的、个人的，即使是他们的邻居，事件发生前或事件发生当时的一些个人因素都会影响他们的行动，或不做任何行动。所有事件涉及的人的集体反应有可能是混乱的，也有可能演变得统一协调，就如同压电式感应器。

当事件从未发生过或仅仅与人们之前的经验有些许类似，而个体又无法与其他人进行协商或配合时，每个人都只能采取自己独立的响应行为，这样的响应是混沌无序的。然而，如果事件是重复发生的，并且所有人都了解刚刚发生的事件，或者接受过应对类似事件的训练，那么，即使这些事件的某些属性可能不同，我们也很可能看到该组织表现出的与压电式感应器类似的特性。这可能还取决于持续响应的人们的意愿和能力。然而，每个事件往往都是不同的，至少是部分不同的。当前事件与人们经历过的事件差异越大，响应不协调的可能性就越大。单个事件或一系列事件中的某个小差异，也可能引发一个完全不同的事件。它们之间存在着非线性的反馈关系(Stacey, 1992)。

为了简化讨论和分析，我们忽略此类系统的反馈回路信息。可以设想，由于事件内部或外部属性的增加，从无事件到临界点再到灾难的发生，系统的状态也随之从正常到混乱再到混沌[1]。应对这一事件所需付出的努力（或困难程度）会随着该事件所涉及的属性的增多而增大。当进入混沌状态时，所需付出的努力将会达到一个停滞期，甚至有可能显著下降，因为在这个时刻，没有人能够再做对其有益的事情。在此之后，事件形式或属性的变化会高度地不可预测，由此对响应产生的冲击也无法预计。如同 Stacey 提到的：

> 工作在混沌状态下的系统，对微小的变化也会高度敏感。它会放大系统中微小的波动，但由此产生的反应变化是多样且不可预测的。微小的变化（甚至微小到我们无法察觉或测量）也会对系统造成如此彻底的改变，因此，系统的长期发展取决于处置变化的成效 (Stacey, 1992, p. 63)。

在这一点上，人们更倾向于从自己或接近自己意愿和心理状态的角度出发，来决定是否采取措施使自己或帮助他人摆脱困境。然而，Stacey 补充道，在这个阶段的个体行为将对整个系统的未来发展产生深远的影响。

如果组织中的个体能够通过协同合作做到响应一致，那么达到（或近似达到）压电式材料特性的效应就是可能的。这需要有所准备。个体的准备与就绪状态也将有助于减轻响应的难度。组织对不同事件场景的准备越充分，对事件进行响应时可能遇到的困难就会越少。

根据上述分析可以推断出，一个组织在面对已知敌手[2]、未知对手或信息安全风险时，最终结果的严重程度与它（对资源的均衡）的响应能力成反比。如果这个推断是正确的，那么面对同样的对手或事件，响应能力更弱的组织会受到更沉重的打击。虽然这个推断看

1 这种现象还被发现涉及人的运动社交场合，正如 Schelling 所指出的，引自 Dodge (2006, 129-144)。

2 对手是指任何其行动可能会导致本组织出现安全威胁的人。对手行动的初始结果是安全事件，可能是显而易见的，也可能不是，并可能导致安全事故的出现。

上去合乎逻辑，但由于事件具有不可预知性，因此我们无法确认事件是否的确会产生更小的冲击。所以，我们需要确定我们是否做出了尽可能好的响应。

从本质上看，响应实际是均衡资源以应对变化事件所采取的某种（或一系列）行动。响应的有效性和可靠性高度依赖于：（1）对事件发生变化或将有变化的认识；（2）对已检测到的变化该采取何种措施及准备得如何等问题的认识。

如 McGee (2004) 所指出的，组织对变化事件采取有效措施的机会将随着时间的流逝而减少。当变化在事件中逐渐显现的时候，我们对其能采取的响应也会变得更加有限。如果提前意识到变化的发生，并对变化进行早期准备，将使得组织在应对变化时有条不紊，从而得到完全不同的结果。

因此，在组织的环境中，变化的状态存在三个属性，如同压电式材料一样，可以检测和响应发生的变化。它们是变化事件、态势感知和关键性对齐，如图 4-1 所示。

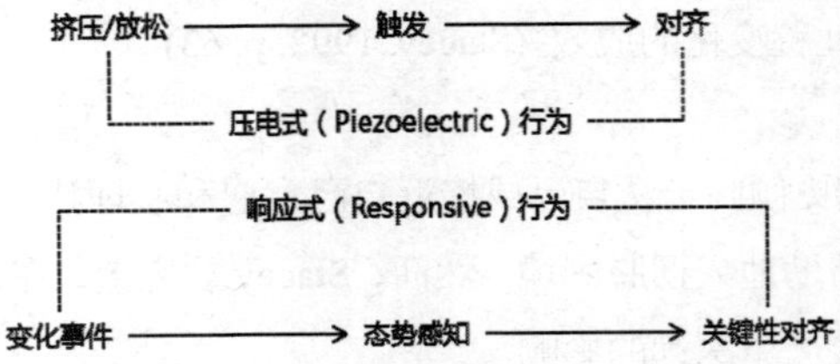

图 4-1　从压电式行为映射出响应式行为

这三个属性是响应式方法的关键要素。换言之，组织要达到有效的响应性，需要具备的能力包括：（1）检测并识别诱因，以发现变化的事件；（2）具有准备就绪的系统（包括人员、过程及技术），从而有效、高效地响应每一个不同的诱因，并且增强组织的事态感知能力和风险辨别能力；（3）对发展中事态的活动和沟通进行协调——调整响应系统中的人员、过程和技术，管理事件以保证业务的连续性，重点关注所涉及的关键系统和部件。

回顾之前发生的安全事件，例如，IRM 和利益相关者面对由外包和离岸外包引起的业务及 IT 基础设施的变化无法做出有效应对，对照上述分析我们可以清晰地看到，应予以关注的变化不仅包含内部事件，同时也包含外部事件，应对时不能仅着眼于具有潜在影响力的内部安全事件。

组织作为一个系统是非常复杂的。当内部的变化正在发生时，影响信息系统（和网络）的外部事件或一些个人因素都有可能导致灾难性的安全事故。这些事件存在的范围很广，贯穿于整个组织的基础架构与应用系统中。当且仅当信息安全管理特别重视信息安全对业务威胁时，才能够达到从业务角度着眼的平衡。风险管理机制要能够适应系统与环境中随时间和事件不断变化的威胁的关键程度的重点在于，必须明确地认识到什么威胁事件对业务、支持服务是关键性的。对影响安全性与可靠性的事件进行潜在影响分析将有助于关键性的评估。

尽管这种方法看起来是合乎逻辑的，但从收集到的外部从业者对话来看，它在实际组织环境中的实用性有待进一步确定。

（1）如何检测或识别可能引起重大事件的诱因？

（2）如果事件不是已知的，我们如何为组织系统制定计划或预案为响应做准备？

（3）为了判断组织是否已准备就绪，我们需要知道策略的成效，那么应该如何对其进行测量？要知道事件发生后再评估其成效实际为时已晚。

为了回答这些问题，我们需要更深入地了解安全事件的特点，并且审视过去针对各种形式的安全事件已经采取过的响应措施。这些问题被认为是研究计划和实践行动策略的后续研究子周期，在 BETA 组织和 GAMMA 组织中实施。

4.2 BETA 组织应对新风险和攻击的方法

2004 年 5 月，互联网上出现了一个新的网络蠕虫，开始对那些没有采取适当防护措施或暴露在互联网环境中的计算机系统进行攻击。这个蠕虫被称为“震荡波（Sasser）”(Microsoft Corporation, 2004; Symantec, 2004b)，它利用了 Windows 系统的“本地安全和登录策略服务程序”的一个已知漏洞（LSASS）并以此得名。与 SQL 蠕虫王和冲击波网络蠕虫所利用的漏洞类似，该 LSASS 漏洞早在震荡波出现之前就已公开披露 (Rafail, 2004)，并且相关的安全补丁已经于 2004 年 4 月 13 日发布，而距此两周之后，震荡波才在互联网上被发现。

据 eEye Digital Security (2004) 称，LSASS 的这个漏洞早在 2003 年 10 月 8 日就已经

被他们的研究人员发现并上报至微软公司。从发现漏洞到相应的安全补丁的发布，足足间隔了 188 天。

尽管震荡波蠕虫被大肆宣传，但它造成的影响相比 2003 年发生的冲击波和 SQL 蠕虫王实际上更小。由于震荡波蠕虫的攻击，BETA 一个位于新加坡、两个位于澳大利亚的客户组织遭受了重大影响。其他的 BETA 客户组织在蠕虫刚爆发时受到一些影响，但通过管制或更新系统的措施避免了遭受严重损失。

震荡波对 BETA 组织的直接影响有两个方面。如同 ALPHA 组织一样，BETA 的网络可能成为震荡波攻击的目标，因此需要保证内部网络和系统对攻击具有自适应性和响应性。此外，也需要确保使用 BETA 开发的系统的用户组织对震荡波攻击具有类似的防护。

BETA 在面对震荡波蠕虫事件时所采取的迅速而有效的响应，与在“SQL 蠕虫传播事件”一节和“SARS 事件”一节中提到的 ALPHA 处理蠕虫攻击（例如，SQL 蠕虫王和冲击波）所采取的措施有所不同。经过短短几小时的检测，分布于世界各地的各个区域中心和下属公司都集结了当地的应急小组，向所有员工发布安全告警，并向员工提供指南，以指导如何将安全局势告知用户、接收并处理用户反馈、提高客户感染报告的优先级以做到快速处理。地方的每个响应中心通过视频会议系统、电子邮件等方式与全球响应中心沟通。安全告警邮件系统开始向全球范围内数以百万计的安全联系人发送安全告警，以确保他们及时收到安全警告并且已经开始采取适当的措施。高效的响应在大量客户间形成了类似快速跟进的行为，有效地阻止了蠕虫的蔓延。事件发生不到两天，蠕虫攻击事件就已经得到相当的控制，只限于一些少数的局部区域网络系统。

在 BETA 内部，在蠕虫蔓延之前，就通过强制更新手段，让所有用户都安装针对蠕虫所利用漏洞的安全补丁，使内部网络避免了遭受震荡波的攻击。当其他人都专注于帮助客户响应震荡波攻击的同时，内部网络小组通过监控网络的手段，进一步确保内部网络中没出现其他类似攻击的迹象。

通过研究 BETA 组织的实践与近况可以证实：

（1）在 2001 年的 NIMDA 蠕虫事件之前，BETA 组织没有正式的安全响应机制。随后建立了一个简单的机制，仅涉及安全工程小组及公司总部的相关产品小组。

（2）当 SQL 蠕虫王攻击出现时，响应小组发现很难对子公司和区域营业点施以援助。

为此，安全工程小组开始向子公司和区域业务负责人发布相关信息，从而改进了响应过程。

（3）在冲击波蠕虫事件期间，鉴于其攻击范围很大，安全工程响应小组认为非常有必要向所有客户组织直接发送安全警告。他们随后发现，通过电子邮件方式告警速度太慢，向最后一位客户发送告警电子邮件时，距第一封邮件发出已经超过 48 小时，这样的速度无法满足响应的实时性要求。

（4）客户联系信息并没有完整更新，也无法确定这些联系人是否与安全相关。大多数告警都发给了采购和业务主管，而他们并不关心安全态势，也并不理解告警的重要性。子公司的销售和营销人员并没有及时跟进安全形势，因此也无法向受到攻击的客户提供告警和支持。在本应该参与阻止蠕虫在其网络上传播的时候，销售主管们却在给客户打电话继续推销自己的产品解决方案。

（5）冲击波蠕虫攻击的广度及速度表明，需要建立一种比当前安全工程响应过程更灵敏的响应过程。

（6）冲击波事件发生后，响应过程与配套工具得到了完善。在各个区域和下属公司都任命了一个“安全主管”。根据业务大小的不同，有的“安全主管”是全职职位，而有的则是兼任职位。“安全主管”的首要职责是确保该地区或公司具有安全准备。

（7）安全准备就绪的目的是确保当下一次安全事件来袭、组织或其客户受到影响之前，子公司和地区办事处已经做好了响应的准备。它包括一系列具体内容，例如确定每个客户组织安全相关联系人信息的正确性和可用性；建立一个虚拟安全团队和安全响应团队，在本地处理事件相关和非事件相关的安全问题；确保所有员工都接受了安全意识培训，并且理解他们在安全事件中所需担任的角色及其责任；通过虚拟安全小组的形式，每月向所有员工发布安全更新；定期组织安全事件响应演习，以确保有所准备。在安全事件发生的过程中，安全事件响应小组将同时与当地员工、全球安全工程响应小组之间，建立反馈与密切沟通的渠道。当地员工将确保其所有用户都收到了安全告警并采取了适当的措施。任何一级地区的问题，都逐级上报至地区安全主管和全球安全响应主管。

（8）除了实施全球范围的安全准备方案，响应工具也得以改进，新部署的邮件系统和数据库系统可以支持同时向数以百万计的用户及时发送告警邮件，提升发布安全警告信息的效率。

（9）在各个产品小组中，对工程和开发过程进行了修订，引入了一项强制性响应过程，要求开发人员和项目经理设置安全响应工作过程以响应其负责的产品中所发现的安全漏洞。

BETA组织在冲击波蠕虫事件后所进行的整改，在后续的Sasser网络蠕虫事件中取得了显著的成效。其中最主要的成果是，由于上述整改，事件响应过程中的通信及消息发布环节取得了重大的改进。此外，在提高组织的安全性感知能力方面，这些整改也被认为是必要的。无论是对内部的本地子公司还是对外部的客户而言，如果没有指定具体的人员专注于安全准备工作，那么安全警告的交流及其他安全消息的发布都将十分困难。

全体员工进行协同、预备，以此来为全新的或正在出现的安全事件做好充分准备，这就类似于压电式行为的实现。

在非事件阶段，内部信息安全风险管理活动面向两大类。

（1）解决该组织的企业IT安全策略相关的合规性要求。它包括安全技术的实现，旨在改善合规状态，并且使得IT系统在企业中被更好地利用。这在处理已知风险问题方面卓有成效，降低了这些问题演变成为事件的风险。

（2）对世界各地、各区域的人员和团队进行预备性培训，使他们了解不断变化的安全问题，理解不同临界等级的安全通知消息的结构、格式及内容，并且根据不同临界等级安全告警所要求的行动演练。这些演练也被作为至少半年进行一次的事件响应演习的一部分。这些措施使得组织可以应对新浮现的风险问题，包括可能演变为事件的“未知”风险。

这些行动贯穿个人和团队的日常活动。这个阶段类似于压电式感应器的“非挤压”（松弛）状态。

当一个安全事故出现时，告警消息首先被传达至各地或各区域的安全响应主管，以提高他们对安全形势的警觉——提高态势感知。一旦事件被证实，事先建立的通信机制就会启动。准备分发给所有员工和客户的安全警报会被及时编制并发往个人和团体进行传播。全球安全响应团队进行24小时全天的电话接听和电子邮件处理，及时进行各种反馈，并将接收到的来自世界各地客户和个人的问题报告上报。与此同时，产品工程团队致力于提供解决方案和更新。合适的解决方案会被整合到安全通知消息中，随后出现的新方法、升级也会被更新至其中。

这个阶段类似于压电式感应器的“挤压”阶段，个体和团体的活动被立即改变和调整，关注于应对当下安全事件的需要。随着状态的发展，安全事件就好比压电式感应器“挤压”所定义的外界压力。

当面对安全事件的系统或网络通过替换、更新等技术手段使问题得以解决时，咨询电话和问题的频率开始降低，个人和团队在必要时开始撤出。全球安全响应小组继续与本地安全主管合作，将事件中积累所得的报告、经验整合起来，对整个系统的效能与效率进行评估从而进一步改进。最后，随着事件的淡去，每个人都回归到日常的工作中。

这个阶段如同压电式感应器外部压力的逐渐释放，最终回归到正常的“未挤压”状态。

虽然 BETA 组织并不是基于压电式理论来设计他们的行动策略，但促使他们建立并发展一个全球应急响应系统的动机和尝试，与我在 ALPHA 组织期间学习和理解到的十分相似。在 ALPHA 组织中的学习和理解促成了信息安全风险管理的压电式理论构想：进行信息安全风险管理时，行动策略除了解决已知的信息安全问题外，还需要包括一个准备就绪和响应系统，从而达到信息安全策略中所规定的管理控制状态。

将 BETA 组织所采取的行动策略与压电式行为进行对比，可以很明显地看到，BETA 组织的控制行动是压电式理论中处理已知问题可能采取的控制行动的一个子集。

同样，BETA 组织所面对的正在发生的、新的安全事件很大程度上都是未知的，面对这些事件，BETA 的准备和响应系统所设计、实现及执行的行动，是压电式理论的准备就绪和响应系统可能采取的行动策略的一部分或子集。

BETA 组织的行动策略既包含了准备和响应，也包含了控制行动，由此可见，BETA 组织的行动策略是压电式信息安全风险管理理论的行动策略的一部分或子集。

换言之，BETA 组织所设计并实现的系统与压电式信息安全风险管理理论一致，这也表明，用响应式方法管理已知和未知安全问题，已经体现出更加优良的成效，对新浮现事件而言更是如此。

在 BETA 组织中实现并执行准备就绪活动和响应所得到的经验和知识，支撑了响应式方法的结构效度，也展示了关注于响应的方法如何解决这种情况下的已知和未知风险问题，展示了当资源和焦点关注于准备就绪和响应行动的系统上时，该组织就能更有效且高效地管理安全事件。随着事件的发展，我们看到了压电式隐喻在现实生活中上演，BETA组织整齐划一的个体、团体、过程及技术都（无意识地）如同是压电式材料中的电荷。这也为验证和支持响应式方法的有效性提供了非常重要的案例。

以 BETA 在内的组织为例，面对安全事件的冲击，对蠕虫警报、安全信息及有效补丁有所准备的组织取得了更好的成效，这种差异也支持了如下观点：对于对手行为和相关信息风险事件不具备响应性的组织，将更有可能遭受严重的影响。

除了验证响应式方法的有效性之外，BETA 组织在其准备就绪和响应行动策略上所进行的实践，也为其他需要实现类似响应式方法的组织提供了进一步的具体指导措施，包括：

（1）建立起由人员、过程和工具组成的结构化组织，为应对任何突发事件做好准备。最基本的要素包括一份更新的联系人列表（包括内部和外部的关键联系人）；将安全警报通信的职责明确到个人；建立合适的紧急通信工具，包括电子邮件、传真、电话及其他合适的方式；社交媒体已经广泛应用于公共和私人/企业网络环境中，因此也是可以满足这种大规模通信需求的有用工具。

（2）对公司所有员工进行定期培训和简报宣传。

（3）组织演示来检测收集到的数据（如内部、外部的相关联系人列表）的准确性，针对所涉及的安全形势，检测员工对自己需要履行的角色是否已经准备充分。同时，检测提供响应支持所需的技术系统（如发布警告给大量用户的邮件系统）是否能及时启动操作，是否可以在最短的时间内启动其功能[1]。

（4）当事件淡去时，需要有一个停止的过程。

一个典型的事件具有三个主要的变化阶段（从正常阶段到关键阶段再回归到正常阶段）。随着时间的推移，安全事件的显著水平随之升高，在此过程中可能存在一些诱因，象征着安全事件的发生。要确保对事件进行有效且高效的响应，一个关键的步骤就是辨认并检测出这些诱因，因为一旦事件发展起来，有效措施的选择范围就会越来越小 (McGee, 2004, pp. 28-34)。

1 场景规划不是 BETA 组织准备的。在 BETA 组织中测试都集中在验证收集的数据上。在安全消息（例如警告邮件）中会阐述个人在事件期间的责任和需要采取的行动。

同时，对于每一个事件，它会最终到达一个“停滞”阶段，事件在此阶段的显著水平将不再随着时间的推移而升高。经过这个阶段后，事件的显著水平将开始下降。如果对事件进行响应的个人始终保持同样的警戒（看齐）状态，将给他们施加过度的压力。如果事件已经开始消退，但每个人仍然处于响应的岗位而不是开始慢慢回归到日常工作，那么该阶段为面对事件所耗费的资源将是一种浪费。疲劳也可能导致失误，并引发其他意想不到的后果。因此，检测“反向诱因”是让参与响应的人们逐渐降低警戒并最终停下来的又一重要步骤。针对事件解除戒备缺乏沟通，使人员持续不必要的高警戒状态也是 BETA 下属办事机构的现场工作组所关注的问题之一。

另一方面，如果负责响应的个体在“反向诱因”被检测到之前就松懈下来，组织就会再次面临措手不及的风险，甚至可能面临更大的风险，因为事件此时的显著性水平可能正在接近或已经达到最高点。

因此，有效的响应式方法应该确保事件平稳且有效地解除戒备至正常状态，要达到这一点，就需要通过主动监测潜在的“反向诱因”来保障适当的戒备解除行动，同时制定相关的行动策略。

我们也看到与 BCP 和 DRP 职能部门的密切合作所产生的协同效应和杠杆效应，这确保了使用常规工具和报告系统所采集到的数据具备完整性，并且所涉及的过程具有连贯性和一致性。BCP 和 DRP 场景策划和演练应该包括信息安全相关的事件，它是业务连续性的端到端覆盖所不可或缺的。

4.3 海啸事件的启示

2004 年 12 月 26 日，本地时间 07 点 59 分（格林尼治标准时间 GMT 12 点 59 分），位于印度尼西亚北苏门答腊省西海岸的锡默卢岛北部发生了海底地震。据报道，这次地震震级在里氏 8 级到 9.3 级之间，大约持续了 10 分钟[1]。地震不仅造成了周边村庄的毁坏，还引发了波及印度洋大部分地区的海啸[2]。据 Caritas India 报道，各个电视频道都滚动播报

1 对此次地震震级的报道因媒体而异，但是都在里氏 8 级和 9.3 级之间。

2 海啸（Tsunami）是日本人造的一个词，指一系列由地球（地壳）强烈运动产生的波浪。海啸中每个波浪较长（多达 100 千米），能够前进几千千米，可能具有数小时的间隔。

着最新的灾情新闻。

> 地震引发的海啸卷起高达 30 米的巨浪，冲击了包括印尼、斯里兰卡、印度、泰国在内的沿海国家。海啸造成的严重破坏和伤亡远至非洲东海岸，最远的伤亡事件发生在非洲东部的伊丽莎白港，距震中 8000 千米 (Caritas India, 2005)。

一天的时间，超过 15 万人死亡或失踪，11 个国家的数百万人无家可归，使得这或许是历史上最具破坏力的海啸 (National Geographic, 2004)。

地震专家在震后公布，在发生地震的地区和海洋里，并没有部署用于监测地壳运动的预警系统。因此，潜在的受灾国家没有渠道得到灾难预警，也就无法防止灾难蔓延，遭受巨大损失。更具讽刺意味的是，根据日本过去应对海啸的经验，以及美国地质调查局的努力，灾难监控预警系统是能够对地震和海啸进行检测和预警的 (CNN, 1998a, 1998b)。在此类灾害中，人口规模超过百万的城市伤亡数量将会很高。因此，部署类似预警系统的重要性是公认的。然而，这样一个预警系统及其相关技术并不容易实现，因为受灾国家并没有经历过类似的灾难事故，因此无法引起政客对这一问题的重视。CNN 事后报道：NOAA（美国国家海洋和大气管理局）的科学家们在位于夏威夷的太平洋海啸预警中心监测到了苏门答腊岛附近发生的巨大地震，并即刻发布了海啸警告，然而，海啸以每小时 800 千米的速度超过了沟通的速度，夺去了几十万对此浑然不知的人们的性命 (CNN, 2006)。

CNN、NOAA 所掌握的海啸事件时间轴表明，预警系统已经部署就绪，但并非所有的受影响国家都是该系统的成员。因此，他们没有收到任何预警。

预警的误报问题也一直受到关注。根据 NOAA 的数据，“1948 年以来，75%的海啸警告都是误报” (CNN, 2005a)。因此，虽然泰国是预警系统的成员，并且也接收到了警报，但基于对之前大量误报的判断，他们决定不采取任何措施。马来西亚的“国民觉醒运动宪章 2000”组织 (2004) 也注意到，马来西亚本地媒体没有对清晨发生在印尼的地震进行报道，许多人质疑这加剧了后来的相关损失。

预警系统缺失和准备工作不充分所造成的严重后果在这次海啸灾难中被凸显出来，随着灾难的蔓延，一些事故救生事迹被记录下来。国家地理新闻报道：

在一些地方，海啸以急速退潮的形式宣告它们的出现。许多报道援引生还者的描述说，他们从未见过海水回退如此大的距离，连海底都暴露出来了，鱼和船只都搁浅在了沙滩上。悲剧性的是，人们跑到这些暴露出来的海底上，似乎这些罕见的景观激起了他们的好奇心。泰国的游客被看到徘徊于拍摄这些景观。

熟悉地理学的人会知道，海水的回退意味着什么。知道这意味着灾害的幸存者回忆，他们如何跑到地势高的地方，集合家人和朋友，并且尝试警告那些被吸引到海边的人。专家说，海水回退的现象可能会让人们有多达五分钟的时间逃生到高地。对 2004 年海啸灾难中丧生的人而言，只要他们知道该如何做，可能就有足够的时间来自救 (National Geographic, 2004)。

据英国广播公司（BBC）报道，有一个正在泰国度假的十几岁的小女孩，当她看到海浪急退时回忆起地理课上关于海啸的知识，于是通知了她的家人和其他游客，他们因此在灾难中得以幸存 (BBC Online, 2005; Telegraph, 2005)。

一个在新加坡工作的印度人，在看到早间新闻里播放的印尼地震后，马上打电话给印度 Nallavadu 村的家人。他的妹妹接到电话，告诉他海水已经渗到家里了，结合这两个信息，他催促他妹妹赶紧离开，并且警告村庄里的其他人。村庄里备有用于向渔民通知海况的广播系统，村民们立即向全村进行广播警告。他们的警惕性和响应式的行动拯救了村里 3500 多人的生命 (Chin, 2004; UNESCAP, 2006)。

通过这一事件，灾害意识和应急准备就绪的重要性得到了重视。一些新的举措被实施以改善现有状况并对未来的事故进行准备。

灾难往往是不可预测的。然而，通过 2004 年 12 月的海啸事件可以看到，即便对大多数人而言灾难来得如此突然，但在海啸发生前数小时实际已经有种种迹象预示了灾难的来临。尽管有预警信号，但收到信号的国家并没有做出响应。大多数国家评估认为，与爆发过的一些其他灾难相比，海啸的风险很低，甚至微不足道。尽管日本发生过重大的海啸灾难，但日本已建立好相关的防御体系。

这一事件表明，人类倾向于以当地背景下发生过的事件为基础进行风险评估，更偏向于当地的经验。当对某一事件缺乏当地经验时，风险往往会被低估。这给我们提供了在

3.1.4 节观察和评估上的第三个角度，强调了让主观评估的风险更明确的重要性，将注意力集中到那些已经存在但不为组织和风险管理者所知的风险上。因此，在不断变化和充满不确定性因素的时代，信息安全风险领域的策略改变也显得尤为重要。

虽然，由于缺乏准备，灾难夺取了许多人的生命，但渔夫的经验和小学生对地理课海啸知识的及时回忆，却也拯救了许多生命。这些积极的成果说明了知识的力量，强有力地说明了态势意识是有效和高效响应的根本要求之一。同样，对于身边的人而言，他们采取响应式措施（如同渔夫和小学生）和未采取响应式措施，所造成的差异是显著的。这进一步支持了这个观点，对于对手行为和相关信息风险事件不具备响应性的组织，更有可能遭受更加严重的影响和后果。

4.4 揭示风险的不确定性并提供风险的能见度

当谈及恶劣天气时，北京的雾霾问题众所周知，污染的尘雾完全模糊人们的视线。和许多大城市一样，气象学家有能力预测天气，在严重的雾霾来袭之前，就如同在香港、台湾和上海等海滨城市在台风来临前一样，电视里、电台里都开始预告并频繁更新气象信息，例如恶劣天气会在本地持续多久，以及有关提防恶劣天气的各种各样的建议，告诉人们该做什么或不该做什么。

如果在雾霾或者特大暴雨的天气下开车，当视线模糊到几乎仅能看清眼前的仪表盘时，我们可以感受到，失去能见度的自己会是多么的脆弱。这种情况下，我们会做出响应，例如减速、打开前灯、收听交通或天气广播来了解状况等。车内的闲谈通常也会停止。

能见度，是态势感知的一个重要方面，影响着我们对风险采取的响应和行动。在网络环境下，信息风险大多是不可见的。

提供能见度，是管理不确定性的一个重要步骤，以此来识别不确定性因素的存在。如 3.1.7 节对行动实践研究周期的学习和分析提到的，任由不确定性因素发展可能会导致可怕的后果。为了达成这种识别，必须明确未知事件的存在，哪怕它们仍然是未知的。这样做可以在没有设计实现出具体的行动策略之前，为管理部门的关注、讨论及决定提供一个基础。其实，Drucker 已经提出了一个类似的方法来管理商业风险：

管理科学的主要目标必须是使企业能够选择正确的风险。事实上，它必须采取措施以使企业能够承担更大的风险：提供相关风险和相关预测的知识和理解；确定达到理想结果所需的资源和努力；为贡献动员力量；根据期望衡量结果，从而为错误或不恰当决定提供前期修正的方法 (Drucker, 1990, pp. 511-512)。

如 Styles (2005) 中讨论的，注意力与感知息息相关，当具备视觉感知的时候更是如此。

未知或隐藏着的风险的一种可能的表达形式是，在图 4-2 所示的风险图中绘制一个第三坐标平面（或坐标轴）。通过绘制第三轴，表明在风险评估中存在未知和不确定因素。因此，后续的风险管理战略必须明确地解决这些问题。

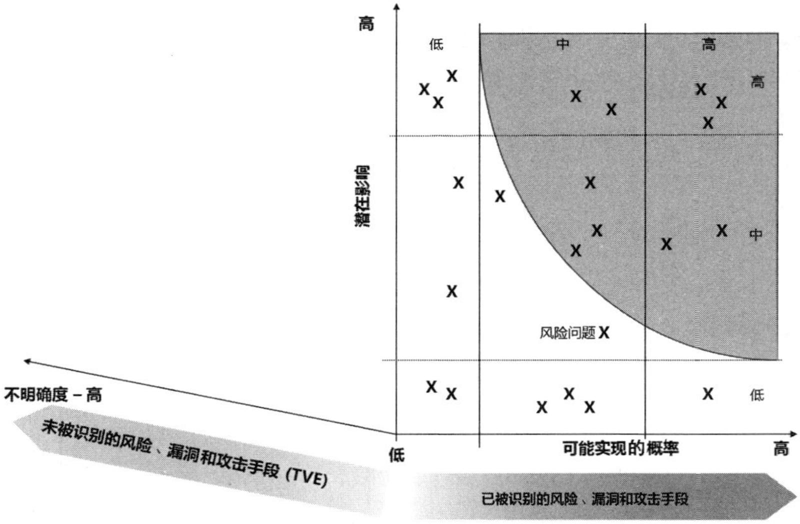

图 4-2　不确定因素在风险图中是一个隐形的存在因素

一个与“使未知因素的存在可见”类似的问题来自 Hilary Lawson (2004)的论文。当她在探讨开放和封闭之间的关系时，提出了“说出不可说”的概念：

> “世界”这个概念的问题在于，它看上去就好像世界已经存在并且其特性只是等着语言的描述；好像人类的使命就是为其找到正确的描述来精确地命名世界的每一个信息及它们的关系；就好像勤奋的科学家们能够揭示物质的最小组成单位，然后我们就会知道世界是由什么构成的 (Lawson, 2004, p. 284)。

我们可以看到，这个概念以类似的形式强加给了风险管理者，他们被希望能够全面且精确地识别并判定出所在组织和信息系统背景下的所有安全风险，给出一套方法和工具——一种闭包的形式。

> 相反，我建议我们应该认为世界是开放的。我们通过闭包来赋予世界意义。我们通过闭包的过程，保持一系列复杂的事物的开放性。因此，闭包可以被构想为一个过程，它使得开放的不稳定可以被视为差异化信息。闭包是发现特征、发现事物的过程。它是我们用于辨别相同事物和不同事物的途径 (Lawson, 2004, p. 284)。

常用的风险评估的引导方法进一步促进了这种假设——即所有需要了解的风险都是可知的，唯一的问题就是识别、描述并评估它们的危急程度。

科学的对象、粒子和定律，都不是世界的真实描述，但却是保持开放性的途径，这些途径赋予开放性意义，使得我们可以达到干预的效果。我们对这个世界的所有感觉、观念和描述都是闭包的成果，它们都具有闭包的特性。它们不是开放的，也不与开放有什么共同之处 (Lawson, 2004, p. 284)。

我们所使用的风险评估方法为风险环境提供了一种闭包的形式，允许我们进行干预，但未必表现出风险环境的开放性，因为风险环境是在不断变化的。因此我们不应将自己局限在单一的闭包之中。

> 从简单的层面上来看，开放性和闭包的框架为我们无法描述世界提供了一种解释。我们无法描述世界，因为世界是开放的。因为开放与闭包没有共同之处，如果我们追求任何单独的闭包，它就是失败的。每一种闭包都为保持开放性提供了一种方式，但开放性却是其他的东西 (Lawson, 2004, p. 286)。

常用的风险评估方法的有效性受到质疑，并且研究证据说明了它的局限性，尤其是在处理新浮现的、意外的事件时，这些方法更加局限。但是，Lawson 补充道："失败不会告诉我们世界是怎样的，但它们失败的方式告诉我们世界不是怎样的"。与之类似，风险评估和管理方法的局限性不会向我们提供风险环境的具体信息，但可以告诉我们风险环境不局限于工具和方法的假设。换言之，我们的分析表明，风险环境比常见风险评估方法能识别的要多，所采取的这些风险评估方法的观念与风险环境的开放性之间存在着差异。这些分析触发了第三轴的概念（一个必须变为可见的隐藏平面），为风险环境的开放性提供了另一个闭包，从而可以对其进行干预。这与 Lawson 提出的闭包理论是一致的。

> 这个理论的好处在于，它阐述了尽管我们无法描述开放性，但我们仍然可以在现实世界中对其进行干预。
>
> 这是让我们得以从原本循环式的自我反思悖论中走出的关键一步 (Lawson, 2004, p. 287)。

此外，Lawson 也主张：

> 哲学并不需要采用回避的策略来保持其限定的范围。我们不必认为应当避免试图回答这个困扰我们最深的问题。我们不必因为它是不可言说的就断定一定要避免面对它。从某种意义上说，一切都是不可言说的 (Lawson, 2004, pp. 289-290)。

第三个轴，虽然包含着未知因素，但它不应该是不可言说的，也是不可避免的。通过使第三个轴可见，我们为风险环境的开放性定义了一个新的闭包。Lawson 说："尽管这些闭包（最终可能）失败，但它们仍然是有益的"。有了这种可视性，闭包就提供了改变我们所想和所为的能力 (Lawson, 2004, p. 290)。

4.5 响应、反应及主动性的战略

与 BETA 组织的实践类似，我们通过对 30 名外部人员的访谈和调研结果进行分析发现，尽管许多企业的信息安全风险管理依然倡导以防御为引导的策略，但实际上他们已经开始了更具响应式的实践。外部调研表明：

（1）安全监控和灾难恢复在近三分之一的调查结果中被列到了优先级最高的前三位。这反映了重视预备的实际做法（这是他们使用的理论）。对补丁管理（73%）和变更管理（67%）的重点强调表明，他们的实际工作正向着响应式的信息安全风险管理系统发展。

（2）根据这项调查，受访者对准备程度的反应及造成重大影响的蠕虫和病毒类型的反应，显示出两者间的反比关系。即，当未知或意外的安全事件出现时，预备工作越少遭受的影响就越严重。

（3）对安全事件进行演习，没有被任何受访者列入安全计划优先级的前三位。然而，至少47%的受访者考虑了安全事故的响应的要求（即使不是作为最重要的任务）。如果安全事件的预备工作被认为是安全计划的三大重点之一，就可能有更充分的预备工作。

这个实践理论的现象可以解释为，防御为主导的安全策略通常被视为是主动的——是"防患于未然"的概念——在其涉及的问题中凸显出更好的控制力和领导力。

当响应式安全方法的概念被首次提出，并与ALPHA组织以外的其他信息安全从业者进行讨论以寻找它不成立的证据时，我们讨论最多的就是这种方法的有效性。一些受访者担心，这种方法会过于被动，他们误以为响应是"等待问题发生而不是主动应对"。

然而，响应式方法并不是一种被动的解决方案。在战略管理的背景下，Russell L. Ackoff 定义了三种类型的计划，即"事后反应式"、"事前预防式"及"互动式"计划，对不同的需求而言，这三种计划都很重要，这也将影响该组织的未来和它所运作的环境。

> 事后反应式计划是自下而上的战术为导向的计划。它所包含的策略是隐含的，是众多独立战术决策的结果。它始于组织中识别到缺陷和威胁的最低或较低级的单位。然后他们尝试回退到一个较好的早期状态，试图找到这些缺陷和威胁的根源并清除或阻止它们。接下来，使用成本效益分析，赋予项目不同的优先级。最后，对能够用于项目的资源进行预估，选择出一组已经具备实施条件的高优先级项目开始实施，直到其他的预期资源已经就绪。如此选择出来的一组组项目就构成了整个单元计划 (Ackoff, 1999, p. 103)。

因此，事后反应式计划是以问题为导向的，具体到信息安全风险管理者对审计员的意见、法规的遵从性需求及随时发生的安全问题进行何种响应。

事前预防式计划是自上而下的战略为导向的计划。它设定了明确的目标，但具体的战术措施则是由个体单位自行主导。此类计划包括预测和准备两个部分，其中预测更重要。如果预测是错误的，再完善的准备工作也是徒劳的。

事前预防式计划的过程始于组织高层，对预测的未来情况进行准备。这些预测都是基于对当前面对的威胁或机遇进行分析得出的。然后为解决这些威胁或机遇准备一份涵盖整个组织战略的宽泛的声明。这些对未来的预测和战略白皮书被下发到组织的各个部门。各级部门都根据自身的环境条件分析和调整预报，并制定与其他部门整体上兼容的目标。为达到这些目标所采取的措施被制定为通用的条款 (Ackoff, 1999, pp. 104-105)。

采用连续风险评估方法的信息安全风险管理人员，通过这种方法检测新浮现的风险，并对业务过程调整和新浮现的科技引起的变化进行响应，这实际就是采用了事前预防式的计划。一般来说，这种方法常被认为是积极主动地预测即将出现的问题。

互动式计划旨在获得未来的控制权。它所基于的信念是，一个组织的未来至少取决于它正在做什么及已经做了什么。因此，此类计划由两部分组成，一是对理想未来的构想，二是选择或发明出尽可能将其实现的方法。

对未来的某些方面，我们是无法预测的；例如，自然或政治灾难，或科技的突破性进展。我们无法直接对这些未知因素进行准备，但我们可以通过响应性（互动式）的计划间接地进行准备。此类计划由专为其设计的组织和系统进行管理，从而可以快速检测出计划是否偏离预期，并及时进行修正响应。因此，响应式（互动式）计划包括为组织建立起响应性和灵活性。

响应式方法超越了事后反应式方法和事前预防式方法。与 Ackoff 的定义一致，它是以未来为导向的，更重要的是，对未知进行预测并构建起具有响应性和灵活性的组织或系统。在信息安全风险管理中采用响应式方法，要确保组织的信息安全系统是以未来为导向的，在风险环境中具有检测背离预期情况的能力，并对其进行有效的响应。通过准备做出回应，将必要的过程和资源准备就绪，对它们进行定期训练，这样，我们对变化的情况会更加警惕，整体的事后反应会减少。响应式方法是交互式的，超越事前预防和主动响应，这种观点对推进正确认识压电式理论也很重要。

要强调的另一个重点是，响应式方法并非要淘汰现行的那些为解决已知安全问题而采取的主动措施。相反，响应式方法通过逐步提升组织对缺乏响应性相关问题的关注，来强调预防方面的缺陷和不足。当一个组织仅致力于处理已知问题，并将全部的有效资源都用来解决已知问题时（例如 ALPHA 组织的经历），这个组织往往会受到突发和新浮现安全问题的困扰，从而导致“救火”的情形比组织所预计的更多。

ISO/IEC JTC 1/SC 27 第四工作组[1]提交了将准备就绪和响应的概念作为新的工作条目的提案，该提案也在 2007 年 8 月的第六届亚洲信息安全论坛[2]上进行了讨论 (Kang, 2007)，随后促进了国际标准（ISO/IEC 27031）的制定和发布 (ISO/IEC, 2011)。

4.6 关键性对齐

在 3.1.7 节关于信息安全风险分析和管理的讨论中显示，风险评估是主观的，充满了不确定性和未知因素。某大型国际金融组织的信息安全负责人在一次安全会议上谈道：“这太主观了，总是仅仅依靠猜测，我们经常不敢确信正在做的事情是否正确。”

如果基于主观性的风险评估是不适用的，并且无法有效地解决安全问题，那么对于信息风险管理者而言还有什么有效的可选项呢？此外，考虑到商业资源是有限的，并且管理部门首要关注的是商业目标，那么，我们如何才能得到商业管理部门的同意和支持，将一部分资源调整用作风险管理呢？

这类似于商业谈判中存在一个或多个利益冲突时的情形，尽管管理者可能意识到了信

1 SO/ IEC JTC 1/ SC27/ WG4 是制定“安全控制和服务”国际标准的工作组，以支持 ISO/ IEC 27001 的执行需要，还有 ISO 和 IEC 的联合技术第一委员会中没有涵盖在小组委员会 SC27 内的新兴技术。我是 WG4 的创始主席，2006 年 9 月至 2012 年 8 月主持该组的工作。

2 RAISE 论坛是亚太地区信息安全专业人员的地域性碰头活动，每半年或每年开会并提供有关各成员经济体信息安全标准和信息安全有关的问题和发展更新。论坛的议程发表在纸媒和网络上，请参见 http://raiseforum.org/。

息安全风险需要纳入管理中。

Schelling 在他的经典之作《对立的战略》(*The Strategy of Conflicts*)中阐述了这种冲突的局面，他认为，一种可能的解决策略是寻找能够得到双方认可的“显著”方案，从而为双方建立承诺提供一个聚焦点 (Schelling, 1960, p. 58)。

这就涉及了关键性（或关键程度）对齐的概念——压电式隐喻的三个关键阶段之一。总的来说，关键性对齐主张：

> 当且仅当信息安全管理部分关注于信息安全对业务威胁的关键程度，并且风险管理机制能够适应系统与环境中随时间和事件不断变化的威胁的关键状态，才能达到从业务角度着眼的平衡(“Piezoelectric Metaphor”, Section 4.1.)。

关键性对齐的概念定义了一个聚焦点，使得商业利益和风险问题这两个范畴的交叉边界可以被识别出来。基于前面分析过的压电式理论，关键性对齐是指信息风险管理者应该关注使之与商业需求保持对齐的区域，以及对组织和关键区域中由变化引起的新问题的响应。这样就扩展了其他方法中涉及的关键性概念，例如 Knowles (2005)[1] 提到的风险的“物质性”，BETA 组织中风险的关键性——仅提供所涉及资产的重要性作为指标。

对齐与成果相关。关键性对齐的概念意味着需要采取的行动会导致预期的成果。关键性对齐是以商业为导向的，也是与商业一致的，专注于商业经营，可能是一个项目、倡议、计划、不确定的情况、敏感或重要的数据，如知识产权或对商业起显著效果的应用系统，因此，管理层必须采取措施。

使用 Flood (1999) 的四窗式系统的观点，组织可以将公平作为所需关键性对齐的属性或要求之一。在 Ernst & Young 的《全球信息安全调查（2012）》中提到，信息安全积极性与业务的一致性被强调为最受关注的四个关键领域之一，它并未表现出明显的改善，而是

1 键性，在 Knowles’的文章中，是指组织为了加强注意力和资源来管理信息安全风险时，信息安全风险的重要性。同样，关键性这个术语被用在 BETA 组织使用管理新兴风险的方法中，指的是有可能展开成一个潜在安全事件的严重性和重要性。在这些方法中，关键性是针对风险，但不一定和业务保持一致。此外，不管使用什么术语，重要性和风险的意义仍然是主观的，依赖于风险分析师的评估。

处于停滞甚至倒退的状态 (Ernst & Young, 2012b)。

业务的关键性对齐包括两组问题。一类是关键业务问题和风险评估结果之间的交集（或重叠），即业务关键信息资源可能产生导致重大影响的问题。另一类是还未在风险评估中显露出来的业务问题。例如，一个外部获取的应用服务对某些业务过程是至关重要的，但还没有被进行风险评估，或者没有被识别出存在高风险的问题。

从更高的管理层面来看，合规性往往是业务相关的问题，但从一个信息安全风险评估系统的角度，它不会被视为是一个信息风险，而是被视为一个监管风险（从整体业务风险的角度而言）。在确定和评估关键性对齐的要求的过程中，合规性可能显露出来，作为信息风险管理人员需要关注的问题之一。在应对事件的过程中，组织必须至少保持遵循法律法规及公司章程。虽然这种调整需求应该被考虑在内，但它可能没有必要作为关键的问题之一，这取决于触发的事件[1]。

随着商业环境的不断变化，风险环境也是不断变化的，因此对组织而言，关键性对齐的需求并非是固定不变的。

组织用于发现和确定关键性对齐的方法，也是应该允许变化的，从初始实践过程的结果来反思和考虑，从而进行下一轮的评估和行动策略。辩证和迭代的行动实践研究方法是优于静态过程的。软系统方法论的辩证法变化 (Dick, 2002d) 可以用来满足此要求 (Checkland & Scholes, 1990; Sankaran, Tay, & Cheah, 2004)。基于软系统方法论的辩证法还提供了额外的优点，它引入了理想模型，通过其与现实环境的实际比较，可以让参与者和研究者更明确地决定关注哪些地方的改进（如附录 B 所示）。

使用关键性对齐作为切入点来证明信息安全系统效用的方法，从业务的角度来看也更

---

1 外界执行的调查结果显示，业务持续性是实施信息安全的最重要原因，达到 22%的回应率，比法律合规的要求高了 3%。Ernst & Young (2012b)的报告称有 51%的受调查组织把业务持续定为重中之重，只有 17%的受调查组织认为合规检测是最重要的。把法律合规视为低优先级的其中一个原因跟企业运营的商业性质有关。举个例子，在一项为一家印尼通信公司主办的安全会议中，一位 IT 经理报告道，印尼（当时）没有任何强制性的信息安全管理和实践的法律法规。在那种情况下，法律合规就不能用来推动企业实行信息安全风险管理。Ernst & Young (2012b) 认为企业从（2006 年）关注合规到（2012 年）转变到关注业务持续性显示了业界风险战略思维已经趋于成熟。

加容易接受。从采访新加坡某跨国物流公司 CIO 的反应可以看出这一点。

> 物流公司的关注点是用 IT 技术使业务过程更自动化，创造更多的商业价值，如果信息安全作为产品的一部分无须支付额外费用，那么他们可以接受；否则，他们会非常慎重地考虑。

鉴于本研究使用关键性对齐的方法来有效地得到利益相关者的共识，并确定信息安全风险管理的关键点，这似乎让风险评估的概念显得多余。然而，这是一个伪命题。风险分析和评估仍然是有意义且必要的，即使它们依赖人的主观判断。风险评估是组成关键性对齐识别过程的一部分。它提供了所需的已知或感知到的风险的列表。风险评估中人类主观判断的部分可能会使其大打折扣，但已经识别的风险列表提供了一个合理的基础，以此为出发点，实现让利益相关者在关键性对齐要求上达成共识。没有已知风险列表，利益相关者就不会意识到存在这么多的信息安全风险，以及这些风险与业务有什么关系。因此也就不可能确定关键性对齐的需求，包括信息安全风险管理人员关注的那些风险。

然而，风险列表未必是唯一可用的工具。如 4.9.1 节和 4.9.2 节要讨论的，故障模式影响分析（FMEA）方法可以提供更直接的关键资源和潜在故障模式列表，从而弥补现有风险评估方法的缺陷。它也作为一种合适的工具被引入到 ISO/IEC 27031 中 (ISO/IEC, 2011)。

4.7 在 GAMMA 组织中测试响应式方法

2005 年 6 月，我曾与 GAMMA（泰国一家零售银行）的首席安全官一起工作，这让我有机会对响应式方法进行实践并验证它的有效性。GAMMA 当时面临着一系列的计算机病毒和网络蠕虫恶意程序的攻击，导致了很严重的商业损失。为此，响应式方法提出了一个新的观点来解决这些信息安全风险管理过程中遇到的挑战。当时，GAMMA 的所有重要银行业务应用（除了运行于隔离网络和操作系统的自动提款机外）都被攻击，瘫痪长达两周之久。

GAMMA 部署了 OCTAVE (Alberts & Dorofee, 2002)、ISO/IEC 13335 (2004b, 2005b)、ISO/IEC 27005 (2008) 等现有的风险评估方法，采用了 Moses (1994) 等专家提出的各种商

业措施，也聘请了许多专家作为顾问，然而，研究 GAMMA 的实践案例可以看到，这些现有的措施都存在一种局限性，即它们都假设风险评估要进行风险识别的目标系统是已经存在的。当一个新的系统希望得到保护时，由于没有现有系统能够为风险评估提供参考基础，这些方案就变得难以胜任。

在信息系统设计者完成新系统设计的初版之前，信息安全管理人员和风险管理员只能等待，直到第一版完成后，才有可能对其进行风险评估。对新系统的设计来说，这种假定的风险管理步骤是“事后反应式”的，在变化发生后，原始设计中的风险才能被识别、评估或分析出来。另一方面，CIO 希望从 CSO 那里得到的是一整套的安全建议，包括应该被考虑或纳入到新基础架构建设和信息系统设计过程中的安全相关要求和行动战略。然后，这可能会形成一个整合并提供安全需求在内的新的系统设计方案。

因为了解风险评估方法的缺陷，所以我建议利用基于框架的方法解决 GAMMA 的安全需求，这个方法被 GAMMA 所采纳。附录 C 介绍的信息风险管理框架（IRM 框架）基于新加坡标准 SS493，它在早期被发展出来用于解决标准制定领域的类似需求。

IRM 框架和基于软系统的方法（SSM）的系统探究辩证模型方法（DMSI），使信息安全团队可以通过许多因素筛查并识别关键信息资源、核心业务需求、实质的与理想化的业务需求、实际的且可行的方案，最终推导出切实可行的 FLAM。FLAM 的成果是形成一个全面的安全计划，以此解决已知的安全风险和关键需求，同时也为 CSO 构建更具响应能力的系统提供基础，从而预防后面可能出现的未知、新浮现或突发的安全事件或问题。

关键性对齐这个概念的引入，可以对（CIO 和业务管理者的）关键需求进行识别和调整，使其与 IT 安全业务一致，并找到共同的关注点，从而保障实施安全计划所需的资源。传统的安全计划仅解决已知（或可识别）的风险，对未知或意外的风险缺乏防备，与之不同，在 GAMMA 中设计和实施的这种新的安全计划很好地满足了响应性需求，因此使企业更具有响应性，即可以应对正在发生的变化，同样也可以很好地处理自身和外部环境带来的意外变化。

对实践的最后辩证包含了对基于响应式方法设计的新安全基础架构进行外部安全测试并评估其结果，重点关注处理已知风险的漏洞管理系统和应对新浮现问题的安全升级系统。虽然并没有对测试部署实施连续监测和性能评估系统（因为时间和资源限制，不能同时既包含案例研究又包含测试功能）来测量组织的响应，但 GAMMA 的安全准备就绪体现出可接受的响应状态。GAMMA 的安全准备就绪体现如下：

（1）新的 IT 基础设施纳入了响应式方法所需的组件系统，即当安全人员提供有效的安全更新和恶意软件识别标志更新时，经 CSO 管理的安全运营人员核准允许部署后，组件系统负责这些更新的发布和安装。

（2）GAMMA 实现了一套系统过程对正在发生的事件进行持续追踪，一组操作人员对这些事件进行评估并对其中将演变为安全事故的事件做好响应的准备。这套过程得到了事故响应和处理程序的进一步支持。业务人员会进行新 IT 安全系统、事件监控系统、故障响应程序的培训。

（3）GAMMA 聘请了第三方安全公司，将定期进行安全渗透（攻击）测试。渗透测试的目标是确定组织的 IT 基础架构能否承受外部黑客利用 IT 系统和应用中常见的已知漏洞发起的有组织的攻击。GAMMA 通过了第三方的初步渗透测试，表明 GAMMA 的新安全基础架构是已经更新的，利用了最新的安全补丁和反恶意软件签名，IT 基础架构的运营没有向（当时）已知的攻击手段暴露出脆弱性。

上述 IT 系统、运营过程和测试表明，GAMMA 已经具备了满足最低限度要求的合适基础架构系统和过程。设计它们的初衷是解决已知安全问题，经过发展后希望它们能进一步解决新浮现的问题。测试表明这些基础架构系统和过程已经具备了对这些安全问题响应的能力，这使得 GAMMA 具备了比之前更好的响应能力。这个最低限度的基础架构系统和过程对引入更全面的响应策略模型和相关行动实践战略（后面会讨论）而言是十分重要的基础，从而进一步加强组织的准备就绪和响应性。

初期响应式方法的测试提供了一个生态效度的验证，表明在 ALPHA 和 BETA 这样具有不同社会环境和实践价值的组织中应用该方法是可能的。

4.8 Antinny 蠕虫案例的启示

2004 年 4 月，日本计算机软件知识产权保护组织（ACCS）的官方网站遭到网络蠕虫攻击，ACCS 认为这是一群黑客所为，试图让 ACCS 的官方网站无法继续提供公众服务，即拒绝服务攻击。

这个网络蠕虫被称为 Win32/Antinny (Microsoft Corporation, 2006b; Sophos Plc., 2006),简称为Antinny,它以可执行文件的形式,利用日本的 Winny 对等(Peer-to-Peer, P2P)网络进行传播。Antinny 具有许多的变种，一般来说，当用户打开该可执行文件，就会把Antinny 自动安装到操作系统内的关键区域从而在操作系统重启之后也能自动运行,然后，它会播放一段视频文件并显示一副图像。也有报道称“Antinny 的某些变种会窃取个人信息，例如姓名、电子邮件、文档等，并把这些隐私信息发送到文件共享网络”(Symantec, 2004a)。

根据 MicroWorld (2006) 的报道，“绝密军事情报、数以百计公司的商业文档、大量病人的隐私信息、(日本) Yahoo 购物商城的完整信息，以及 (日本) 自由民主党的机密数据等成千上万的隐私数据被暴露到了互联网上,这些信息泄露问题在日本引起了巨大的震荡”。

Antinny 的一类变种会向 ACCS 的 Web 站点发送大量非法查询指令。Web 服务器在处理这些非标准语法的指令时，会消耗大量的系统资源。当数十万量级的用户同时发起此类非法查询指令时，服务器会响应缓慢直至最终宕机。这样就造成了拒绝服务攻击。

对 ACCS 进行攻击的 Antinny 蠕虫变种具有一个显著特点，从 2004 年 4 月开始，它们仅在每周一或 Zorome[1]日实施攻击。

由日本国内网络服务提供商 (ISP) 和通信运营商组成的电信信息分享分析中心[2] (Telecom-ISAC) 从 2004 年初就开始在网络边界部署中央监测系统，用于检测异常网络流量和安全事件。Antinny 蠕虫对 ACCS 攻击所引起的异常大流量很快就被网络监控中心捕获。蠕虫程序产生的网络流量带宽据测每秒超过了 300 兆 (300 Mbit/s)，是常规企业网络流量的三倍之多。

---

1 Zorome 日是指日期与月份数字值一致的日子。例如 4 月 4 日、5 月 5 日、6 月 6 日和 7 月 7 日等。

2 信息共享和分析中心 (ISAC) 是提高行业内信息交流、合作和协作的倡议，这里指的是电信行业对抗网络空间安全问题的挑战。网络空间安全问题涉及的互联网使用使组织的单独行动无法有效地处理 (安全问题)，因为互联网是一个共享空间，任何实体的弱点都可能导致对其他实体的攻击或泄漏。因此，协作、合作和信息共享，特别是涉及安全事件和互联网问题时，即使在竞争对手之间也是期望的和必要的。Telecom-ISAC 成立于 2002 年以促使这些活动发生，组织成员之间具有高度信任。

对此事件的公开报道 Nakao (2006) 表明，在 2004 年 4 月，虽然监控中心已经建立完成，但他们并没有适当的应急措施来处理 Antinny 蠕虫和相关的拒绝服务攻击。他们的第一反应是修改受影响 ISP 网关的路由及防火墙策略，将目的地址为 ACCS 站点的流量屏蔽，阻止非法查询。这种做法很快被证实是无效的，因为有太多网关都受到影响，一旦在这些网关上设置规则，相应的合法用户也无法访问 ACCS 网站。

响应小组进一步发现，Antinny 在发送恶意查询之前通过 ISP 的域名服务器（DNS）解析 ACCS 的地址，因此，他们认为简单地删除 DNS 中的 A 记录，即网络地址记录，将会使蠕虫失效。虽然这种方法抵抗住了蠕虫对 ACCS 站点的攻击，但也导致蠕虫对 ISP 的 DNS 服务器的查询流量激增了六倍，这直接导致正常的 DNS 请求也无法得到响应。这种处理方式无意中导致了针对 DNS 服务器的拒绝服务攻击。

经过大约两周的思考和研究，响应小组确定使用天坑或称 Sinkhole (Mirkovic, Dietrich, Dittrich, & Reiher, 2005) 网络技术方案，也被称为网络黑洞技术，将恶意流量重定向到一个独立的网段进行分析，而正常的、合法的流量将有效地达到网站。

从攻击被检测到开始约两个月后，天坑网络技术被部署起来，事实证明这个方案有效地保护了网络和 ACCS 站点，避免它们受到 Antinny 蠕虫的攻击。然而，问题的根源并没有解决——蠕虫程序成功地利用 P2P 软件进行传播，终端用户对此毫不知情，并且用户缺乏防范此类恶意软件攻击的安全经验。

此外，只要终端用户机器上的 Antinny 蠕虫没有完全清除，即使目标网站已经不受影响，实际的攻击还在持续，它会转化为 ISP 网络中的高带宽负载。

为了解决蠕虫攻击发生的根本性问题，Telecom-ISAC 监控中心聘请了业界领先的安全团队，通过培训、研讨会和发放宣传单的方式来提高公众的安全意识。当发现某些用户的计算机系统被感染时，相关 ISP 也将通过电话或电子邮件的方式通知这些用户，并告知他们必要的清理步骤，提出进一步建议以防止用户再次感染 Antinny 或其他恶意程序。

据 Nakao 报道，直到 2006 年 11 月，受 Antinny 感染的计算机系统中，仅有 70%完全杜绝了 Antinny 的再次感染。许多防护欠佳的系统仍然存在可被 Antinny 再次感染的漏洞。

研究和审查该事件时我们可以看到两个关键的教训。首先，该事件暴露出 2004 年的 ISP 缺乏良好准备状态，无法对正在发生和已经发生的安全事件做出响应，虽然事件期间和之前已经有了涉及网络蠕虫和拒绝服务攻击的众多安全事件。例如，参见文献 CERT/CC (2003a, 2003b, 2004)、Legon (2004)、Lemos (2004)、Microsoft Corporation (2004)、Pelline (2004)，以及 Symantec (2004b)。

这其中的悖论是，事件发生的背景是在不缺乏来自核心利益相关者支持和赞助的情况下，例如在 2004 年年初创立的 Telecom-ISAC[1]项目，明确了他们解决这种互联网安全隐患的意识和承诺。

但是，Telecom-ISAC 项目关注的重点在于监控和检测，以及事后响应措施，而不是行业和各个利益相关者应该如何响应正在发生或已发生的安全事件。检测和响应之间存在本质的区别，但往往被忽视。因此，即使该事件已经被检测到，这次攻击仍然能够持续较长时间。在总结发言中，Nakao (2006) 宣称吸取此次事件的教训，提议实施"措施来规避和应对 DDoS 攻击"，并有能力进行"预测和预知，使'响应式'管制可以在早期'事件发生之前'部署"[2]。

另一个来自 Antinny 蠕虫事件的重要教训是关于该事件与相关技术的供应，以及互联网服务的技术商部署是否能够及时满足其响应能力需求的问题。在该案例中，天坑 (Mirkovic et al., 2005) 联网技术方案是在几年前就已经制定的，那时 DDoS 在互联网上也已经被评估为对业务运营有显著威胁。然而，该方案的采纳受到了限制，因为在正常运营条件下，它没有明显的实用价值。当没有违规网络流量时，天坑网络只是简单地空转并消耗资源来维持生存。因此，从策略规划的角度来看，压电式原理是重要的。安全管理计划必须纳入响应式技术基础设施来应对不断变化的 IT 风险环境的需求，而不是单一地基于风险管理的方法做资源投入的决定。在基于风险管理的方法中，过去没发生的 DDoS 攻击经常会被误认为不会发生，导致这种攻击被评估为是对组织低风险的事件。

除了天坑网络可以应对互联网攻击，近年来，多项安全技术也已在业界被推出。这些技术的目的是为探测和识别新出现的攻击提供更好的性能，特别是针对那些使用新技术、

1 Telecom-ISAC 是日本主要的互联网服务提供商为信息共享和分析而成立的，关注该国运营商的网络空间安全事件和事故。了解该组织的更多信息，详见 https://www.telecom-isac.jp/about/index.html。

2 引号中的文字基于与中尾浩二（Koji Nakao）在新加坡（于 2006 年 11 月 3 日）举行的一次会议上的口头澄清。会议还确认了事件相关信息的准确性及已进行分析的有效性。

利用未公开报告的漏洞的网络威胁。例如，蜜罐 (Amoroso, 1999; Takakura, 2006; The Honeynet Project, 2002, pp. 9-12)、蜜网 (The Honeynet Project, 2002)、行客蜜猴（Strider Honey Monkey）(Y.-M. Wang, Beck, Jiang, & Roussev, 2005) 和网络黑洞监控 （Blackhole Monitoring）(Bailey, Cooke, Jahanian, Nazario, & Watson, 2004) 是其中一些安全技术和概念。使用这些技术可以提供必要的技术能力，以提高组织对互联网上新型攻击的发现和响应速度。

当我在 2013 年 3 月 3 日修订本章时，我尝试参考一些以前保存在 Evernote[1]中的资料。Evernote 是一款基于云计算的互联网笔记应用，被许多人广泛使用。这一次用本地的应用版本登录，Evernote 提示我的密码已经被本地存储的应用修改。两次不成功的登录尝试后，我决定直接登录 Evernote 的网站。Evernote 实际上已经在 2013 年 3 月 2 日夜间发表了博客提醒用户 Evernote 的网站有可能遭到攻击。尽管他们没有发现任何具体的支付数据或收费账户的信息被泄漏，但他们已经确定“对这起事件负责的攻击者已经获得了 Evernote 的普通用户信息，包括用户名、个人电子邮件地址和已被加密了的密码” (Evernote, 2013)。

他们很快承认并传达了有关攻击的信息，更重要的是，他们能及时阻止所有用户的访问，直到用户在线登录进行密码重置。密码重置将有效地使被盗的相关数据作废，即使 Evernote 还没有真正解决其系统或网络内导致成功入侵的具体弱点，响应动作提供了一种快速权宜之计，以防止进一步损失，以便他们继续调查攻击者的手段和使用的漏洞，以解决潜在的安全弱点。这起攻击事件表明，越来越多的企业，尤其是那些在互联网上运行的在线服务，现在更侧重于事件的响应准备，随时响应和重新保护他们的系统。

虽然 Evernote 之类的组织在建设他们网络、应用和管理系统时对网络攻击事件的响应功能和准备就绪有一定的内在要求，但他们通常并没有以真正采纳响应式信息安全风险管理方法为基础。这是因为响应式安全方法基本上还不是业界普遍认识的安全管理方法。然而，网络技术的本质及针对事件的准备就绪和响应要求的设计和开发很自然地趋向于提供更有效的检测、识别和响应功能。这也将提高利用这些技术和系统的组织的响应能力。

利用响应式安全技术和组织对事件响应的预备性的关注所涌现出的响应能力这个概念表明了响应式方法的结构效度。换句话说，响应式安全技术的成果为响应式方法在提高

1 了解有关 Evernote 的更多信息，请访问 http://www.evernote.com/。

安全准备就绪及响应能力时定义相关技术元素和过程做出了进一步的贡献。

4.9 优化响应式方法

我们对通用风险评估方法局限性的理解，例如 ALPHA 组织所使用的 ISRA 方法，以及将第三轴显示的未知风险纳入我们的分析，提出了如何把这些理解和方法实施在实践应用环境中的问题。

4.9.1 风险预估

要把未知的风险以图像形式显示在第三轴上是不可能的（如图 4-2 所示）。组织与其环境的复杂性也使得利用提前规划来应对未知的风险不可行。根据 Flood 的说明：

> 复杂性理论质疑了有意长期操作的可能性。它指出，事情展开的方式对于人的思维来说本质上是不可知的，它通过起源于微小细节的自发性和自组织涌现，而不是通过提前规划出现。我们可以做的是在管理局部的同时认识全局复杂性的不可知性。通过管理局部可以激发持续性可期待的结果，这些结果仅在少数的相互关系、极少数的阶段，以及未来较短时间内扩展。这就是我所指的在不可知中学习。我们在进入一个神秘未来的过程中学习 (Flood, 1999, p. 90)。

换句话说，要对组织内的风险管理者、业务管理者和个人用户有意义，像天气预报中的气象学家一样，第三轴应该反映针对该组织的风险。那些风险相关的信息随后将被用于确定适当的反应和行动战略。

开放系统理论认为，所有系统都有可渗透边界并且也因此对其所处的环境开放。一些系统也可具有相关的任务环境，即处于社会环境和系统之间。对于一个要在一段时间可行的系统，它必须（1）不断扫描相关环境中可能会影响其可行性的变化；以及（2）主动适应它接收的新信息，同时以这种方式影响其环境 (Emery & Devane, 1999)。第三轴的风险预测所需要的有用信息必须咨询相关信息源来征求。

我们对 ALPHA 组织信息安全风险管理的分析揭示了它具有与开放系统相似的因果行为。为了有效地处理系统内部与外部的变化，我们需要设计和执行某些属性使组织系统能够检测环境中的相关变化，同时主动适应它接收的信息并以这种方式影响环境。传统的监控系统主要关注过去已经发生在系统中的事件记录，而不是寻找环境中新浮现的变化。正因为如此，事件响应、灾难恢复和业务连续性管理的要素往往侧重调查和恢复行动，而不是改变保护系统的操作来响应已检测或识别出的变化。

在组织中执行和管理信息安全风险需要处理组织内部及外部的变化。这些变化有时与其他组织有相似的特性，也会因某个特定事件而起。因此，作为信息安全风险管理一部分的方法论，应该准备好应对常见的变化，同时满足该组织对信息安全的要求。

理解变化是预测风险的重要方面。要获得这种理解必须对现有系统和环境的关键参数进行持续和严格的监测。只从过去的事件中学习是不够的。必须理解新事件及其新浮现的特点，并将其关联到组织的关键性对齐需求。专门的风险预测数据也可以在互联网上获得。例如，由 SANS 研究所运作的互联网风暴中心[1]密歇根州大学的互联网运动传感器 (Bailey et al., 2004)，以及其他组织团体，比如 Telecom-ISAC 网络监测组织共同倡议(Nakao, 2004, 2005)。

理想情况下，持续评估当前的状态与过去的类似行为模式或属性对比应该可以预测发生不良事件的可能性。然而，除非有一个大型的过往安全事件数据库可用，并且经过适当编码支持与目前的事态发展的实时模式匹配，否则这种对实时不良事件的可能性估算是不可能的 (Blakley et al., 2001)。这种数据库也将依赖于环境从而与组织的信息安全环境相关。在实践中，这样的数据库将因过于昂贵而难以建造和维护。更重要的是，这样的方法仍然仅限于对过去已知事件的检测。

如图 4-3 所示，根据我们从内外部信息来源能发现的和实际可以获取的信息来源，至少有四类信息有可能被挖掘，提供给信息风险预测做准备。

1 了解 SANS 研究所互联网风暴中心的详细信息，请访问 http://www.sans.org/。

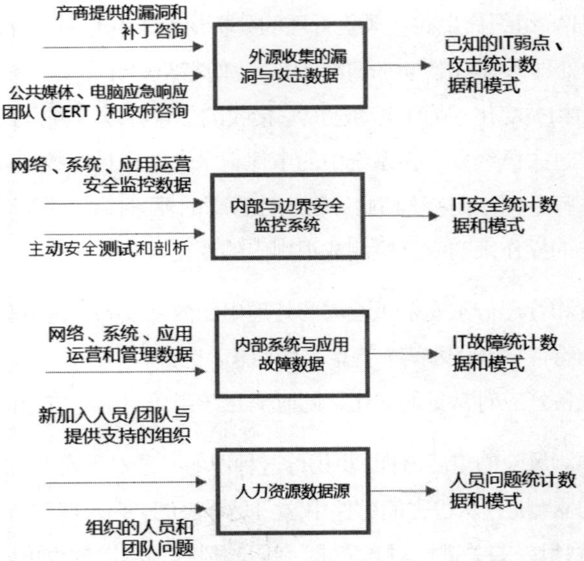

图 4-3　信息风险预测的各种信息来源

（1）可从外部来源获取的技术（包括产品和应用程序）漏洞和攻击数据包括安全更新和补丁咨询，网络流量模式和在公共领域最新发现的病毒和蠕虫，如前文标注的由 SANS 研究所[1]和 Telecom-ISAC (Nakao, 2004, 2005) 报告的。

（2）内部和边缘（边界）网络安全监控系统，基于入侵检测系统、安全日志、从网络捕获及入侵检测系统审查过的和（或）近实时的基于行为检测的恶意事件检测系统所捕获并审查的网络流量数据（例如，Netflow[2]数据）。越来越多的企业开始寻求部署这种基于行为的能力，用于检测新的或新浮现的攻击 (Dempsey et al., 2011)。

（3）IT 和应用团队可以获取内部系统和应用程序的故障数据（包括安全和非安全相关的故障）。故障事件，尤其是突发事件的回顾检讨要经常进行并且在突发事件后立即进行，这样可以捕获当事人最新鲜的记忆。及时审查也可以减少当事人有意或无意中修改自

1　有关 SANS 研究所的详细信息，请访问 http://www.sans.org/。

2　Netflow 是美国思科系统公司（Cisco Systems）研发出的一种基于互联网协议（IP）的收集 IP 网络流量信息的网络协议。作为业界标准，它是网络供应商广泛支持的 IP 网络协议。Netflow 数据可以满足流量监测和事件调查的需求。Netflow 的基本信息可以从思科网站获取：http://www.cisco.com/en/US/products/ps6601/products_ios_protocol_group_home.html。

己的诉说，以表明他们已经采取了适当的行动[1] (Weick & Sutcliffe, 2001, p. 66)。

（4）人力资源相关数据包括员工入职和离职、承包商访问记录、访客的个人资料和访问频率，以及识别对公司不满的或有潜在不满的员工。这种数据可以揭示出与组织人员有关的潜在风险。

新出现问题的列表可以取代图形演示，列表中包括四个方面的统计数据和趋势，可以提供未来潜在风险的视图（预测）。此列表中的个别项目可以被追踪，看它们是否匹配组织的某种关键性对齐需求，如图 4-4 所示。由此我们将获得关键风险指标（KRI）的列表。KRI 列表匹配新浮现风险和关键性对齐（RCA）的需求，以及残余和系统性风险列表，而不直接匹配任何特定的安全要求。

当有了匹配时，即可设计一项行动战略为刚预测到的新浮现风险的响应做好准备，但是该行动战略必须为行政管理所接受，以争取他们的支持和承诺。已经在社会-技术方法中测试有效的技术（如 3.2.1.5 节图 3-14 中所示的 SECD4 模型）可以使用，以期取得这种理想的结果。因此，该行动策略是根据合理的原则和准确的数据得来的。

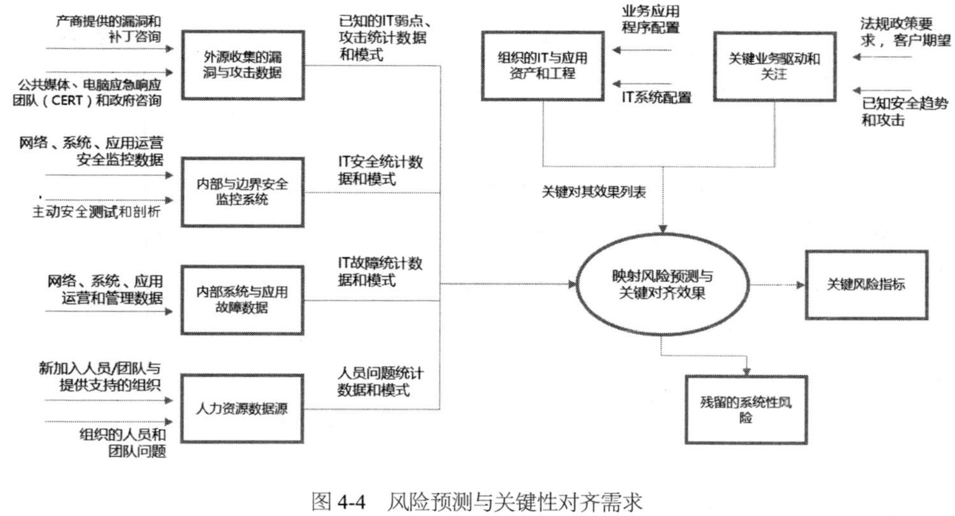

图 4-4　风险预测与关键性对齐需求

1　审查的目的应当是从失败中学习，而不是找一个替罪羊来承担后果。但是，个人可能为自己的行为感到内疚，从而改变他们的发言以保护自己免担责任。

4.9.2 场景规划与建立

响应式方法是关于处理未知风险的。尽管我们可以从组织和商业管理领域相关文献的论述中借鉴学习，但该领域（响应式方法）目前还没有信息安全风险管理的具体文献。

在对系统故障的历史分析中，Ormerod 总结道：最终，所有系统都将以这种或那种方式出现故障而瘫痪。Ormerod 也解释道：

> 除了人类之外，没有生物物种能够预测未来，并相应地规划其战略。在现实中，消亡是生物物种的普遍特征，就与生存一样。然而，公司里的人都能够想到战略，他们能做出会影响生存能力的决定，消亡是一种模棱两可的特征 (Ormerod, 2005, pp. 186-187)。

如果我们能够提前或及时识别潜在的失效（将要出故障的）情况，就可以设计防止故障发生的行动。在最坏的情况下，即使不能避免失效或故障的发生，我们至少能做好在这些情况下存活的准备。

FMEA 方法是美国武装部队在 1949 年为军事系统失效故障分析所研发的最早的系统技术之一（NASA 1966）。该方法的过程生成一系列潜在故障模式及其影响和相关事件，可用于确定必须被监控的关键事件指标和适当的响应措施[1] （Fadlovich 2007）。

故障分析不以风险为根据，它注重理解科技、流程、社会，以及其他被评估的系统。故障分析包括关键事件，但不一定是安全问题。不同的攻击方法可能导致系统中发生相同的故障，因此触发类似的严重事件。监控关键事件并准备响应措施将提高组织对未知攻击的检测发现和响应的概率。

然而，Ormerod 指出，复杂的系统和组织中永远拥有不确定性：

1 FMEA 方法被引入，并被 ISO / IEC27031 采纳作为一个可能的评估方法评估故障情况。这个过程的大纲也可以在附录 C 中找到 (ISO/IEC, 2011)。

> 我们遇到过许多局势的例子都是极难看穿其不确定性，未来被遮蔽起来的情况。从简单的游戏到更复杂的比如棋局，再到现实生活世界商业和政治的决策，无论多么仔细地研究和规划，今天做的决定所带来的未来的后果常常是出乎意料的。确保某一特定结果的意图通常完全不能保证将来所实现的结果。意图与结果是不一样的 (Ormerod, 2005, pp. 186-187)。

Ormerod 断言："知识和创新是生存、延长灭绝周期的关键"。对于处理复杂组织中的不可知状况，Stacey 也评论说：

> 一个创新的组织长远的将来是不可知的：任何有用长度内的情形都不能预测。这是根据科学家在非线性反馈系统中的发现得来的，商业组织是其中之一。不可预测性来源于商业系统的结构本身，而不仅仅来源于市场和技术的变化 (Stacey, 1992, p. 13)。

要应对复杂组织的动态、其不可预测性和未知性，Stacey 建议：

> 然而，创新和新的战略方向需要为新的形势发展新的思维模式和新的导图。换句话说，没有哪个人或者哪本书可以规定系统、规则、策略和方法来可靠地引领创新企业的成功。经理所能做的就是创造条件让团体中每个人在每个新形势下学习什么方法能有效地处理它。这不能全面地实施，只能在系统敏感点上逐个干预 (Stacey, 1992, pp. 15-16)。

这就提出了如果组织中的人没有处理安全事故或相似情况的经验，我们该如何建立所需的思维模式的问题。

如从 4.3 节所讨论的海啸事件中所学到的，在出现事件时挽救了许多生命的学生和渔夫都能够联系他们以前学过的知识，用来有所作为。他们所知道的海啸与实际事件不完全类似，但那些信息已经足以使他们联系并做出回应。这类知识是有用的，尽管它与当时的情况不完全匹配。这种形式的知识，使用时就像是"想象飞向未来"。Schwartz 和他的同事提倡的场景规划方法就利用了这个原理(Schwartz, 1996)：

场景不是预测。有把握地预测未来是根本不可能的。相反，场景就好像一种帮助人们学习的车辆。不同于传统的业务预测或市场调研，它们展示未来可能的不同图像；它们不只是简单地从目前的发展趋势推断未来。

有了场景，经理可以说，“无论发生什么事情我都做好准备了。”正是这种行动时根据对风险和回报胸有成竹的能力，才能把业务主管和智者与官僚或赌徒区别开来 (Schwartz, 1996, p. 6)。

Tay 和 Lim (2004) 提供了对使用场景规划的额外见解，以及场景可能如何影响认识和能力的水平。

在新加坡地铁公司（MRTC），培训新的客户服务人员操作地铁系统以准备应对安全和紧急情况是一个重要问题。遗忘被确定为是一个重要且普遍的问题，包括：“提取失败的遗忘”、“作为记忆衰落的遗忘”、“作为记忆扭曲的遗忘”和“作为干扰结果的遗忘”。为了解决这个问题，Tay 和 Lim 设计了一个基于场景的培训体系，结合了许多学员可以选择练习的例子。

每一种情况都是一个可能在地铁服务中发生的事件序列的模型。它的作用是衬托出学员可以探索和经历的背景。采用这种培训制度使每个学员体会和理解实际情况出现时应该有怎样的表现 (Tay & Lim, 2004).

系统中的关键模块被授权作为基本训练计划的一部分，以期实现“明晰”、“参与”和“成就”的主要目标。

明晰的目的是从物理环境提取并总结一组对象和背景图片，以期用户对预期的场景有简明和清晰的认识，这样他/她能够在案例研究给定的场景下指挥他/她的活动。

参与的目的是用户在该系统的投入和参加。参与为学员提供了一个评判其采取的行动与想要的结果的机会，以及他/她首先采取的行动的理由。

在该系统中的成就是指系统在活动日志中给出的状态——真或假。通过回顾过去的活动或采取的步骤，学员能够质疑/反思他/她熟悉/陌生的答案，以确定后续步骤。此功能有助于引导学员对给定情况加深理解。学员将在给定的评估中对几个选定的案例进行测试，该功能还可以帮助学员培养对自己思维模式的意识，以及他/她在给定案例中的长处和弱点，使得他/她能够在剩余案例研究中进行改善 (Tay & Lim, 2004)。

Tay 和 Lim 证实在培训体系中使用场景规划方法提供了一些重要的成果。这是之前使用非场景规划方法的训练系统无法完成的。除了克服遗忘的问题，场景能提供一个物理系统以增强受训者的态势感知，比文本内容更明确地说明情况的背景，促进成人教育模型（Andragogical）[1]的学习方法，并由此拥有一个可以根据需求频繁实施并多次测试的训练系统。

使用基于场景的训练系统提供了一个方法来衡量(基于预先确定的标准衡量的测试结果）学员对事件和非事件不同场景情况下的响应能力。

虽然基于场景的培训系统项目不是针对信息安全风险管理的，但问题的情况是相似的。客户服务人员必须响应他们可能没有经历过的事件。采用传统的课堂培训已被认为无效。同样，安全工作人员需要对安全事件做出响应，而其中有许多他们并没经历过的事件。案例研究（在 4.2、4.3 和 4.8 节）提供的证据表明：

（1）响应的水平与认知和能力水平有直接关系。要提高响应速度，我们必须提高个人的认知和能力。

（2）场景提供了已被验证的方法来提高个人的认知和能力。

（3）在可能使用实际环境进行演练的情况下，技术模拟系统可用于改善学习和获得更好的认知和能力。

在与我在国际航空公司做机长的妻弟的单独交谈中，我问了航空公司如何确保他们的飞行员能够在飞行过程中处理新出现的情况，比如极端恶劣的天气条件或者气流，驾驶舱的干扰，以及其他使他们不能在起飞前充分计划或飞行计划预料不到的严重情况。事实上，因为天气预报是不完美的，他们往往面临着这样的挑战，而且操作环境会因为其他环境、人员或技术因素改变。飞行员不能等到发生这样的情况后再决定做什么。他们至少需要能

1 Andragogical 发布的五个问题，即学习原因、学习方法、使学习者联系他们的经验、准备和学习动力、克服禁忌学习 (N. B. Adams, 2013; Tay & Lim, 2004)。

够激活一定的基本安全措施，利用最近的地面航空控制单位，并且与地面人员合作以确定沿途行动的最佳方案。在混乱的局面突然出现时，通信也有可能被切断，他们甚至会恐慌以致没有采取适当行动。

为了使飞行员对不断变化的情况有准备并能及时响应，他们定期接受基于场景的模拟训练、演练和测试。作为训练的一部分，他们听取那些遭遇灾难的航班里“黑匣子”捕获的录音，分析不幸事件并回顾相关的行动和通信。经验丰富的飞行员机长都定期进行练习以对最近发生的事件、问题、救生行动，以及其他在飞行中有可能出现的情况保持充分的了解。

基于场景的培训和关键事件的分析是改进信息安全风险管理响应能力的重要活动。这样的做法在信息安全领域并不是完全没有，但这样的做法仍然只存在于某些孤立的群体中，如计算机事件响应小组（CIRT）和 CERT。当然，还有很多我们可以学习和借鉴的做法，比如定期演练，CERT 和 CIRT 组织一直用它来改善安全准备就绪能力 (APCERT, 2010, 2011, 2012, 2013, 2014, 2015, 2016)。

因此适合用于改进组织对信息安全风险的响应的方法，是确定可能对组织有关键影响的相关安全场景，也就是说，这种类似的情况实现时需要关键性对齐。

安全场景可能建立在故障和袭击事件的基础之上，以及对 FMEA 的结果、攻击趋势、技术进展和组织内外部商业和社会发展趋势和变化的分析。对这些题材的研究报告，例如，Kienzle 和 Elder (2003) 的工作也可以用于确保方案是现实相关的。Heijden (1996, pp. 183-224)、Ringland (1998, 2002)和 Schwartz (1996, pp. 241-248)都提供了有益的辅导和见解，可用于场景和战略规划过程。

然而，基于场景的训练系统只涉及管理信息安全风险与人相关的那一面。组织信息安全也受到技术实施包括基础设施和应用系统，以及操作和支持它们的方法的影响。因此将响应能力与技术和过程整合是必要的。

从技术的角度来看，除了基于场景的训练系统 (Tay & Lim, 2004) 和 Antinny 蠕虫事件（4.8 节）的分析，网络和安全的无数技术进步实际上已向响应能力方向进展。天坑网络在正常运行的情况下并没有用途，但是当拒绝服务攻击在网络上出现时就变得很有价值了。天坑的使用因此提供了对这种攻击的响应效应。同样，网络隔离 (Chapple, 2007; S.

Clark et al., 2006) 和网络分割 (Norton, 2001; Smith, 1998) 的概念把网络分为不同的区域，如应用程序或服务区，使得攻击或技术问题出现在一个特定的或相关的区域时，并不会影响其他网络区域。这使组织能集中对受影响的区域做出迅速和有针对性的响应，并让其他区域的业务在不受响应行动影响的情况下继续其活动。在设计和实施适当的技术基础设施时，对似是而非的风险场景的理解是基本要素。如果这种方法无效，对技术性准备就绪规定的投资就没有理由了。

4.9.3 响应能力的要求和行动策略

关键风险指标（KRI）、残留的和系统性风险，以及安全场景的组合认知将可以满足组织对响应能力的要求。这些工具可以提供有用的输入来设计必要的行动策略，以提高组织坚韧性和响应能力。此外，还有必要设计一套保障行动策略来跟踪进度，确立其准备就绪状态，并最终让组织有信心对下一个信息安全事件有可靠、有效的响应能力。

这些集体行动，如图 4-5 所示，定义了一个用于实现信息安全风险管理的响应式方法的系统模型。

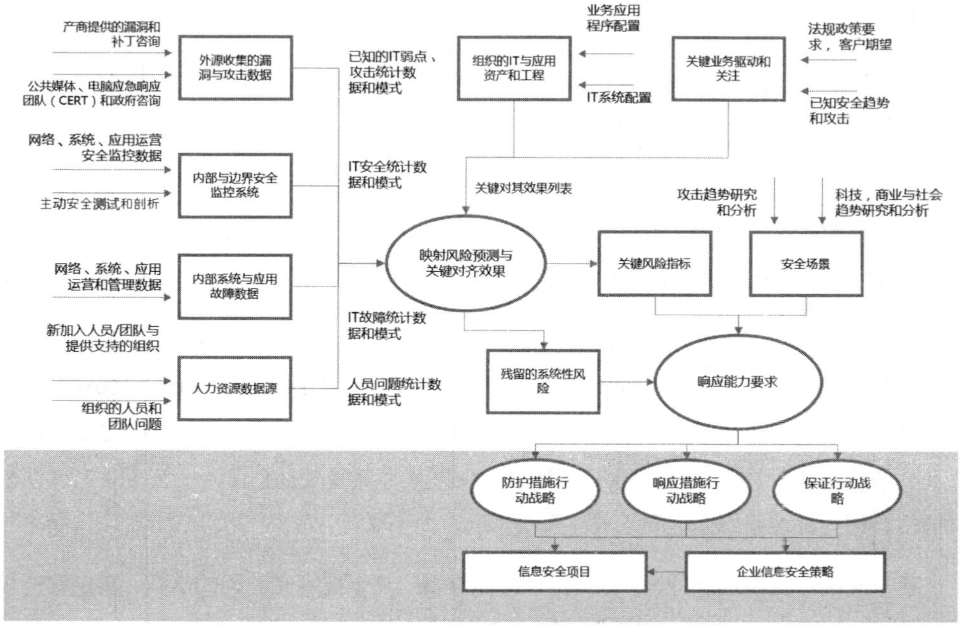

图 4-5　基于响应式安全方法的信息安全风险管理系统模型

注意在该系统模型（图 4-5）中，该行动策略是通过两个最终组件来实现的：即策略和项目。

4.9.3.1 信息安全策略

使用响应式方法来管理信息安全风险要注意的一个重点是不能忽略制定组织运作的策略和规则。相反，要支撑响应式方法，规则和策略是关键，而且在执行提高响应能力的战略时必须确定和制定相关的策略和规则，以及结果控制措施。正如 Gladwell 所讨论的“不假思索思维”的概念，规则塑造了竞争性的游戏玩家和艺术家的重要基本功，使他们在高度竞争或高强度的情况下能够有效且高效地响应。规则和惯例也使游戏玩家和艺术家能够学习相应的角色和责任，了解他们暴露在实际场景中的优势、弱点和收益。这些也为他们提供了磨炼技能的机会，以有效和高效地对不断变化的环境做出响应。需要时这些玩家和艺术家可以体现出其响应或准备状态以应对实际竞争和现场表现的不确定性 (Gladwell, 2005, pp. 114-120)。然而，固定的策略和规则在持续变化的操作环境中是无效的。只专注预防性控制的策略和规则同样也是无效的。如图 4-5 所示，信息安全策略应定期更新（更新基本上也是在响应变化），以反映最新的关注点，并支持行动策略所需执行的信息安全计划。

信息安全项目是行动策略里的重要部件。规划在法律法规与信息安全策略和规则的范围内，信息安全项目工作包括设计合适行动以提升保护、响应及保障能力。

信息安全项目至少应该包括三个部分。其一是处理已知风险的计划，如在 ALPHA 组织中实施的改进的 IRM 计划（模型 A）。可以利用 IRM 框架（附录 C）、SECD4 系统（3.2.1.5 节）、五层行动导图（3.2.1.4 节），以及系统探究辩证模型（附录 B），这些已被证实产生了合理的结果（3.2.3 节和 4.7 节）。

结合这些工具，ISO/IEC 27001 信息安全管理系统，简称 ISMS (ISO/IEC, 2005g, 2013a) 也可以作为基础层的风险管理系统得到更有益的结果。作为国际标准，ISO/IEC 27001 具有业界的广泛认可，并有助于得到管理层的认同。然而其受欢迎程度不一定等于有效性和可靠性，因为许多组织更倾向于关注获得认证，而不是确保实践与 ISMS 的目标一致。

接下来的项目组成部分为“未知”风险做准备，基于技术和过程的落实，制定安全场景，以及培训组织人员实现响应式安全系统模型（如图 4-5 所示）。基于制定的安全场景，实施定期的演练来训练员工并测试他们的准备就绪状态及响应能力。

项目的第三个组成部分用来支持保障行动战略。如前面提到的，这包括对前两个组成部分的进展跟踪，确定准备就绪状态，并评估组织对下一个未知信息安全事件的响应能力和信心。该组成部分提供性能指标，替代了“模型 A 方案”中被认为无效的记分卡系统。

4.9.3.2 准备就绪保障

保障部件中的响应准备状态评估为管理人员和利益相关者提供了两个重要的指标集。这些指标集可以组合以作为响应指数或准备就绪状态指数来展现响应准备的整体状况，简而言之，即组织的响应能力。

指标集之一可反映信息基础设施的准备状态，以了解潜在的可能影响组织关键信息资产的内部和外部信息安全风险。这包括在图 4-3 中强调的监控系统运行状态，以及图 4-4 中用于为组织关键性对齐来识别和跟踪需求的子系统。

接下来，在适用于风险预测的安全场景的基础上，建设一套指标显示组织的准备就绪状态，包括技术、流程和人员对这些场景所设计的风险情况实现的响应（如图 4-5 所示）。准备的状态可以在几个层次上衡量，例如，资源准备和通过场景演练与测试可得的测量结果。

4.10 响应式学习

在 ALPHA 组织中初步研究 IRM 相关的问题和困境时（3.1 节），揭示了单环学习行为模型（模型一）是组织中的主导行为模型。策略合规性、降低风险和控制倾向手段（零风险承受能力，以及主要的变量和风险管理行动的后果进行调和）是最初行动实践研究周期的共同主题。根据 Argyris 和 Schon：

> 经过对假设、低风险承担力和它可能导致的自我封闭过程的高可能性进行小规模公开测试，我们相信很少会有人尝试质疑模型一的主要变量。模型一的学习行为鼓励保留模型一的主要变量和模型一生成的行为模型世界，这是单环而不是双环学习 (Argyris & Schon, 1991b, p. 79)。

要实现双环学习，需要用社会-技术方法管理信息安全风险。通过第一个和第二个行动实践研究周期，我们基于初期的方法（如图 4-6 所示，3.2.1.5 节）结合从社会学采纳的五个关键要素制定了修订的方法。这五个要素简称 SECD4，即利益相关者（Stakeholders）、进入和协议过程（Entry contracting）、集中采访（Convergent interviewing）、辩证的数据分析（Dialectic data analysis）和 Flood 的四窗式视图（4-Window views）。

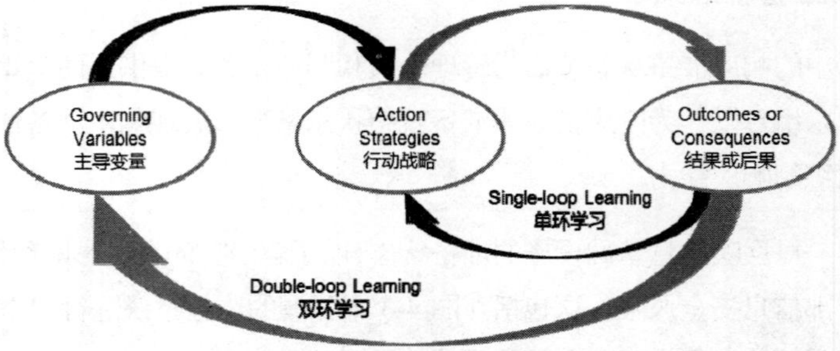

图 4-6　单环与双环学习概念（改编自 Argyris, Chris 和 Schon, Donald, 1991，《理念在实践中的应用：加强专业效率》，San francisco: Jossey-Bass）

在研究过程中，通过一系列的安全事件，我们观察并回顾了 SECD4 社会-技术方法的局限性。虽然社会-技术方法能够解决利益相关者关注和有所影响的问题，以及组织所面对的新浮现和出现的风险问题，但其响应仍然是管理信息安全风险的主要制约因素。这导致了响应式方法（如图 4-5 所示）的发展。

从宏观的角度来看，把响应式方法的模型（如图 4-5 所示）与 Argyris 和 Schon 的单环和双环学习模型（如图 4-6 所示）相比，从图 4-7 中可以看到，主要的变量和行动策略是响应式方法固有的，其中一个变量的结果影响另一个变量的输入和结果。

响应能力是该模型中的一个关键因素。数据源，如图 4-7 所示，提供有关风险环境变化的相关信息，构成响应模型的重要组成部分。这些不断变化的风险情况信息与主要变量核对，可以进一步用于发展和修订行动及评估战略执行的后果。

如图 4-7 所示，以组织内外部的形势变化充当输入，对主要变量进行评估以确定信息安全和响应的要求来更新行动策略。同样，行动策略的执行将造成组织系统的变化，这些变化也将作为结果或后果的一部分。这些结果不一定是行动战略的唯一产物。系统和环境的持续变化和行为将持续影响结果。

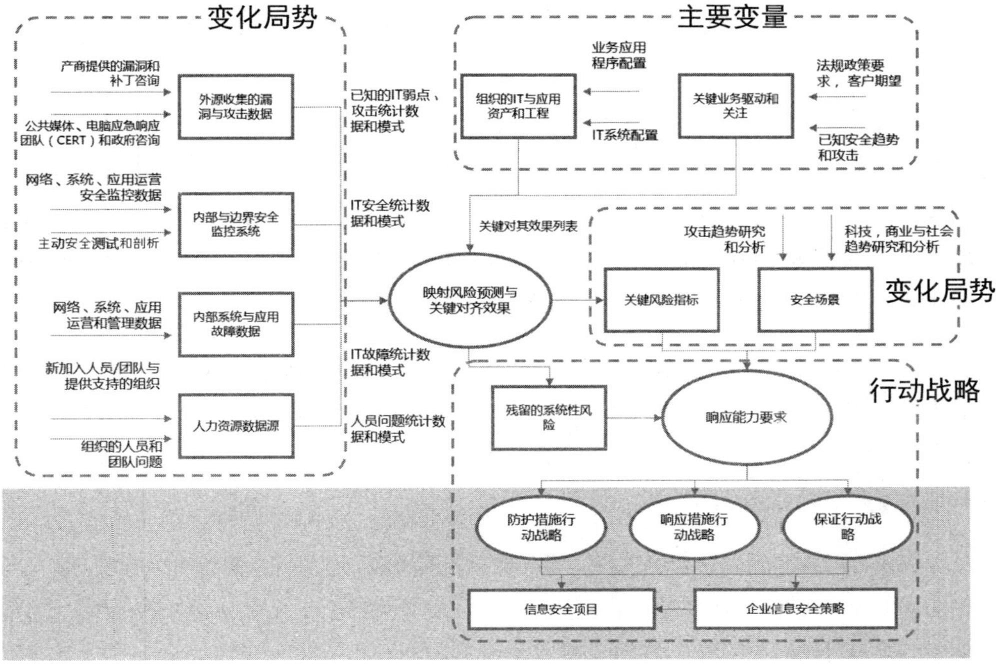

图 4-7　响应式信息安全风险管理系统模型的宏观图

因此，持续变化的形势和主要变量，变化的形势和结果之间都是有联系的。图 4-8 显示了 Argyris 和 Schon 的单环和双环学习模型中的联系。

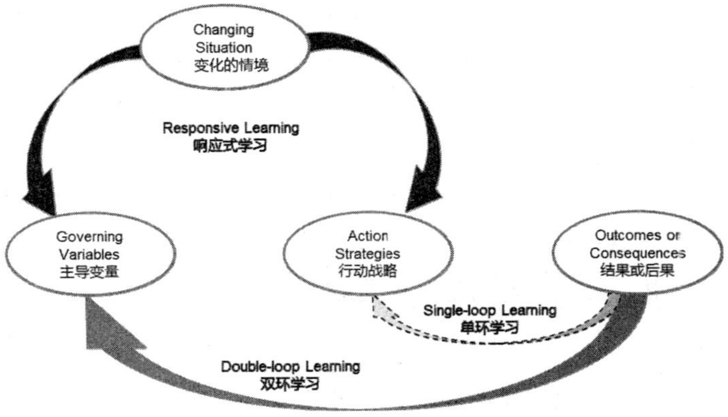

图 4-8　把响应式学习纳入单环和双环学习环节里

这些联系表明了变化的形势、主要变量、行动策略和结果（或后果）之间的影响。从学习的角度看，是组织和人员对他们周围变化的敏感性和响应使他们能够评估对应变化的形势的主要变量、行动策略，以及后果。

这种形式的学习展现了单环学习和双环学习的特征。响应变化主要是微观上的事件级别的单环学习。在执行行动策略的过程中，根据检测到的变化和识别到的新浮现的风险的需要做出实时的行动变化。这不可能是双环过程，因为它会停止执行和响应。在与 Tay (2003) 对已成功实施的故障诊断专家系统进行的辩证中了解到，机器在运行时操作员需要能够对新出现的故障做出响应，因此单环学习对提高效率是必要的。

另一方面，当设计行动战略时，或为了获得改善而根据实际事件或基于场景测试修改战略时，其中的主要变量需要经过仔细评估。双环学习基于宏观层面的系统内外部变化（包括个人、团体和组织系统的行为，威胁和技术发展趋势，以及业务方向），对确保主要变量被质疑和及时更新是必要的。

改善行动策略的设计和执行将导致准备就绪的改进，以及如本研究所证明的，提高对组织内外部变化的响应能力。这也增加了它对风险环境中正在发生的变化的灵敏度。这种形式的学习可以称为响应式学习，指重点放在微观和宏观层次下不断变化的形势上的单双环学习。

响应式战略中响应式学习的涌现导致了一种综合性评估过程。通过单双环学习，IRM 和整个组织的性能表现变得清晰。

三个方面的有效性可以通过使用场景测试和演练来测量。其中一个测量完整性和可用数据的准确性（通过实施 4.9.1 节所讨论的风险预测或态势感知系统），以支持新浮现安全事件的识别和组织的关键性对齐。

虽然要直到发生实际事件才能确定实际表现，但响应式学习可以使 IRM 和组织的表现通过被设计为响应模型（如图 4-5 所示）场景测试和演练来确定。设计不当[1]的计划或行动策略，或不当执行[2]的操作很可能导致进行的场景测试得到不良结果。设计不佳的场

1 设计不当的计划或行动策略，在此背景下，指缺乏响应式策略所需的基本要素和投入。例如，不考虑图 4-7 中描绘的输入和要素的情形。

2 错误执行的操作可能以许多不同的形式存在，比如缺乏协调、没有事先培训和/或缺乏信息传播以保证参与者意识到并有能力执行所需的操作。

景（由于对风险环境缺乏了解）也可能导致从参与者处得到消极反馈（Tay & Lim, 2004, 2007)。4.9.1 节中讨论的风险预报系统的有效性同样可以通过使用场景测试和演练来测量。不完整或不准确的数据可能导致新浮现的事件鉴定和检测方面表现不佳，并限制可被开发和使用的场景的范围和程度。

在研究中已证明（对比 3.2.2.3 节和 4.2 节中讨论的结果），在准备不足的情况下，事件发生时产生的影响可能更显著。另一方面，通过适当的规划和响应安全模型的行动策略执行（如图 4-5 所示），场景测试和演练的成果很可能更积极。场景测试和演练收集的性能表现数据也将为实际的事件成果提供测量的基础。如有事件发生，就可以测量（或估计）IRM 和组织响应能力的结果。这些实际的事件结果数据就可以与那些场景测试和演练所得结果比较，以分析出现差异的原因，这将有助于改进后续表现。场景测试和演练及响应式学习的方法所得的测量将转化为更有效的准备就绪和响应能力[1]。

这种信息风险管理方法将影响事件结果，而不是事件的数目和合规性的缺口。响应式学习与响应式战略中的响应模型（如图 4-7 所示）配合使用提供了一个可行的方法来解决该研究项目中所提出的第三个研究问题，即性能测量问题。

1 我们不应误认为我们要追求响应而尽快完成对事件的响应。我们所追求的是早期检测或发现安全事件，或一系列可能演变成事端的安全事件。在更短的时间内实现这一点，会更好地响应并减少潜在的损害。我们需要最小化从发现到响应的时间周期，而对于发现的事件（或事端）将其关闭所需的时间又是另一回事。这个“结束时间”的测量不一定导致响应者正确的行为。如果一个阈值低（时间段短），响应者可能扫描事件信息并为了不超过该时间目标（他/她的表现是被测定的）而进行表面处理。这会对整体系统的有效性产生不利影响。因此当选择和实施性能测量时，我们需要评估潜在的副作用，就像决定要采取的安全控制和方法。Flood (1999) 的四窗式系统视角方式，不仅评价有效性和可靠性，还有效率、意义和知识-权力（或公平）体系，对这种分析会派上用场。

5 结论与启示

“答案只不过是暂时停留，它们不是最终的。”

Richard Paul 和 Linda Elder

《苏格拉底的提问艺术》

5.1 摘要和结果

经过四个主要的行动实践研究周期，以及对其各自迭代的结果分析和解释，这项研究已经发展并验证了社会–技术方法，以及用于信息安全风险管理的响应式方法，包括配套的框架和工具，解答了第 1 章中描述的三个主要研究问题。这些研究问题被视为当前知识域中的重要研究问题，体现在第 2 章文献回顾发现的鸿沟中。这些研究问题的性质促使了调查这种社会科学方法的使用，其中行动实践研究被发现是合适的，并因此被本研究所采纳。

信息风险管理知识域中的一个基本问题是第 2 章中提出的常用信息安全原则的环路问题。从当前原则应用的最终结果来看，环路问题突出了当前原则中存在的一个普遍矛盾，其中“最弱环节”[1]问题最为突出，从而导致信息风险环境的不确定性。

研究取得的主要成果是发现了（信息风险管理中的）压电式行为，并推动发展了一种实质性的理论，即信息风险管理的压电式理论。压电式理论承认不确定性的存在，并承认彻底识别和消除薄弱环节对信息风险管理来说是可行的。主要关注防御或保护的方法难以达到预期结果，因为风险往往是未知的，并伴随环境和系统变化不断涌现。基于本研究的一些发现，该理论认为一个组织对预期内和预期外的对手行为和组织变化的响应能力，与对手行为或组织所经历事件的潜在影响呈负相关。因此，除了现有方法所采用的用于管理信息风险的基线标准（如 ISO/IEC 27001 标准）及相关原则和控制措施外，组织在制定信息风险管理战略时，应该提升对变化事件、态势感知和关键性对齐的重视程度。

变化事件包括计划内变更和计划外变更，或意料之外的变化，通常会引发“焦点事件”(Birkland, 1997)。态势感知警示个人和团体留意新涌现的风险及是否需要做出响应，确保在风险恶化或成为灾难之前采取行动。关键性对齐是将所采取的行动聚焦于最重要的系统、领域、对象或组件，来保护或隔离它们免受事件影响。

这种方法使组织做好实现必要的压电式行为的准备，使得组织做好充分准备以系统地响应对手的行动，以及风险环境中的其他计划内和预期外的变化。

不能应对对手行为和行动的组织，与做好响应准备的组织相比，受到变化事件的影响将更严重（详见 3.2.2.3 节和 4.2 节中关于研究期间发生的同一安全事件集上的研究结果对比）。在最好的情况下（对防御性组织来说），组织的响应能力将阻止对手的行动策略，包括内部威胁。另外，能够快速响应使组织能够做好充分准备及时地主动应对对手的行动，消耗对手资源，并最大限度地减少对组织的影响（正如 4.8 节中讨论的应对 Antinny 蠕虫攻击的天坑网络的使用）。这种就绪状态优于了解不断变化的风险状况但无法采取行动的组织。如果这种准备就绪不是组织信息风险管理战略中的重点项目，宝贵的资源将持续被消耗在只处理已知风险上，以实现针对内部策略或监管政策的合规性，或两者兼而有之，而管理层将对攻击者打破其信息系统的安全保护而感到惊讶（正如 3.1.6 节和 3.2.2.3 节讨论的）。

1 薄弱环节（或安全漏洞）可能因所采用风险评估方法的不足残留在系统中，或是因为“纵深防御”实施的复杂性导致的新兴行为。对手利用薄弱环节，实现针对组织的安全威胁目标。

该方法中的压电式行为原则，在研究结果中没被否定，因此为解决环路问题提供了一种可能的解决方案，如图 5-1 所示，支持并扩展了现有的原则，以提升组织的风险准备状态，但没有导致与那些原则面临同样的问题，那些原则正是为了解决这些问题而被制定的。

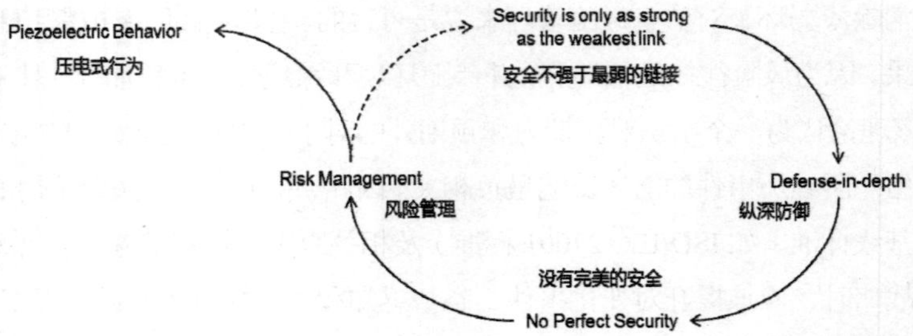

图 5-1　引用压电式行为（即响应式原则）破解信息安全原则的循环性问题

从第 2 章介绍的文献回顾，以及第 3 章介绍的实践环境中的问题和困境可以了解到，除了响应不断变化的事件，信息风险管理战略需要把重点放在组织利益相关者的利益上，并影响他们支持信息风险管理战略的承诺。

最初的研究周期建立了一种社会-技术方法，利用现有的社会科学调查技术和系统思维工具，获得对利益相关者的顾虑和议程的必要理解，促进如 FLAM、SECD4 风险管理过程，以及作为 IRM 计划一部分的行动实践学习会话实现等集成工具的发展。使用关键性对齐的概念（这一概念是在本研究最后的行动研究周期中完善的压电式理论的一部分），进一步提高利益相关者的参与战术。关键性对齐展示了一个概念，该概念类似于附录 B 中描述的 Schelling (1960, pp. 21-52) 在“谈判理论”中树立焦点的想法，以及 Dick (1997b) 用来分析争议以建立认同的辩证分析技术。与谈判情况不同，信息风险管理的最终结果是提供有利于业务的、有效的、可靠的、高效的、有意义的，以及公平的信息安全服务，并非 IRM 职能部门自身的利益。因此，使用这样的战略谈判方案，不应被误解为 IRM 和业务之间的胜负。使用关键性对齐，可在风险管理和业务管理之间建立一个共同的焦点，这将有助于提升对分歧的理解，并在需要紧急处理的业务上达成一致。

这种方法弥补了在被研究的组织中采用的传统风险管理方法中普遍存在的缺陷，其中对业务资源的担忧及对风险问题重要性的不确定，往往导致业务和风险管理之间的博弈，这种分胜负的形势并没有解决潜在的风险问题，即使业务部门的某些投机“赢”了。在现实中，博弈的对手将更有可能成为“赢”的一方。这种社会–技术方法，包括主动识别和吸纳关键的利益相关者，以获得他们的理解、关注、支持、承诺及最重要的信任，对实现响应式方法依旧至关重要。

响应式方法，以及社会–技术方法，它们的概念性结构和生态有效性在行动实践研究周期中均没被否定[1]，还表现出一种响应式学习的形式（参考 4.10 节）。结合单环和双环学习行为，考虑不同情况下的需求，基于组织的态势感知能力，同时取决于所涉及的变化事件。

这些原则、概念和工具，共同解决了以下三个研究问题，它们是在研究过程中不断发展而来的。

5.2 对每个研究问题的结论

研究问题 1：信息风险管理人员在为其组织执行信息安全风险管理的过程中，应该采用哪些新的战略和计划，或者怎样改变现有的战略和计划，以免塑造出合规性驱动或者控制引导的安全文化呢？

该研究表明，在所研究的组织中实践的传统信息风险管理方法，主要依靠基线标准，采用风险评估方法的主观结论设计并实施控制，以解决可识别的信息风险问题，这往往是有问题的，并且达不到期望的结果。在研究中验证，基于信息风险管理的压电式理论，信息风险管理人员在制定组织的信息风险管理战略和规划时应采取响应式方法。响应式方法引导组织管理关注组织安全准备就绪状态，通过提高其态势感知能力，识别和实施关键性对齐，以响应风险环境中的变化事件，包括意料之外的安全事件和计划内的变化。为了做好准备，组织需要采取行动实践策略和活动，包括场景规划、测试和演练，使个人和系统做好准备应对突发事件，这些事件的成因可能前期无法识别，残留在系统实现中，可能是风险评估中的错误，或者由于其他事件的影响，以及迎合基于风险评估的处理已知风险问题的策略。响应式方法无法取代现有的支持工具和方法，也无法消除对它们的需求，因为

1 在实证研究（比如本项研究）中，我们只能从观察到的实验结果证实理论的有效性还没被证伪，而不能声称该理论因为没发现能证伪其有效性的证据就证明它是有效的。这是 Popper 指出的一种推理的问题，也被命名为“黑天鹅”问题。

它们对满足法规和政策要求及处理已知风险是必要的，否则这些已知风险更容易使对手达成其目的。通过传统方法，如ISO/IEC 27001 ISMS，消除已知风险问题，将提供更多的资源和精力去准备应对突发事件及相关风险问题。这给传统风险管理方法带来了一个新的意义，这关乎处理已知风险问题，而不是简单地迎合政策和法规。

研究问题2：在不断变化的业务和IT风险环境中，例如（a）在信息技术领域中可能扰乱业务和/或IT运作的安全风险发展，（b）在业务和/或IT策略及实施中可能显著改变组织风险状况的变化，信息风险管理人员应该如何管理信息安全风险呢？

在早期研究周期中的一些实例中，我们体会到了变化事件的重要性，它们会严重影响组织的业务持续性和IT服务可用性。因此，该研究问题在实践中的相关性被重申为研究的一部分。由于传统方法中存在无法识别和控制的不确定因素，基于这些发现制定了响应式方法，而该方法拥有随时准备应对任何突发事件的能力，因此这是应对变化的一种合乎逻辑的方法。

变化事件，其中包括：（1）突发或意料之外的安全事件及导致的焦点事件；（2）计划内变化，正如在研究问题中所强调的，被作为压电式行为的关键因素。响应式方法，基于压电式理论而制定，包括制定和实施策略和计划来识别和检测变化事件，提高组织对变化态势的意识，以及基于关键性对齐的需求使组织做好能够系统性应对的准备。正如4.6节及更早章节中所讨论的，关键性对齐，作为压电式行为的三个关键要素之一，将业务管理和信息风险管理人员汇聚于一点，以确保组织中最关键的系统和资源为应对预期内和意料外的变化事件做好就绪准备。

根据该研究结果所提供的数据支持，要在不断变化的业务和IT环境中管理信息风险，信息风险管理人员应该实现响应式方法。要做到这一点，信息风险管理人员需要清晰地了解业务风险环境，包括社会-技术方面。这可以通过采用该研究中制定的IRM框架（附录C）及研究中采纳并得到验证的辩证模型（3.2节）来实现。随着对业务风险环境的认识和了解，信息风险管理人员将能够制定合适的策略和计划为IRM系统提供具体的项目，以实现与利益相关者的议程相一致的信息风险管理目标。该研究制定了FLAM（如图3-13所示）和SECD4社会-技术过程（如图3-14所示），并证实了其在现实环境中的适用性。

除了风险之外，信息风险管理人员也应该弄清楚关键系统怎么会出问题，采取诸如故障模式影响分析（FMEA）的方法来确定潜在的故障触发事件，这将需要关键性对齐提供支持。潜在的故障事件应该被可视化监控并能够觉察其发生，系统应该被设计成能够基于关键性对齐所需的要求采取合适的响应办法来应对突发或意料之外的事件。

IRM 系统中的行动策略及相关的 IRM 方法需要根据从持续变化的风险环境中收集的数据不断地更新，包括不断涌现自对手的事件和输出。IRM 系统模型（如图 4-5 所示），是根据该研究结论和相关结果分析发展而来的，提供了一个用于建立持续性风险信息分析流程的初始模型，该模型可以不断更新行动策略来应对影响组织的变化事件。此外，IRM 需要根据个人和团体的角色和职责，针对在组织实践学习中体验到的潜在风险场景和已知风险事件模式，提供必要的教育和培训以提高信息风险管理人员和组织工作人员的态势感知和胜任能力。研究发现，基于场景的培训和训练能够实现预期结果，达到对态势感知的要求。

研究问题 3：组织应该如何解决信息风险管理人员绩效测评和安全事件结果之间的矛盾呢？信息风险管理人员的业绩是否应该反映组织的安全风险状况，或者换句话说，风险管理人员的绩效和组织安全状态之间应该具有怎样的关系呢？

正如在 3.1.8 节中讨论的，对信息安全因果关系的系统性分析显示，当风险状况改善（由于较少的破坏或损失），组织管理层便偏向于降低信息安全相关活动的资源投入。同样，信息风险管理人员的策略和行动有助于提升风险状况，从而减少或杜绝事故发生，或者安全事件得到良好管理而没有造成负面影响，这种后果是无人受益的[1]。没有“结果”不能直接用来证明信息风险管理人员的绩效，因为“没事”本来就是不存在、不可被发现或测量的一种状况。既然没安全事件发生，业务管理部门也就会对信息风险管理人员持续提升安全开支等级这一需求持怀疑态度。另一方面，如果组织的信息风险没有得到充分管理，攻击破坏行为便有可能发生。该研究表明，组织在这种情况下将遭受来自预期内和预料外的安全事件的损失或破坏。信息风险管理人员的绩效将被质疑。因此，使用风险状况来衡量信息风险管理人员的绩效将是自相矛盾的。

通过采用社会-技术方法，该调查研究也验证了，“红橙绿”（RAG）记分板系统（3.2.1.6

1 某些信息风险管理人员采取的另一种方法是估算未造成显著影响的事故产生的节余。这种方法也是主观的，因为 IRM 的行动和没有显著影响之间没有直接的相关性，因而这种方法在最开始时是不存在的。因此，这样的估计作为衡量 IRM 绩效的方法受到企业管理层的质疑。

节）提倡的基于管制和合规性的记分板无法对组织风险状况提供有效和有意义的衡量，因为使用该系统来衡量信息风险管理人员的绩效是不公平的。

不同于衡量风险或合规状况来确定信息风险管理人员的绩效，研究得出的结论是，采用响应式方法提议结合场景测试和演练来衡量，这为风险管理人员的绩效及对组织的安全准备就绪状况提供了更有效和更有意义的公平衡量方法。此外，如果将这种衡量指标用作针对实际事件结果的基线衡量标准，将发现一些差异（演练和实际之间），并能进一步做出积极调整以使系统不断改进。

正如压电式理论所述，该研究结果表明，组织的响应能力与组织经历安全事件或焦点事件影响的严重性成反比。组织响应和处理不断变化的风险状况的人员、过程和技术的能力，可以体现该组织的响应能力，因此可以提供一个系统性的指标来衡量组织安全准备就绪状况、信息风险管理人员，以及利益相关者的绩效表现。这样的指标可以用于场景计划、测试和演练过程的实施和评估，为改善组织的准备就绪情况而制定。该研究表明，没有做好准备的组织不能更好地做出响应，将遭受更大的影响。组织的及时响应能力，在利益相关者的参与下，可以使用基于场景的手段进行测试，也可以通过 IRM 策略、计划、方案和行动加以改进。反之亦然。因此，组织的准备就绪状况与 IRM 及利益相关者的行动之间有直接的关系。于是，衡量准备就绪状况（进而到响应能力）对所涉及的利益相关者（包括信息风险管理人员）是有意义和公平的方法。

在这项研究中，我们采用了定性方法来确定组织响应突发安全事件的准备就绪状况，包括评估为做好准备而采取的方法和活动的全面性，以及在利益相关者参与下的结果和反馈。该方法可以展示组织已经做了什么，但没有完全体现组织做好准备的程度，也没有持续性地提供态势感知所要求的等级。

正如 4.9 节所讨论的，响应（或就绪）指数的概念也被提议。如果使用这种指数（作为定量指标），将针对风险预测进行评估，应该涵盖来自公共信息源的风险指标，以及与组织相关的威胁趋势。针对个人、团体及 IT 基础设施和系统对安全场景范畴内所担任角色和采取行动的理解和认识，该指数应该对他们的准备就绪状态进行评估，该安全场景设想来源于不断发展的威胁趋势和风险预测。

鉴于目前一些不同的量化衡量方法正在被研究和标准化，一种实用的指标需要单独进行研究以确保其可靠性、有效性、公平性和意义，从四窗式系统的角度来看，我认为这是一个今后研究和发展的主题[1]。近几年（该研究完成后），出现了更多的关于安全指标和衡量方法的刊物和论文（ISO/IEC, 2009b; Jaquith, 2007），这为制定合适的指标和响应指数提供了有用的参考。

然而，没有响应指数并非响应式策略中的显著问题。从4.10节分析和讨论的“响应式学习”角度来看，其中基于行动实践研究的周期性过程被当作响应式策略的一部分，被派生和执行的行动策略，会影响组织的准备状态，针对组织的信息风险管理计划和结果（在实际事件及场景测试和演练中）被评估。这个过程中，结合单环、双环学习方法本身就会对效果进行评估，尽管没有一个定量的响应指标。实际上，这可以有效地避免定量效果指标的负面影响（例如响应指数），其中个体倾向于关注定量的衡量方法（例如关注RAG记分板案例中的颜色），而不是关注结果和计划不相符时所涉及的潜在问题。从研究和学习的角度来看，响应式策略中集成的响应式学习，为完善后续计划和行动策略提供了更多的价值。正如3.2.1.6节所讨论的，响应式学习过程为IRM计划和活动的响应能力和准备就绪状态提供了直接保障，消除了在早期行动实践研究周期中所经历的事故统计和合规衡量所面临的困境。这解决了研究问题3中的潜在问题。

综上所述，该研究确定了一个合适的隐喻来评估和改进与信息风险相关的组织行为，促使了一种新的用于信息风险管理的实质性理论的提出。此外，基于压电式理论，这项研究还制定和建立了一套工具和策略，共同为管理信息安全风险实施响应式策略提供了支持。

虽然压电式理论的实现只局限于研究范畴和可用资源范围内，但目前仍然是一种实质性理论。然而，它为获取组织信息安全风险管理的新视角和理解（至少对那些类似的研究来说）奠定了基础，因此对知识域做出了贡献。伴随更多组织和个人通过使用响应式策略逐渐提升认识，我们可以预想，在不久的将来同样会有新的工具和策略被开发出来，为改善该策略的实现提供支持。

5.3 对理论的启示

压电式理论和响应式策略建议了5个理论启示，以及5个策略和实践的启示。这些策

1 两个制定和实施这种测量系统的主要限制是时间和获取资源。时间和资源的分配值得作为一个单独的项目。因此，我们建议为未来信息安全风险管理的压电理论研究子项目拨款。

略和实践的启示可用于信息风险管理领域及其他相关和类似领域和行业。

第一个理论启示与信息安全目标有关。研究提出的压电式理论，以及其成功应用证实了 2.8 节文献回顾中总结出的第一个命题。研究结果表明，响应能力应该成为信息安全目标之一（如提升组织对不断变化的风险环境的响应能力），在 2.2 节根据现有文献回顾总结出的五个常见目标之外。该扩展是根据压电式理论的构思，用压电式理论分析信息安全，让研究人员和从业人员关注压电式行为，焦点关注于事件的变化、态势感知和关键性对齐，促使其过程超越目前实现信息安全的方法。

第二个理论启示与作为信息安全原则的响应能力有关。正如较早章节所强调的，压电式理论解决了目前一些安全原则中固有的环路问题。响应能力引入了一个新视角来对信息安全原则（2.3 节）进行理论论述。作为策略的一部分，响应能力可以解决“最弱环节”和“没有完美安全”相关的担忧，并能充分凭借风险管理，采用技术及纵深防御原则提升组织的态势感知和关键性对齐所需的准备就绪程度。

第三个理论启示与适用于信息风险管理的战略思维和方法有关。压电式理论提议应该把响应式策略添加到 2.4 节所讨论的传统保护-检测-应对及检测-应对-保护策略中。响应式策略解决了之前策略的缺陷（如 2.4.1 节和 2.4.2 节所阐述的），并满足了 2.4.3 节需要更多战略思维的要求。

第四个理论启示与 IRM 系统参考模型（如图 4-7 所示）有关，正如第 4 章讨论的，展示了单环和双环学习方式。单环学习用来响应变化，主要是在微观层面。事件级别，在行动策略执行过程中，基于检测到的变化和识别到的不断涌现的风险事件，使得行动能够实时或接近实时地响应变化。这无法采用双环，因为将拖延执行和响应。另一方面，在设计行动策略时，以及根据实际事件或基于场景的测试来改进策略时，都需要仔细评估主要变化因素，基于在系统内部和外部识别的宏观层面的变化，包括个人、团体及组织系统的行为、威胁和技术趋势及业务方向对确保主要变化因素受到检验和及时更新都是必要的。这种双环的思维学习对行动策略设计和执行的改进将有助于提高组织对其内部和外部变化的准备就绪状态和响应能力。这也提升了行动策略对正在发生的变化的敏感度。这表明在组织信息风险管理系统中结合单环和双环学习对提升响应能力是很重要的。这个新兴产物被称为“响应式学习”，这给 Argyris 和 Schon 的单环和双环学习理论提议了一个新兴的行为，作为在不断变化的风险环境中的响应式策略的一部分。

最后一个理论启示与在信息风险管理研究中使用行动实践研究方法有关。研究结果没否定行动实践研究的适用性，行动实践研究方法适用于不同学科，作为一种元方法，能够促使方法多元化地实践以达到预期成果。这项研究结果增加了对行动实践研究的理解和认识，对那些对研究和扩展行动实践研究理论严密性有兴趣的，以及将其作为其研究环境中一种研究方法的研究者和学生来说，本研究过程提供了另一套关于行动实践研究的丰富说明。

5.4 对政策和实践的启示

由于信息风险状况的迅速变化及监管机构针对合规性的审查力度增加，导致信息安全成本增加，并形成了关注于合规性和以管制为导向的信息风险管理系统，这也意味着使事情变得不够灵活和难以适应变化。信息风险管理人员被期望可以应对这些困境，并解决这些问题使业务部门到职能部门都能够敏捷地应对变化，同时保证符合相关政策和规定。这项研究结果表明，基于压电式理论的响应式信息安全管理系统可以解决这些担忧。此外，这项研究结果证实，响应能力与组织的安全状态有直接的关系，无须实际的安全事件发生便可使组织做好安全准备。因此，该理论及其支持策略和工具集，对该领域的政策和实践具有重要启示。下面我们将讨论五个主要启示。

对政策的第一个启示关乎政策制定者有机会在公共和私有行业中采用响应能力作为改进组织信息风险管理的新动机和衡量其进展可参照的码尺。这意味着应该建立政策以鼓励组织通过展示其与变化事件、态势感知和关键性对齐相关的能力和实践，来保障其信息安全状况。这样的政策并不代表摈弃现有的风险识别、评估和处理做法，这些做法主要用来解决已知的风险问题。事实上，它给这种管理已知风险的流程和相关系统带来了新的含义，意味着剔除了与已知风险相关的变化事件，因此使得该组织把重点放在解决新出现的风险上。从这方面讲，响应能力为解决已知风险问题提供了新的动机，这意味着能够提升组织的安全响应准备状态以应对不断变化的风险环境。组织响应不断变化风险环境的能力，为管理人员和政策制定者提供了与潜在结果相关的直接保证，例如预期风险真正发生及未知风险出现等。这优于对风险进行控制的有条件保障——虽达到政策合规的要求，但受制于风险评估的可靠性，并不包括由于无法预料的人为失误和风险补偿而可能出现的潜在问题，这将导致对组织产生未知影响的问题。

其次，正如在 IT 审计员大会 (Kang, 2005b) 上讨论的，不断变化的信息风险状况，以及压电式理论的发展也为安全保障人士提出了新的实践要求。审计人员和安全保障人士应该检查其行动范围以保证组织信息风险管理系统的响应能力。目前关于管制措施完整性和可靠性的合规性测试对保证已知风险问题得到处理仍具有重要作用。一种被称为场景测试的技术，在第 4 章中分析讨论过，能够判定组织针对变化事件、态势感知及关键性对齐的准备就绪和响应能力，可以利用这种技术使响应能力得到保障。

第三，SARS 疫情危急时期的观察进一步促进了压电式理论的发展，因为 IT 基础设施系统无法应对不断变化的风险状况，即使这些状况是经过一段漫长时间展开的，说明关于 IT 基础设施计划和设计的一些新策略和思路也是必要的，并应该关注响应能力。这包括基础设施供应，例如天坑网络用于处理突发攻击事件、Antinny 网络蠕虫事件；漏洞管理以满足软件更新需求；以及灵活的设计和实现；利用互联网的分布式特性来提高对安全性和灾难性事件的响应能力——例如结合安全能力引入政策和设计基础设施来支持家庭计算机系统和宽带互联网的使用，并鼓励经常使用这些功能，从而提高终端用户的态势感知和关键性对齐响应能力，使得组织对企业计算机和网络的依赖随着时间的推移而降低。尽管已经存在许多技术来支持这种策略需求，但必须意识到的是它们的发展并非由压电式理论驱动。因此，当技术发展符合响应式策略的需求时，便有机会产生新的技术创新。

第四个启示是关于组织中信息风险管理和其他相关部门的结构和组成的。正如第 4 章所分析的，现有的 BCP、DRP 及应急响应（ER 或危机管理），在事件善后工作中主要集中在业务运作或 IT 基础设施的恢复上。所有这些都是根据事件性质和时效性进行的。在实践中，为组织中不同部门提供服务的过程和系统往往发生重叠，从而导致额外成本和重复工作。压电式理论暗示在现有系统中，控制和恢复之间存在鸿沟，该理论采用响应能力来检测突发事件（通过态势感知）以减少破坏，能够使企业持续运营（通过关键性对齐）来尽可能地避免故障。这并没有否认 BCP、DRP 和 ER 的重要性和相关性，因为响应能力并不能消除故障，而是为这些不同的职能部门提供一种可能的创新，从而达到一个新的（信息风险管理）水平，使得组织充分利用对持续性、恢复和响应的理解和认识，组织这些职能部门共同构成关注于提升响应能力并做好安全准备的整体。关键性对齐的概念也可被扩展到包括恢复，将关键业务或系统的行动及时转变，与已发生变化所需的响应行动协同一致。这一启示在第 5 届和第 6 届 RAISS 论坛会议上，以及 ISO/IEC JTC1 SC27 工作组中被提议并讨论，促使 2006 年年底 ISO/IEC 标准领域的一项研究启动，进而使 ISO/IEC

27031 在 2011 年被制定并公布(ISO/IEC, 2011)。

最后一个启示是关于信息风险管理人员的实践。对刚刚接触信息风险管理的新手及其他信息安全从业人员来说,压电式理论及响应能力和响应式策略的概念是学习和了解在不断变化的风险环境中如何管理信息风险的一个好用的起点。压电式理论为新的从业人员提供了一个平衡的视角和策略，使他们能够同时应对已知和突发的或未知的风险。当新的从业人员在业务和 IT 环境中面临不断变化的风险情况时，这将帮助他们解决以前的方法中存在的问题和困境。

对有经验的信息风险管理人员及其他信息安全从业者,压电式理论和响应式策略提供了新的视角和方法来解决在管理不断变化的风险环境中反复出现的问题和困境。由于响应式策略并没有弃用现有方法,已有丰富经验的风险管理者能够利用对压电式理论的学习和认识，重新调整其管理策略和计划，不断赋予响应能力优先级别和重点关注。这两种情况下，针对信息风险管理主要变化因素改编的 SS-493 信息风险管理框架（FIRM）、FLAM、SECD4 过程、系统调查辩证模型（DMSI），以及 IRM 系统参考模型共同提供所需的工具、过程和模型来学习并建立组织中的响应式信息风险管理系统。

在已经运行信息风险管理系统的组织中,无论是新手还是经验丰富的信息风险管理人员，都可以使用 FIRM 框架来学习和了解现有系统，以及用于与利益相关者交互的社会-技术流程，然后提议合适的改进行动。FLAM 和 IRM 系统参考模型同样可以用来确定现有系统中是否存在差距，以及实现响应式信息风险管理系统所需的行动策略。

为了实现上述承诺，让新的和有经验的从业者都能理解和实施响应式策略，教育和培训也是必要的。这应该包括对相关调查方法的培训，例如行动实践研究和辩证建模。对这些方法的学习、理解及实践将进一步使信息风险从业人员能够进行个人探究，并同时提升他们的实践能力。

5.5 对下一步研究的建议

压电式理论属于信息风险管理的近期发展,在本书中描述的研究为理解在不断变化风险环境中如何解决管理信息风险时经常遇见的问题和困境，贡献了有价值的见解和帮助。从中可以得知，需要经历几个步骤来进一步研究推进该理论的应用、理解和形式化。

（1）正如前面章节中描述的，压电式理论适用于关于探究的实质性领域，即在亚太地区的金融行业和大型跨国企业范围内——澳大利亚、中国、印度尼西亚、日本、马来西亚、菲律宾、新加坡、韩国和泰国。虽然它在不同的组织中，以及与其被提出的地理位置不同的组织中得到了证实，但该理论的本质不能一概而论，超出了当前探究的范畴。然而，实质性理论可以作为形式化理论的构建模块，使其应用范围更加广泛。前面章节提议的一个机遇表明：升华研究的潜力在于扩展压电式理论到其他面临类似问题和困境的垂直学科，例如，业务持续性、灾难恢复和应急响应，或涵盖所有这些领域的更高层面——组织准备就绪状态。在不同行业和地理环境的更多组织中进行响应式理论的实现研究，是适用于该理论形式化的另一个发展路线。虽然升华研究可能会延伸理论的可用性，但是也应该留意一些注意事项，因为每一次探测都将有可能发现新范畴，特别是当所述上下文和范围扩大时，可能会给从业者和研究者带来新的问题。然而，这也可能带来新的发现和发展，贡献进一步的认识，并丰富该领域。因此，侧重于理论升华的进一步研究是值得的，应该提倡。

（2）伴随泛化思想，用基于压电式理论的响应式策略实现和运作的实证研究来评估这种理论在组织中长期使用所带来的效果，也将有所收获（从认识提高和理论升华的视角来看）。这会把该策略暴露给更多种类的变化事件，并因此促进新技术（或战术）的发展，提高态势感知和关键性对齐能力，提升对组织中与时间和变化事件相关的（在数量、频率和其他措施方面）压电式（响应式）行为变化的理解。随着越来越多变化事件的曝光，也有可能进一步研究和了解在响应能力和影响严重程度之间是否存在更多具体的关系模式，涉及为确认变化事件、提高态势感知及提升关键性对齐就绪状态所采纳的战术或所采取的行动。

（3）最后，虽然本研究已经解决了 IRM 绩效与组织安全状态中的问题和困境，但是通过该研究制定的工具、方法及过程仍然是有限的。这项研究并没有为持续衡量和汇报组织响应状态实现一种具体的方法。这种方法可能是定量的、定性的或者是混合衡量模式，能够覆盖组织对不断变化的风险环境的认识及为关键性对齐执行所需行动的能力。进一步识别并制定适合于呈现响应矩阵所需的工具、方法和衡量方式的工作，将提升对组织准备状况和改进其响应能力所需行动的认识。

附录A 行动实践研究周期

本附录提供了在这项研究期间，在 Alpha 和 Beta 组织内所执行的行动实践研究周期和子周期概述，以其实践来帮助理解信息安全风险管理这个领域。

图 A-1 描述了六个行动实践研究周期，作为本次研究的主要部分。每个周期里有四个环节：计划（P）、行动（A）、观察（O），以及反思（R）。R 环节的输出包括了周期结束时的数据分析（DA）步骤。图中的虚线显示了 DA 步骤中的覆盖范围，其中包含在该周期中收集的数据的解释和思考结果，以及所有先前完成的周期的数据分析输出。例如，在 ARC3 完成之前所执行的 DA，其数据包含 ARC2 及 ARC1 所输出的 DA 数据和分析结果。

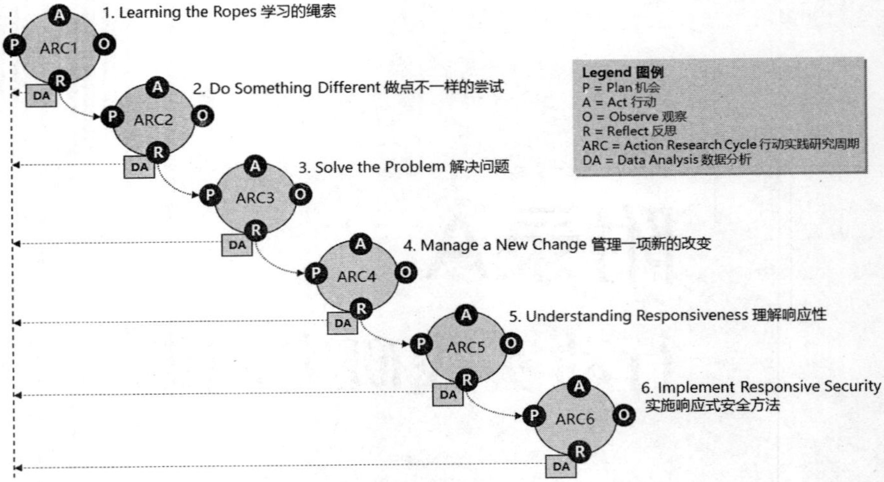

图 A-1　行动实践研究周期与数据分析范围总结

从元方法论的角度，图 A-1 显示的六个周期组成了四个主要的行动实践研究周期（如图 A-2 所示）。第一个子周期，ARC1 单独组成了元周期一（AR1）。第二和第三个子周期（ARC2 和 ARC3）组成元周期二（AR2）。第四个子周期单独组成了元周期三（AR3）。

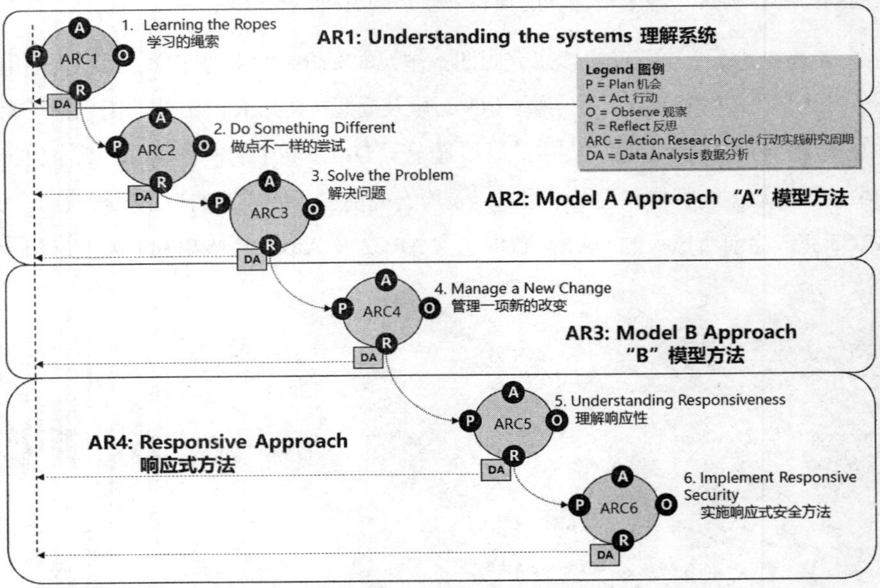

图 A-2　从元方法论的角度显示的四个主要行动实践研究周期，其中包含了六个子周期

第五和第六个子周期组成了元周期四（AR4）。下面来描述这四个元周期的主要研究工作：

（1）AR1，简称理解系统周期，其中的研究重点是了解组织和相关系统及人。这是通过两个子周期执行的。在“学习的绳索”子周期中，我执行了 Kemmis 和 McTaggart（1988a）“行动实践研究计划书”里描述的方法来确定环境、内部系统及组织人员的关键属性。

（2）AR2，简称 A 模型方法。该元周期里有两个子周期。起始周期之后是“做点不一样的尝试”的子周期（ARC2），即设计一个系统的变化并引入该组织。这个周期的目标是进一步了解获取到的相关信息风险管理系统，并开始制定有关这一研究问题的信息风险管理模型（A 模型）的过程。在早期子周期提供的对组织和信息风险管理系统认知的基础上，明确几个关键问题。对组织里的实践者来说，从管理的角度来看，这些问题都需要解决。接下来的“解决问题”子周期（ARC3）着眼于改进计划，并将行动实践研究应用到问题领域。对模型的改进基于获得的教训。分析这些子周期的成果作为数据分析过程的一部分，以进一步了解研究目标。

（3）AR3，简称 B 模型方法。虽然 A 模型在亚太地区（也就是这项研究工作执行的区域）已经比较稳定，高级管理人员却在这个时间段决定在全球范围内重组信息风险管理职能。重组引入了对区域组织结构、汇报路线及角色和职责的调整。这些变化要求 A 模型方案不断进化。因此，一个新的行动实践研究周期（ARC4，“管理一项新的改变”）被启动，以落实和管理这些变化，着眼于落实进化模型（B 模型）。

（4）AR4，简称响应式方法。通过对之前三个元周期的结果分析和解释，压电式概念以新的视角、用隐喻的方式出现，来解决信息风险管理问题。因此，这项研究便基于对这个角度寻求更深入的了解进行。这引出了关键性、关键性对齐等新概念，以及在“理解响应性”研究子周期（ARC5）中研究和讨论的响应性。基于全新的认知，在“实施响应式安全”子周期中（ARC6），制订并测试了一种不断演进的框架和方案。第 4 章详细分析和解释了这个行动实践研究周期。

附录B

系统探究辩证模型方法

系统探究辩证模型方法（Dialectic Model of Systems Inquiry，DMSI）是基于 Dick 的软系统方法论 (2002c)及 Tay 和 Lim (2004, 2007) 的改编而用于响应式安全方案。

以下列表阐明了在 GAMMA 组织中执行的系统探究辩证模型和 FIRM（请参阅附录 C）。它包括四个主要辩证过程，如图 B-1 所示。

（1）这个辩证阶段的目的是了解问题情况，并明确企业的安全响应和关键性对齐的需求，以及组织中相关资源（如人力、时间和能力）的限制和约束（如合规性及建筑或位置的物理特性要求）。这个辩证阶段涉及以下四个步骤。

a. 计划——我列出了项目目标、预期结果及相关处理流程提交给 CIO 和 CSO 以获得同意和反馈。然后，我在 CSO 的帮助下制定了项目计划，同时也确定利益相关者和个人在项目和研究中的角色。接着使用 FIRM 制定问题列表为该辩证的下一步做好准备。

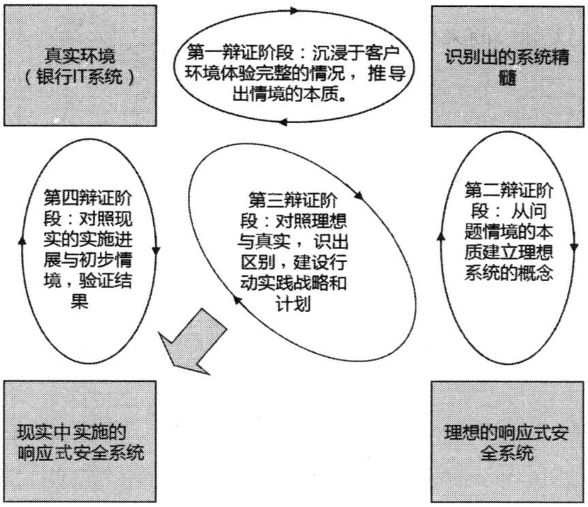

图 B-1　响应式安全方案的系统探究辩证模型方法。改编自 Dick（2002b）和 Tay & Lim (2004，2007)

b. 行动——我与参与者进行面谈，即六名工作人员和 CSO，他们按照信息风险管理框架组件描述组织环境，包括其结构、IT 基础设施、应用程序、客户，以及所涉及的信息。期间允许我交互提问，并尽可能深入到组织中了解其业务和优先级。通过辩证的过程，组织体系的要点被列出。进一步详细核查对支持主要优先级别事项所需的 IT 系统情况，查明其现有的经营状况相关的风险和局限性，包括他们的关键性对齐要求。

c. 观察——我聆听了口头访谈并观察了访谈过程中参与者的非语言反馈，以学习和了解情况。此外，我回顾了可用文献以识别关键事件，同时了解了当前正在实践的系统，以及和信息安全规划相关的业务需求。

d. 反思——我对所收集的信息进行批判性反思，确立关键性风险问题和关注点，以及安全响应和业务关键性对齐要求，并寻找针对性的反驳证据。我还反思了计划结果及行动实践执行过程，以确定对随后行动实践可能的改进。

（2）第二阶段辩证的目的是从问题情况的本质建立理想信息安全体系的概念，以提供 GAMMA 所需的关键性功能，通过信息风险管理框架的组件迭代，假设所需资源可用。第二辩证阶段涉及如下内容。

a. 计划——CSO 一致认为，日常工作职能超出了初步实施的范围。CIO 确定了一个合适的 IT 供应商来设计并实施新的 IT 系统（待开发），并安排第二辩证阶段。基于在第一辩证阶段制定的组织系统的要点，我准备了相关文档，并分发到所有参与者，以便他们预先阅读。

b. 行动——两组参与者，一组来自第一辩证阶段的 GAMMA 组织，另一组来自外部 IT 公司的 IT 系统设计团队，该设计团队是 CIO 在辩证阶段为设计新的 IT 基础设施而指定的。我通过审查已经准备好的问题，向与会者分享我对信息安全框架和响应式方案的理解推进该辩证阶段的进展。供应商学会了新的模型和方案，并反过来分享了对第一辩证阶段所发现问题的理想解决办法和方案，以及安全响应和关键性对齐需求。理想的系统需求大部分都依赖于 GAMMA 新的 IT 基础设施项目。理想的安全系统包括响应式安全系统的所有关键组件，对不同组的工作人员定制全面的安全培训和教育计划，以提高他们的安全能力和预备状态。辩证会后，IT 供应商开始设计符合业务的响应式方法和关键性对齐需求的理想解决方案。我和 CSO 在决定其理想的模型解决方案之前审查了 IT 供应商提供的建议。CSO 所需的安全系统是 ISO / IEC 27001 标准下可认证的，基于其标准的指导所设计的信息安全管理系统。

c. 观察——我观察辩证会议的会议过程，包括参与者的意见和他们对响应式安全方法的理解，以及他们如何以现有的 IT 解决方案支持响应式安全方法的要求。过后，我回顾了理想的解决方案文档，并与负责具体技术细节的 IT 供应商确认，以确保满足其业务关键性对齐要求（第一辩证阶段中识别出来的）和响应式安全的需求。

d. 反思——我回顾并对上述步骤的结果及辩证单元的最后辩证进行批判性反思以在随后的辩证周期进行可能的改进。批判性反思包括寻求对理想解决方案完整性的驳斥证据以确保其有效性满足响应和业务关键性对齐要求。

（3）在第三辩证阶段的过程中，理想的响应式安全系统与现有的环境和 CIO 的 IT 基础设施计划对比，导出在第一辩证阶段识别的可用资源的限制下，符合关键性对齐和安全响应要求的合理化系统。这个行动实践研究周期涉及以下四个步骤。

a. 计划——我整理从第一和第二辩证阶段的输出得到的所有文档，与 CSO 确立第三辩证阶段会议的目标，提供此次辩证过程所需的知识与 CSO 分享，并为会议确定议程。CSO 通知利益相关者，其中包括 CSO 团队成员和 IT 供应商，确保他们为会议做好准备。

b. 执行——利益相关方会商并使理想的响应式安全体系对现有资源和公认的商业环境的限制合理化。最终商定的系统包括一个漏洞管理系统，支持反恶意软件程序迅速更新。要支持新的政策要求，IT 系统打补丁是至关重要的。这包括银行的高级管理人员使用的少数桌面和网络系统，通过核心的客户数据库系统和管理基础设施支持。一种提高冗余性和核心数据库系统可用性的系统也被提出，由于现行制度仍然在一个传统的平台上，只能当新的 IT 基础设施已经实施时才能升级到新的平台，有可能需要两年的时间才能完成。事件的准备和响应过程也通过辩证会话确认为对利益相关者和 GAMMA 组织工作人员的培训计划。实施计划包括了选择和分配第三方安全咨询服务提供商，进行外部安全渗透测试，以验证系统完成后对已知风险的安全性。辩证的输出记录在实施之前发给利益相关者进行确认。CSO 负责从他的上级管理人员获得实行该计划的预算审批。

c. 观察——我观察利益相关者的行动（他们对过程、响应式方法，支持响应需求和业务关键性对齐要求的最终 IT 系统设计，以及辩证会议的过程的理解）。在这期间，我对参加者提出的意见、关注点、疑问和假设做了笔记。之后，回顾了合理化解决方案的文档，并与具体技术细节的 IT 供应商确认，以确保满足业务关键性对齐要求（之前的辩证中识别出来的要求）和响应式安全的需求。

d. 反思——我再次回顾并对上述步骤的结果及辩证阶段的最终文档进行批判性反思，以在随后的辩证周期中进行可能的改进。批判性反思包括寻求对合理解决方案的完整性寻找驳斥证据，以确保其有效性满足响应和业务关键性对齐的要求。

（4）第四个也是最后一个辩证阶段，在最终的 IT 系统完成后进行。在这个辩证过程中，我跟进采访了 CSO 和利益相关方，以从之前的辩证设计确定计划实施的实际状态，我再次使用了 FIRM 以确保计划执行的完整性。这个辩证阶段的主要目的是确定这个合理化系统的实施是否已经取得了第一个辩证阶段完成后所确定的预期成果。这涉及以下行动实践研究的步骤：

a. 计划——我整理好所有从前面三个阶段辩证输出派生的文档，与 CSO 建立这个辩证会话的目标，提供此次辩证所需的知识在过程中与CSO分享，并为会议确定议程。CSO通知利益相关者，其中包括CSO团队成员和IT供应商，确保他们为会议做好准备。

b. 执行——CSO集合利益相关者。我促进了合理化系统执行情况的审查，IT供应商作为主要贡献者共享实际情况的信息，以及有待解决的突出问题，其中包括行动计划。安全渗透测试服务提供商的测试计划和报告也作为辩证的一部分进行审查。回顾第一个辩证阶段设立的要求和第三个辩证阶段达成一致的合理化系统的信息，以确定是否有反对供应商声称的实施状态的任何驳斥证据。

c. 观察——观察辩证会议各利益相关方的评价和反馈。在该辩证阶段完成时，一个新的漏洞管理系统已经落实，各高级管理人员和工作人员配套使用的IT系统也已经应用了最新平台版本和安全性能，以达到关键策略执行的要求。同时，安全意识项目已经实施，其中包括培训组织的所有（两千多名）员工，从高级管理人员开始。外部安全顾问对新系统执行安全测试，这表明此次实施对已知安全攻击有效，漏洞管理系统已准备好实现新的安全更新。

d. 反思——我回顾了这次行动实践研究达到的结果，并对观察结果进行批判性反思、分析并寻求驳斥证据，以确定通过外部安全顾问进行的安全测试的结果和改进系统的实施状态是否与所声明和所展示的一致，并提高了组织的安全准备效率。

附录C 信息风险管理框架

FIRM是基于2001年由我参与共同开发的新加坡IT安全标准框架(SPRING Singapore, 2001)，如图 C-1 所示）改编的。该框架“是一个结构，用于支持或包含”设计安全计划之前需要识别和评估的安全要求重点部分的定义 (Princeton University, 2003)。

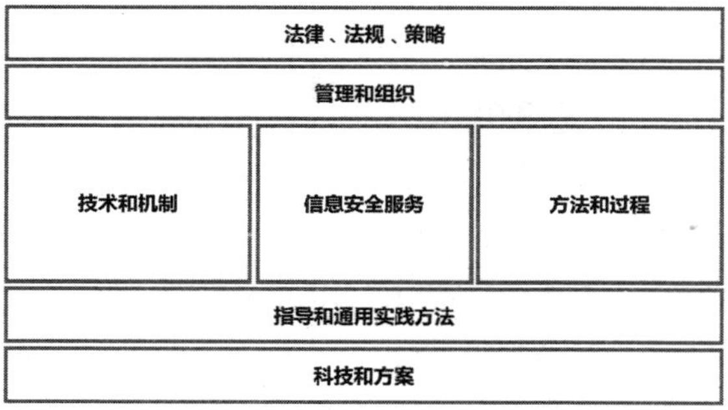

图 C-1 信息风险管理框架（FIRM）

按照《美国传统英语词典》提供的框架定义，信息安全框架在本质上包含了有关组织的信息安全的“一组构成了观察现实的方式的假设、概念、价值和做法” (Houghton Mifflin Company, 2000)。该框架包含了该项研究开始以来所学习和理解的，特别是 ALPHA 组织信息安全风险管理项目设计中的经验和构思。

该框架由七个部分组成，都是影响信息风险管理行动战略和计划的主要治理变量。因此，它也被称为“用于识别信息风险管理的治理变量框架”。

每个部分有四个参数，即“输入”、“输出”、“结果”和“测量”，以帮助其识别、说明，以及随后的设计和实施。一组文档模板也被设计用于开发和记录框架的每个组成部分的重要成果。

该框架应该从自上而下的应用，由识别相关法律、法规和对企业的政策开始，了解边界、业务和信息安全的限制，以及相关合规性要求（如表 C-1 所示）。此组件的目的是确定：（1）组织内部和外部的治理规章和法律法规对其业务、安全计划和组织商业战略的影响；（2）在需要解决的相关业务和信息风险评估基础上，整体安全战略中所需的安全策略。

表 C-1　法律、法规及策略参数

输　入	输　出	结　果	测　量
• 相关的法律法规 • 威胁评估 • 商业和信息风险	• 威胁模式 • 企业信息安全策略	• 理解什么是有风险的 • 明晰保护和风险管理的边界	• 需要的合规性程度 • 需要核查的要求频率 • 验证或合规性认证的类型

除了业务规则和相关法律法规，评估还应考虑外部和内部风险因素（即威胁环境）、企业现有的业务策略，可能需要添加的新安全策略，或更新或删除现有的安全策略，基于连续风险评估，法律和法规的变化，以及商业环境的转变。

下一个组成部分是当前管理和组织的结构，还有任何已知的、用于不久的将来的，以及会对结构产生变化的计划（如表 C-2 所示）。了解这部分的目标是：（1）识别和定义所需的管理承诺、远景和任务，安全倡议/项目的目标及支持其实施的组织结构；（2）明确角色和责任，以及对安全组织和计划交付/执行的财务模型。在评估这个部分时，从数据上的分析反映出以下几个需要回答的问题。

（1）该组织的安全是如何管理的？它将完全由内部管理、外包还是内部和外部活动的结合？

（2）谁为该组织的安全负责任？组织是否有专职的安全官、隐私管控官或组织中的首席信息风险官？他/她们的角色和责任是什么？

（3）该组织的汇报结构是什么？信息安全或风险管理部门向谁汇报？组织安全部门是

基于分布式、集中式还是矩阵式的汇报结构模型?

(4)该组织的安全部门如何得到经济或财务上的支持?如何为信息安全解决方案提供资金?安全部门和安全方案实施、建设和运营所需的资源是由业务部门、企业部门还是两者组合来提供的?

(5)信息安全所需资源(包括人员、系统和服务等)的确定和采购的过程是怎样的?是否有任何法律、法规或公司策略管理这方面的安全需求?

(6)相对于上述问题的现行做法是什么?

表 C-2　管理和组织参数

输　入	输　出	结　果	测　量
• 企业前景和使命 • 业务、IT 管理组织和结构	• 安全前景和使命 • 安全组织结构 • 安全财务模式 • 安全项目和战略 • 安全角色和职责	• 明晰预期的结果、角色和责任,以及财务承诺和结构。	• 基于评估模板的输出文档的完整性 • 用户对信息安全的认知

列出所产生的输出和表 C-3 中所期望的结果后,下一步是制定安全要求规范以构成框架中的安全服务组件。

表 C-3　信息安全服务组件参数

输　入	输　出	结　果	测　量
• 业务部门和应用的需求规范 • IT 基础设施系统设计/蓝图 • 服务水平和保证要求	• 安全要求规范 • 基于业务部门,应用和 IT 基础设施需求的安全服务列表 • 安全验收标准	• 确定什么必须得到保护,以及如何获得保证	• 保护的水平,达到保证的水平,和/或专用于每个服务的及时性

该框架的关键组成部分是信息安全服务组件,用来连接或支持所有的其他部件。该组件所需的信息安全服务应基于业务要求,其中包括业务的短期和长期计划。表 C-3 概述了信息安全服务组件要确定的四个参数。

通用的信息安全服务包括身份识别和验证,访问控制(或授权管理),保护信息机密性,保护信息完整性,不可抵赖性,责任性及系统、信息和人员的可用性。

根据组织和国家的不同，个人数据隐私保护可能是该组织信息安全计划的重要要求之一。在这种情况下，个人数据或隐私保密服务可能需要被识别并获得信息安全服务外的支持。隐私服务可能包括明确的通知选项数据、收集限制数据的使用控制。如当地的隐私法规，或广为接受的国际或区域框架——如亚太经合组织隐私框架 (APEC-TEL, 2004b)。

确定信息安全服务需求之后，下一个部分是评估组织中所使用的安全解决方法和过程，以及那些支持信息安全服务的实施和运作所需要的元素，如表 C-4 所示。

表 C-4 方法和过程参数

输 入	输 出	结 果	测 量
• 安全要求规范 • 安全验收标准	• 安全管理蓝图 • 满足安全服务需求的流程和方法的列表	• 管理和监控业务安全运营的系统 • 系统应识别和应对新出现的安全问题和漏洞，并解决已知的安全隐患	• 安全管理报告 • 安全准备就绪指标，如应用安全更新的及时性；事件/警报的准备和响应性（反应的及时性）

常见的方法和过程的例子有：

- 威胁建模和风险识别方法——必须为信息安全服务的识别和优先次序划分提供输入
- 验证和保证解决方案和流程的完成
- 风险的监测、度量和指标
- 安全基线工程和构建过程
- 应用安全开发保证流程
- 事件响应和处理
- 安全更新和变更管理
- 业务连续性和灾难恢复规划与管理
- 应急通信和管理
- 持续的安全意识培训和教育方案

ISO/IEC 27002“信息安全管理实践准则”(ISO/IEC, 2000, 2005f, 2013b) 获得通过，成为该部分的参考。方法和过程部分可以在技术和机制组件的同时、之前或之后评估，它们基于同一组输入文档。

这两个部分必须被集成，以确保有用于支撑执行和运行的技术措施所需的适当过程和方法，并在可能的情况下，将技术用于更多的自动化，以减少人为错误，提高信息安全系统的效率和有效性。

在一般情况下，技术和机制组件可分为（1）基础设施的安全系统，和（2）资源的安全系统，如表 C-5 所示。

表 C-5　技术和机制参数

输　入	输　出	结　果	测　量
• 安全要求规范 • 安全验收标准	• 安全架构蓝图	• 系统提供服务以支持技术和管理安全要求，确保合规性，符合策略并为持续的安全管理提供能力	• 完整性 • 要求规范预防差距 • 剩余风险指标

基础设施的安全系统是提供用于实现信息安全的基础技术机制，其中包括：

- 验证系统
- 授权系统
- 审计/会计系统
- 网络安全系统
- 边界隔离
- 网络隔离
- 主机隔离
- 公钥基础设施（PKI）系统，如证书颁发机构、目录服务
- 密码、密钥管理和服务系统（库、安全模块等）

资源安全系统是那些对资源（包括基础设施，如网络）执行特定控制的系统，以实现在安全服务中识别的所期望安全属性，如：

- 网络访问授权/保护系统
- 信息访问授权/保护服务
- 数据库访问和安全服务
- 业务应用程序的访问和安全服务

基于上述五个组件的输出，下一步是评估通用做法和指导（如表 C-6 所示）以物色合

适的标准和准则，与现有的和所需的做法相比较。组织现在应该在制定具体的技术机制或行动战略的流程设计之前确定采纳和实施的适当做法。这些步骤的目的是确定其他的常用手法，以及可满足不同需求的标准，以实现：

- 更好的互操作性
- 通用基线
- 减少错误
- 提高保证

表 C-6　指导和通用实践方法

输　入	输　出	结　果	测　量
• 安全管理与架构蓝图	• 必需、有益的指导和最佳做法的列表	• 明晰详细资源、程序，以及用于执行的配置	• 意识指标 • 做法和功效测试 • 安全响应准备就绪指标

最终的部分是在前面的步骤（如表 C-5 所示）中的技术和用于实现此技术机制的解决方案、方法和设计流程（如表 C-7 所示）。

表 C-7　技术和方案参数

输　入	输　出	结　果	测　量
• 安全管理与架构蓝图	• 实际的安全管理和架构设计规范	• 明晰物理基础设施和系统，包括实施、维护和运营所需的资源的细节	• 成本有效性 • 范围和实施情况 • 安全准备就绪指标

经过这部分，现有及所需的技术蓝图完成审查和优化。策略和实施的影响，在资源、合规性和及时性方面也进行了评估。在资源、合规性和及时性上对策略和实施的影响进行评估是因为技术选择可能被策略和法规影响。策略也可能需要修改，以满足由所选的新技术带来的挑战。

参考资料

Abrams, M. D., Amoroso, E. G., LaPadula, L. J., Lunt, T. F., & Williams, J. G. (1993). Report of an integrity research study group. *Computer & Security, 12*, 679-689.

Ackoff, R. L. (1999). *Ackoff's Best: His Classic Writings on Management*: John Wiley & Sons, Inc.

Adams, J. (1995). *Risk*. New York: Routledge.

Adams, J. (1999). Cars, Cholera, and Cows: The Management of Risk and Uncertainty. *Policies Analysis* (March 4) 335.

Adams, N. B. (2013). *Andragogy: Adult Learning Theory*. Hammond: Southeastern Louisiana University.

Alberts, C., & Dorofee, A. (2002). *Managing Information Security Risks: The OCTAVE Approach*: Addison Wiley.

Allen, P. (2002). Security still hung up on technology. Retrieved from http://www.vnunet.com/News/1131385

Amoroso, E. (1999). *Intrusion Detection: An Introduction to Internet Surveillance, Correlation, Trace Back, Traps, and Response*.New York: AT&T.

Anderson, R. (2001a). *Security Engineering:A Guide to Building Dependable Distributed Systems*. New York: John Wiley & Sons.

Anderson, R. (2001b). *Why Information Security is Hard - An Economic Perspective*. Retrieved from http://www.cl.cam.ac.uk/~rja14/Papers/econ.pdf

Anderson, R., & Moore, T. (2006). The Economics of Information Security. *Science, 314* (5799), 610-613.

Anderson, R., & Moore, T. (2007). *The Economics of Information Security: A Survey and Open Questions*. Paper presented at the Fourth bi-annual Conference on the Economics of the Software and Internet Industries, Toulouse, France. Retrieved from http://www.cl.cam.ac.uk/~rja14/Papers/toulouse-summary.pdf

APCERT. (2010). *APCERT knocks down cyber crimes with financial incentives in drill exercise*. Retrieved from http://www.apcert.org/documents/pdf/Drill2010_PressRelease.pdf

APCERT. (2011). *APCERT protects critical infrastructure against cyber attacks in drill exercise*. Retrieved from http://www.apcert.org/documents/pdf/Drill2011_ PressRelease.pdf

APCERT. (2012). *APCERT embarks on global coordination to mitigate advanced persistent threats.* Retrieved from http://www.apcert.org/documents/pdf/ APCERTDrill2013PressRelease_AP.pdf

APCERT. (2013). *APCERT embarks on global coordination to mitigate large scale denial of services attacks*. Retrieved from http://www.apcert.org/documents/pdf/APCERTDrill2013PressRelease_AP.pdf

APCERT. (2014). *APCERT embarks on global coordination to counter cyber-ops*. Retrieved from http://www.apcert.org/documents/pdf/Drill2014_PressRelease.pdf

APCERT. (2015). *APCERT embarks on cyber attacks beyond traditional sources*. Retrieved from http://www.apcert.org/documents/pdf/APCERTDrill2015PressRelease_Final.pdf

APCERT. (2016). *APCERT conducts a cyber drill on an evolving threat and financial fraud.* Retrieved from http://www.apcert.org/documents/pdf/APCERTDrill2016PressRelease.pdf

APEC-TEL. (2004a). *APEC Cybersecurity Strategy.*

APEC-TEL. (2004b). *APEC Privacy Framework v1.0.*

Argyris, C. (2004). *Reasons and Rationalizations: The Limits to Organizational Knowledge.* Oxford University Press.

Argyris, C., & Schon, D. A. (1991a). Participatory Action Research and Action Science Compared: A commentary. In W. F. Whyte (Ed.), *Participatory Action Research* (pp. 85-96). Newbury Park, London, New Delbi: Sage Publication.

Argyris, C., & Schon, D. A. (1991b). *Theory in Pactice: Increasing professional effectiveness.* San Francisco: Jossey-Bass Publishers.

Arora, A., Krishnan, R., Nandkumar, A., Telang, R., & Yang, Y. (2004). *Impact of Vulnerability Disclosure and Patch Availability - An Empirical Analysis.* Retrieved from Pittsburgh: http://www.dtc.umn.edu/weis2004/telang.pdf

AusCERT. (2002). *2002 Australian Computer Crime and Security Survey.* Retrieved from http://www.auscert.org.au/crimesurvey

AusCERT. (2003). *2003 Australian Computer Crime and Security Survey.* Retrieved from http://www.auscert.org.au/crimesurvey

AusCERT. (2004). *2004 Australian Computer Crime and Security Survey.* Retrieved from http://www.auscert.org.au/crimesurvey

AusCERT. (2005). *2005 Australian Computer Crime and Security Survey.* Retrieved from http://www.auscert.org.au/crimesurvey

Avison, D., Lau, F., Myers, M., & Niesen, P. A. (1999). Action Research. *Communications of the ACM, 42*(1).

Bace, R., & Mell, P. (2001). *Intrusion Detection Systems* (SP 800-31).

Bailey, M., Cooke, E., Jahanian, F., Nazario, J., & Watson, D. (2004). *The Internet Motion Sensor: A Distributed Blackhole Monitoring System*. Retrieved from http://www. eecs. umich.edu/~emcooke/pubs/ims-ndss05.pdf

Practicing Guidelines for IT Outsourcing, 1191-2546 C.F.R. (2003).

Barton, T. L., Shenkir, W. G., & Walker, P. L. (2002). *Making Enterprise Risk Management Pay Off - How Leading Companies implement Risk Management*: Financial Times-Prentice Hall.

Baskerville, R. L. (1991). Risk analysis as a source of professional knowledge. *Computer & Security,* 10(8), 749-764.

Baskerville, R. L. (1993). Information Systems Security Design Methods: Implications for Information System Development. *ACM Computing Survey, 25*(4), 375-414.

Bazerman, M. H., & Watkins, M. (2004). *Predictable surprises : the disasters you should have seen coming, and how to prevent them*. Boston, Mass.: Harvard Business School Press.

Bazerman, M. H., & Watkins, M. D. (2004). The Collapse of Enron and the Failure of Auditor Independence *Predictable Surprises: The disasters you should have seen coming and how to prevent them* (pp. 43-67): Harvard Business School Press.

BBC Online. (1999). How Leeson Broke the Bank.Retrieved from http://news.bbc.co.uk/ 2/hi/business/375259.stm

BBC Online. (2005, September 9). Award for tsunami warning pupil.Retrieved from http://news.bbc.co.uk/1/hi/uk/4229392.stm

Bell, D. E., & LaPadula, L. (1976). *Secure Computer System: Unified Exposition and MULTICS Interpretation*. Hanscom AFB, Bedford, MA 01731.

Berghel, H. (2005). The Two Sides of ROI: Return on Investment vs Risk of Incarceration. *Communications of the ACM, 48*(4), 15-20.

Berti, J., Hansche, S., & Hare, C. (2003). *Official (ISC)2 Guide to the CISSP Exam*: Auerbach Publisher.

Bhagyavati, & Hicks, G. (2003, October 2003). *A Basic Security Plan for a Generic Organization.* Paper presented at the CCSC Rocky Mountain Conference.

Birkland, T. A. (1997). *After Disaster: Agenda Setting, Public Policy, and Focusing Events.* Washington D. C.: Georgetown University Press.

Bjorck, F. J. (2005). *Discovering Information Security Management.* (Doctor of Philosophy), Stockholm University and Royal Institute of Technology, Stockholm. Retrieved from http://www.dsv.su.se/research/sedab/pages/pdf-files/05-010.pdf

Blakley, B., McDermott, E., & Geer, D. (2001, September 2001). *Less is More: Information Security is Information Risk Management.* Paper presented at the 2001 Workshop on New Security Paradigms, Cloudcroft, New Mexico, USA.

Blank, D. (2001). Hacker Hit Men for Hire. *Bloomberg BusinessWeek.* Retrieved from http://www.businessweek.com/stories/2001-05-02/hacker-hit-men-for-hire

Bogolea, B., & Wijekumar, K. (2004). *Information Security Curriculum Creation: A Case Study.* Paper presented at the Information Security Curriculum Development Conference 2004, Kennesaw, GA, USA.

Borge, D. (2001). *The Book of Risk*: John Wiley & Sons.

Boyne, R. (2003). *Risk.* Buckingham; Philadelphia: Open University Press.

Brotby, W. K., Bayuk, J., Coleman, C., Garcia, L., Henning, R. R., Katz, S. R., . . . Vael, M. (2006). *Information Security Governance - Guidance for Boards of Directors and Executive Management* (2nd ed.): IT Governance Institute.

Browne, P. S. (1972, August 1972). *Computer Security: A Survey*. Paper presented at the SIGBDP, Boston.

BSI. (1999a). Part 1: Code of practice for information security management *BS; 7799-1. 1999* (Second Edition ed.). London: Bristish Standards Instituion (BSI).

BSI. (1999b). Part 2: Information security management systems *BS; 7799-2. 1999* (Second Edition ed.). London: British Standards Institution (BSI).

Burger, E. B., & Starbird, M. (2005). *Coincidences, Chaos, and All That Math Jazz: Making light of weighty ideas*. New York, London: W. W. Norton & Company.

Burrell, G., & Morgan, G. (1979). *Sociological Paradigms and Organizational Analysis: Elements of the Sociology of Corporate Life*. London: Heinemann.

Byrum, S. (2003, October 18). The Impact of the Sarbanes-Oxley Act on IT Security. *SANS Institute Reading Room.* Retrieved from http://www.sans.org/rr/whitepapers/casestudies/1344.php

Caritas India. (2005). Caritas Tsunami Relief: One Year Report. Retrieved from http://www.caritasindia.org/MiscelImg/tsunami-1year-rpt.pdf

Cavusoglu, H., Mishra, B., & Raghunathan, S. (2004). A model for evaluating IT security investments. *Communications of the ACM,* 47(7), 87-92. doi:10.1145/1005817.1005828

CBC. (2005, September 4). Hurricane Katrina timeline. *CBC News Indepth.* Online. Retrieved from http://www.cbc.ca/news/background/katrina/katrina_timeline.html

CERT/CC. (2001a, 05/10/2001). CA-2001-11 sadmind/IIS Worm. *CERT® Advisory.* Retrieved from http://www.cert.org/advisories/CA-2001-11.html

CERT/CC. (2001b, 09/25/2001). CA-2001-26 Nimda Worm. *CERT® Advisory.*Retrieved from http://www.cert.org/advisories/CA-2001-26.html

CERT/CC. (2001c, 08/06/2001). Incident Note IN-2001-09. Code Red II: Another Worm Exploiting Buffer Overflow in IIS Indexing Service DLL. *CERT® Incident Note.* Retrieved from http://www.cert.org/incident_notes/IN-2001-09.html

CERT/CC. (2002a, 05/24/2005). CA-2002-03 Multiple Vulnerabilities in Many Implementations of the Simple Network Management Protocol (SNMP). *CERT® Advisory.*Retrieved from http://www.cert.org/advisories/CA-2002-03.html

CERT/CC (2002b). [Incident Note IN-2002-04: Exploitation of Vulnerabilities in Microsoft SQL Server].

CERT/CC. (2003a, 01/27/2003). CA-2003-04 MS-SQL Server Worm. *CERT Advisory.* Retrieved from http://www.cert.org/advisories/CA-2003-04.html

CERT/CC. (2003b, 08/14/2003). CA-2003-20 W32/Blaster Worm. *CERT Advisory.* Retrieved from http://www.cert.org/advisories/CA-2003-20.html

CERT/CC. (2004, 01/30/2004). Incident Note IN-2004-01. W32/Novarg.A Virus. *CERT® Incident Note.*Retrieved from http://www.cert.org/incident_notes/IN-2004-01.html

Chapple, M. (2007). Network isolation as a PCI Data Security Standard compliance strategy. *Information Security Magazine*. Retrieved from http://searchsecurity.techtarget. com/tip/0,289483,sid14_gci1249908,00.html

Charette, R. N. (1991). The Risks with Risk Analysis. *Communications of the ACM,* 34(6), 106.

Charter 2000-Aliran. (2004). Earthquake-tsunami catches local media napping *Malaysia Media Monitors' Diary*: Charter 2000-Aliran.

Checkland, P. (1981). *Systems Thinking, Systems Practice*: John Wiley & Sons.

Checkland, P. (1999). *Systems Thinking, Systems Practice: Includes a 30-Year Retrospective* (New Ed edition ed.): John Wiley & Sons.

Checkland, P., & Holwell, S. (1998). *Information, Systems, and Information Systems：making sense of the field*: John Wiley & Sons.

Checkland, P., & Scholes, J. (1990). *Soft Systems Methodology in Action*. Toronto: John Wiley and Sons.

Chew, l., Clay, A., Hash, J., Bartol, N., & Brown, A. (2006). *Guide for Developing Performance Metrics for Information Security*. Retrieved from http://csrc.nist.gov/publications/ drafts.html#sp800-80

Chin, S. Y. (2004). Phone call saved scores of Indian villagers from tsunami. Retrieved from http://www.mail-archive.com/gkd@phoenix.edc.org/msg02013.html

Clark, D., & Wilson, D. A. (1987). *A comparison of commercial and military computer security policies*. Paper presented at the IEEE Symposium Security & Privacy.

Clark, D. L. (2003). *Enterprise Security： The Manager's Defense Guide*.Addison-Wesley.

Clark, S., Coombes, D., Denny, C., Dixon, W., Harrison, R., & Ryan, S. (2006). *Server and Domain Isolation Using IPsec and Group Policy*. Redmond, Washington: Microsoft Press.

Clarke, S., & Drake, P. (2003). A social perspective on information security: theoretically grounding the domain *Social-technical and human cognition elements of information systems*. Hershey, PA: Idea Group Publishing.

CNN. (1998a, August 25). Tsunamis threaten world's coastlines. *Environmental News Network, CNN Sci-tech*. Retrieved from http://www.cnn.com/TECH/science/9808/25/tsunamis.yoto/index.html?eref=sitesearch

CNN. (1998b). USGS Studies Tsunamis in the Atlantic. *Environmental News Network, CNN Sci-tech*.Retrieved from http://www.cnn.com/TECH/science/9806/16/tsunami.yoto/index.html?eref=sitesearch

CNN. (2002). Deadly bird flu sweeps across Hong Kong. *CNN.com/World*.Retrieved from http://archives.cnn.com/2002/WORLD/asiapcf/east/02/05/hk.flu/index.html

CNN. (2005a, February 4). Getting word out a challenge in tsunami warnings: System for Indian Ocean would require reaching remote areas. *Science & Space.*Retrieved from http://www.cnn.com/2005/TECH/science/01/06/tsunami.science/index.html

CNN. (2005b, August 29). Hurricane Katrina: Voices from the Gulf Coast. *Special Report.* Online. Retrieved from http://www.cnn.com/SPECIALS/2005/katrina/

CNN. (2006). Tsunami: A Timeline. *CNN.com.*Retrieved from http://www.cnn.com/interactive/world/0412/timeline.tsunami/frameset.exclude.html

Cohen, F. (1998). Time-based Security. *Managing Network Security.*Retrieved from http://all.net/journal/netsec/1998-10.html

Colebatch, H. K. (2002). *Policy* (Second ed.). Buckingham; Philadelphia: Open University Press.

Computing Research Association. (2003). CRA Conference on Grand Research Challenges in Information Security & Assurance.

Control Data Systems. (1999). *Why Security Policies Fail*. Retrieved from Arden Hills: Control Data Systems.

Costello, P. J. M. (2003). *Action Research*. London, New York: Continuum.

Daniels, R. J., Kettl, D. F., & Kunreuther, H. (Eds.). (2006). *On Risk and Disaster: Lessons from Hurricane Katrina*. Philadelphia: University of Pennyslvania Press.

Davis, L., & Hase, S. (1999). Developing capable employees: The work activity briefing. *Journal of Workplace Learning,* 8, 35-42.

Degraeve, Z. (2004). *Risk: How to make decisions in an uncertain world*. London: Format Publishing.

Dempsey, K., Chawla, N. S., Johnson, A., Johnston, R., Jones, A. C., Orebaugh, A., . . . Stine, K. (2011). *Information Security Continuous Monitoring (ISCM) for Federal Information*

Systems and Organizations. (800-137). National Institute of Standards and Technology Retrieved from http://csrc.nist.gov/publications/nistpubs/800-137/SP800-137-Final.pdf.

Denning, D. E. (1999). *Information Warfare and Security*: Addison Wesley & ACM Press Book.

Denning, D. E., & Denning, P. J. (1979). Data Security. *Computing Survey,* 11(3), 227-249.

Denning, D. E. R. (1982). *Cryptography and Data Security*: Addison Wesley.

Denning, P. J. (2002). Career Redux ：How can one design a career when career as an institution is dead? Entrepreneur has an answer. *Communications of the ACM,* 45(9), 21-26.

Denning, P. J. (2003). Accomplishment: Language-action philosophy uncovers the truth about effective coordination and accomplishment. *Communications of the ACM,* 46(7), 19-23.

Dhillon, G., & Backhouse, J. (2000). Information System Security Management in the New Millennium. *Communications of the ACM,* 43(7), 125-129.

Dhillon, G., & Backhouse, J. (2001). Current directions in IS security research: towards socio-organizational perspectives. *Information Systems Journal,* 11, 127-153.

Dick, B. (1993). You want to do an action research thesis? How to conduct and report action research. *Action Research and Evaluation On-Line (AREOL).*Retrieved from http://www.scu.edu.au/schools/gcm/ar/arthesis.html

Dick, B. (1997a). Choosing action research. *Action Research and Evaluation On Line (AREOL).*Retrieved from http://www.scu.edu.au/schools/gcm/ar/arp/choice.html

Dick, B. (1997b). Dialectic processes. *Action Research and Evaluation On Line (AREOL).* Retrieved from http://www.aral.com.au/resources/dialectic.html

Dick, B. (2000). Data-driven action research. *Action Research and Evaluation On Line (AREOL).*Retrieved from http://www.scu.edu.au/schools/gcm/ar/arp/datadriv.html

Dick, B. (2001). Action Research: Action and Research. In S. Sankaran, B. Dick, R. Passfield, & P. Swepson (Eds.), *Effective Change Management Using Action Learning and Action Research - Concepts, Frameworks, Processes, Applications* (pp. 21-28): Southern Cross University Press.

Dick, B. (2002a). The change process and action research. Session 2 of AREOL. *Action Research and Evaluation On Line (AREOL).*Retrieved from http://www.scu.edu.au/schools/gcm/ar/areol/areol-session02.html

Dick, B. (2002b). Entry and contracting. Session 3 of AREOL. *Action Research and Evaluation On Line (AREOL).*Retrieved from http://www.scu.edu.au/ schools/ gcm/ar/areol/areol-session03.html

Dick, B. (2002c). Soft Systems Methodology. *Action Research and Evaluation On Line (AREOL).*Retrieved from http://www.scu.edu.au/schools/gcm/ar/areol/areol-session13.html

Dick, B. (2002d). Soft Systems Methodology. *Action Research and Evaluation On Line (AREOL).* Retrieved from http://www.scu.edu.au/schools/gcm/ar/areol/areol-session13.html

Dick, B., Passfield, R., Sankaran, S., & Swepson, P. (Eds.). (2001). *Effective Change Management Using Action Learning and Action Research : Concepts, Frameworks, Processes and Applications*: Southern Cross University Press.

Doll, M. W., Rai, S., & Granado, J. (2003). *Defending the Digital Frontier : A Security Agenda*: Ernest and Young LLP.

Dorey, P. (1994). Security Management and Policy. In W. Caelli (Ed.), *Information Security Handbook* (pp. 27-74). New York: Stockton Press.

Drucker, P. F. (1973). *Management: Tasks, Responsibilities, Practices*: Harper &Rows.

Drucker, P. F. (1990). *Managing the Non-profit Organization : Principles and Practices*: HarperCollins.

eEye Digital Security. (2004, April 13). Windows Local Security Authority Service Remote Buffer Overflow. *Advisories.*Retrieved from http://research.eeye.com/html/advisories/published/AD20040413C.html

Egan, M., & Mather, T. (2005). *The Executive Guide to Information Security: Threats, Challenges, and Solutions*.Symantec Press.

Emery, M., & Devane, T. (1999). Search Conference. In P. Holman & T. Devane (Eds.), *The Change Handbook；Group Methods for Shaping the Future* (pp. 25-41). Berrett-Koehler Publishers, Inc.

Ernst & Young. (2004). *Global Information Security Survey 2004.*

Ernst & Young. (2005). *Global Information Security Survey 2005: Report on the Widening Gap.*

Ernst & Young. (2006). *Global Information Security Survey 2006: Achieving success in a globalized world - is your way secure?*

Ernst & Young. (2008). *Global Information Security Survey 2008: Moving beyond compliance.*

Ernst & Young. (2012a). *Cybersecurity: an emerging risk for global banks and the financial system.*

Ernst & Young. (2012b). *Global Information Security Survey 2012: Fighting to close the gap.* Retrieved from

Evernote. (2013). Security Notice: Service-wide Password Reset. Retrieved from http://evernote .com/corp/news/password_reset.php

Ferris, J. M. (1994). Using Standards as a Security Policy Tool. *StandardView, 2*(2), 72-77.

Finlay, I. A., & Morda, D. G. (2003, August 14, 2003). Vulnerability Note VU#568148: Microsoft Windows RPC vulnerable to buffer overflow. *US-CERT Advisory.* Retrieved from http://www.kb.cert.org/vuls/id/568148

Flood, R. L. (1999). *Rethinking the Fifth Discipline: Learning within the unknowable*: Routledge.

Frahim, J. (2005). Intrusion Detection and Prevention Technologies. In O. Santos (Ed.), *Cisco ASA: All-in-One Firewall, IPS, and VPN Adaptive Security Appliance* (Vol. 2006): Cisco Press.

Fukuyama, F. (1995). *Trust: The social virtues and the creation of prosperity*. Simon & Schuster.

Furnell, S. (2002). *Cybercrime: Vandalizing the Information Society*. United Kingdom: Addison-Wesley.

Gagliardi, G. (2004). *The Warrior Class :306 Lessons in Strategy* (G. Gagliardi, Trans. Vol. Three). Clearbridge Publishing.

Garfinkel, S., & Spafford, G. (1997). *Web security & commerce* (1st ed.). Sebastopol: O'Reilly.

Gigerenzer, G. (2002). *Reckoning with Risk :Learning to live with uncertainty*. London: Penguin Books.

Gladwell, M. (2005). *Blink - the power of thinking without thinking*. New York; Boston: Back Bay Books.

Goh, M.-H. (1999). *Business Continuity Planning for Banks in Asia : A Case Study in Standard Chartered Bank.* (Doctor of Philosophy), University of South Australia, Australia.

Goh, M.-H. (2003). *The Severe Acute Respiratory Syndrome (SARS) Epidemic in Asia: Business Continuity Planning Considerations*.

Gordon, L. A., & Loeb, M. P. (2002). The economics of information security investment. *ACM Transactions on Information and System Security (TISSEC), 5*(4), 438-457. doi:10.1145/581271.581274

Gordon, L. A., Loeb, M. P., & Sohail, T. (2003). A Framework for using Insurance for Cyber-risk Management. *Communications of the ACM,* 46(3), 81-85.

Graham, R. (1998, 2000). FAQ: Network Intrusion Detection Systems. Retrieved from http://www.windowsecurity.com/whitepapers/intrusion_detection/FAQ_Network_Intrusion_Detection_Systems_.html

Grance, T., Hash, J., & Stevens, M. (2004). *Security Considerations in the Information System Development Life Cycle* (SP 800-64 REV. 1). Retrieved from http://csrc.nist.gov/publications/nistpubs/800-64/NIST-SP800-64.pdf

Grance, T., Hash, J., Stevens, M., O'Neal, K., & Bartol, N. (2003). *Guide to Information Technology Security Services* (SP 800-35).

Greenberg, E. (2003). *Mission-Critical Security Planner - When hackers don't take no for an answer*: Wiley.

Greenspan, A. (2007). *The Age of Turbulence: Adventures in a New World*. Penguin Books.

Griffey, J. (2012). The rise of the tablet. *Library Technology Reports,* 48(3), 7.

Grow, B., Hamm, S., Greene, J., & Lacy, S. (2005, Aug 25). From Black Market to Free Market. *News Analysis and Commentary, Business Week.* Online. Retrieved from http://www.businessweek.com/magazine/content/05_34/b3948022_mz011.htm?chan=search

Gupta, M., Chaturvedi, A. R., Mehta, S., & Valeri, L. (2000, 12/10/2000). *The experimental analysis of information security management issues for online financial services.* Paper presented at the Proceedings of the twenty first international conference on Information systems.

Hall, R. E. (2001). *Digital Dealing: How e-Markets are Transforming the Economy*. United Kingdom: TEXERE Publishing Ltd.

Handy, C. (2002). *The Elephant and the Flea : Reflections of a reluctant capitalist*. Harvard Business School Press.

Hanford, P. (2003). Developing director and executive competencies in strategic thinking. In B. Garratt (Ed.), *Developing Strategic Thought : A collection of the best thinking on business strategy* (Second ed., pp. 191-226). London: Profile Books.

Hase, S., & Tay, B.-H. (2004). *Capability for Complex Systems: Beyond Competence.* Paper presented at the Systems Engineering/Test and Evaluation (SETE) Conference 2004, Adelaide, Australia.

Heijden, K. v. d. (1996). *Scenarios: The Art of Strategic Conversation*. John Wiley & Sons Ltd.

Hellen, I., & Goetz, S. (2004, November 24, 2004). Securing Wireless LANs with Certificate Services. *Microsoft TechNet Security Resource Center.*Retrieved from http://technet.microsoft.com/library/cc527055

Hinson, G. (2005a, September 9). The value of information security awareness. *Noticebored - Creative help for your information security awareness program.*Retrieved from http://www.noticebored.com/html/why_awareness_.html

Hinson, G. (2005b, September 9). The value of information security awareness. *Noticebored - Creative help for your information security awareness program.*Retrieved from http://www.noticebored.com

Holton, G. A. (2006a). Barings Debacle.Retrieved from http://www.riskglossary.com/link/barings_debacle.htm

Holton, G. A. (2006b). Enron Debacle.Retrieved from http://www.riskglossary.com/link/enron.htm

Hoo, K. J. S. (2000). *How Much is Enough? A Risk-Management Approach to Computer Security.*

Houghton Mifflin Company. (2000). *The American Heritage Dictionary of the English Language* (Fourth ed.). Houghton Mifflin Company.

Howard, M., & LeBlanc, D. (2003). *Writing Secure Code: Practical strategies and techniques for secure application coding in a networked world* (Second ed.). Microsoft Press.

Howard, M., & Lipner, S. (2005). *The Trustworthy Computing Security Development Lifecycle.* MSDN Library.

Humphrey, T. (2002, August 13-14). *Keynote Address - Information Security Management.* Paper presented at the BS7799 Goes Global - 1st International Summit on Information Security Management Standards and Practice, Marriott Hotel, Singapore.

ISO. (2001). ISO Guide 73: Risk management Vocabulary Guidelines for use in standards (pp. 28): ISO.

ISO/IEC. (1999). TR 13335-4: *Guidelines for the management of IT security (GMITS). Part 4: Selection of safeguards.*

ISO/IEC. (2000). IS 17799: Code of Practice for Information Security Management. *Information Technology Security Techniques*: ISO/IEC.

ISO/IEC. (2004a). IS 13335: Management of Information and Communications Technology security. Part 1: Concepts and models for Information and Communications Technology security management *Information technology Security techniques* (pp. 34): ISO/IEC.

ISO/IEC. (2004b). IS 13335: *Management of Information and Communications Technology security . Part 1: Concepts and models for Information and Communications Technology security management.*

ISO/IEC. (2005a). CD 13335: Management of Information and Communications Technology security . *Part 2: Information security risk management Information technology - Security techniques* (pp. 83): ISO/IEC.

ISO/IEC. (2005b). CD 13335: *Management of Information and Communications Technology security . Part 2: Information security risk management.*

ISO/IEC. (2005c). IS 15408-1: Evaluation criteria for IT security. *Part 1. Introduction and general model Information technology - Security techniques*: ISO/IEC.

ISO/IEC. (2005d). IS 15408-2: Evaluation criteria for IT security . *Part 2: Security functional requirements* (2nd Edition) *Information technology - Security techniques* (pp. 252): ISO/IEC.

ISO/IEC. (2005e). IS 15408-3 : Evaluation criteria for IT security. *Part 3: Security assurance requirements* (2nd Edition) *Information technology - Security techniques* (pp. 166): ISO/IEC.

ISO/IEC. (2005f). IS 17799: Code of Practice for Information Security Management *Information Technology - Security Techniques* (Second Edition ed.): ISO/IEC.

ISO/IEC. (2005g). IS 27001*: Information Security Management System - Requirements.*

ISO/IEC. (2005h). IS 27001*: Information Security Management Systems - Requirements.*

ISO/IEC. (2005i). IS 27002*: Code of Practice for Information Security Management.*

ISO/IEC. (2006). IS 18043: Information technology Security techniques Selection, deployment and operations of intrusion detection system *Information technology Security techniques*: ISO/IEC.

ISO/IEC. (2008). IS 27005*: Information security risk management.*

ISO/IEC. (2009a). IS 27004: Information security management - Measurement *Information Technology - Security Techniques* (First Edition ed.): ISO/IEC.

ISO/IEC. (2009b). IS 27004*: Information Security Management System - Measurement.* ISO/IEC. (2011). IS 27031: *Guidelines for information and communication technology readiness for business continuity.*

ISO/IEC. (2013a). IS 27001: Information Security Management Systems - Requirements *Information Technology - Security Techniques* (Second Edition ed.): ISO/IEC.

ISO/IEC. (2013b). IS 27002: Code of Practice for Information Security Controls *Information Technology - Security Techniques* (Second Edition ed.): ISO/IEC.

Jackson, K. M., Hruska, J., & Parker, D. B. (Eds.). (1994). *Computer Security Reference Book*: Butterworth Heinemann.

Jackson, M. C. (2003). *Systems Thinking: Creative Holism for Managers*. John Wiley & Sons, Ltd.

Jaquith, A. (2007). *Security metrics - replacing fear, uncertainty, and doubt*. Addisn-Wesley, Pearson Education.

Jones, J. A. (2005). An Introduction to Factor Analysis of Information Risk (FAIR). A framework for understanding, analyzing, and measuring information risk. *Journal of Information Assurance, 2*(1), 67.

Kabay, M. E. (2002). Using Social Psychology to Implement Security Policies *Computer Security Handbook* (Fourth ed., pp. 35-31 to 35-22). John Wiley & Sons.

Kahn, D. (1996). *The Codebreakers : The Comprehensive History of Secret Communication from Ancient Times to the Internet* (Revised Edition ed.). Scribner.

Kang, M.-C. (1996, December 5, 1996). *Network Security: Have you installed a firewall or fireplace?* Paper presented at the IT Security in Banking Conference, Singapore.

Kang, M.-C. (2004). Review: A social perspective on information security. Review of Clarke, 2003，48*Computing Reviews*.

Kang, M.-C. (2005a). Information Security : A Systemic View. *PISA Journa l*, 14-18.

Kang, M.-C. (2005b, November 28-29). *IT Auditing in the Face of the Changing IT Risk Environment - It's not just about compliance.* Paper presented at the Internal Audit Asia Conference, Singapore.

Kang, M.-C. (2007). *Project discussions.* Paper presented at the 6th RAISE Forum Meeting, Singapore.

Kean, T. H., Hamilton, L. H., Ben-Veniste, R., Kerrey, B., Fielding, F. F., Lehman, J. F., . . . Thompson, J. R. (2004). *The 9/11 Commission Report : Final Report of the National Commission on Terrorist Attacks upon the United States*: W. W. Norton.

Kemmis, S., & McTaggart, R. (Eds.). (1988). *The Action Research Reader* (Third ed.): Deakin University.

Kerravala, Z. (2011). Making Sense of Cisco's Borderless Networks Architecture.

Kienzle, D. M., & Elder, M. C. (2003, October 27). *Recent Worms: A survey and trends.* Paper presented at the WORM 2003, Washington, DC, USA.

Kittler, F. (1998). *On the History of the Theory of Information Warfare.* Paper presented at the ARS Electronica Festival 98 Symposium - INFOWAR.

Klevinsky, T. J., Laliberte, S., & Gupta, A. (2002). *Hack I.T.: Security Through Penetration Testing*. Addison-Wesley.

Kluepfel, H. M. (1994, September). Securing a Global Village and its Resources. *IEEE Communications Magazine,* 82-89.

Knowles, J. (2005, June 30). *Digital Security Risk Management: Basing Security Protection on Business Risk.* Paper presented at the FIRST Corporate Executives Program, Singapore.

Kohl, U. (1995). *From Social Requirements to Technical Solutions : Bridging the Gap with User-Oriented Data Security.* Paper presented at the Information Security - the Next Decade, IFIP TC11 Eleventh International Conference on Information Security, IFIP/Sec '95, Cape Town, South Africa.

Koskosas, I. V., & Paul, R. J. (2004, 03/25/2004). *The interrelationship and effect of culture and risk communication in setting internet banking security goals.* Paper presented at the Proceedings of the 6th international conference on Electronic commerce.

Kovacich, G. L. (2003). *The Information Systems Security Officer's Guide* (2nd ed.): Elsevier Science.

Kowalski, S. (1995). *A Day in the Life of a Swedish IT Security Officer*. Paper presented at the Information Security the Next Decade, IFIP TC11 Eleventh International Conference on Information Security, IFIP/Sec 1995, Cape Town, South Africa.

Krebs, B. (2003). Internet Worm Hits Airline, Banks.

Kwok, R. (2001). An Action Learning Experience in an Engineering Organization. In S. Sankaran, B. Dick, R. Passfield, & P. Swepson (Eds.), *Effective Change Management Using Action Learning and Action Research: Concepts, Frameworks, Processes, Applications* (pp. 247-257): Southern Cross University Press.

Lanza, J. P. (2002, August 5, 2006). Vulnerability Note VU#484891: Microsoft SQL Server 2000 contains stack buffer overflow in SQL Server Resolution Service. *US-CERT Advisory*.Retrieved from http://www.kb.cert.org/vuls/id/484891.

Lawson, H. (2004). Philosophy as Saying the Unsayable. In H. Carel & D. Gamez (Eds.), *What Philosophy Is* (pp. 274-291). London, New York: Continuum.

Leeson, N. (1996). *Rogue Trader*: Little, Brown and Company.

Legon, J. (2004, January 27). Tricky MyDoom e-mail worm spreading quickly: Worm launches attack on site for Unix-owner SCO Group. *Technology*. Retrieved from http://www.cnn.com/2004/TECH/internet/01/26/mydoom.worm/index.html

Lemos, R. (2004, February 3). Microsoft shrugs off MyDoom attack. Retrieved from http://news.com.com/Microsoft+shrugs+off+MyDoom+attack/2100-7349_3-5152702.html

LeVegue, V. (2006). *Information Security: A Strategic Approach*: Wiley-IEEE Computer Society Press.

Levinson, H. C. (1963). *Chance, Luck, and Statistics*. Canada: Dover Publications.

Lupton, D. (1999). *Risk*: Routledge.

Lynley, M. (2011). PBS Hackers: We crached Sony Pictures, compromised 1M accounts. Retrieved from http://venturebeat.com/2011/06/02/lulzsec-hacks-sony/

Madrick, J. (2002, March 21, 2002). Economic Scene; Effective victory in the war against terror hinges on cutting off resources. *The New York Times,* p. 2.

Magretta, J. (2002). *What Management Is*: The Free Press.

Mahtani, A. (2004, June 2004). *False Sense of Security in the Enterprise.* Paper presented at the Microsoft Asia Trustworthy Computing Council, Singapore.

Maiwald, E. (2004). *Fundamentals of Network security*: McGraw Hill.

Maiwald, E., & Sieglein, W. (2002). *Security Planning and Disaster Recovery*: McGraw Hill/Osborne.

Manser, M. H., & Turton, N. D. (1987). *The Pengiun Wordmaster Dictionary*: Pengiun Books.

March, J. G., & Simon, H. A. (1958). *Organizations*. New York: John Wiley and Sons.

Masnick, M. (2006). Virus Writers Looking to Slow Things Down. Retrieved from http://techdirt.com/articles/20060925/170612.shtml

Matsushima, M. (2000, March 2001). Opening Remarks. *The Bank of Japan EMEAP High-Level Workshop on Development of Information Technology and Central Banking.* Retrieved from http://www.boj.or.jp/en/ronbun/01/iwp01e01.htm

Mayengbam, S. (2006). Research Exposes Business Risk Blind Spot. *SDA Asia - Software, Development & IT Architecture.*

McDougall, P. (2002a, Dec 25, 2002). Bank On Outsourcing For Big Savings - Deutsche Bank and Washington Mutual want to cut costs but stay cutting edge. *Information Week.*

McDougall, P. (2002b, Dec 30, 2002). JP Morgan Chase signs $5B services deal IBM wins the seven years outsourcing contract. *Information Week.*

McDougall, P. (2002c, Dec 19, 2002). Unisys Wins Outsourcing Deal With Seattle Bank. *Information Week.*

McGee, K. G. (2004). *Heads Up: How to anticipate business surprises and seize opportunities first*. Boston, Massachusetts: Harvard Business School Press.

McKeown, K., Clarke, L., & Stankovic, J. (2003). CRA Workshop on Research Related to National Security: Report and Recommendations. *Computing Research News, 15*(4), 5.

Meier, J. D., Mackman, A., Dunner, M., Vasireddy, S., Escamilla, R., & Murukan, A. (2003). Building Secure ASP.NET Pages and Controls. In L. Finnel (Ed.), *Improving Web Application Security: Threats and Countermeasures* (pp. 919): Microsoft Press.

Mello Jr., J. P. (2013). Ransomware gang nabbed by European cops. *CSO.* Retrieved from http://www.csoonline.com/article/2133026/malware-cybercrime/ransomware-gang-nabbed-by-european-cops.html?source=CSONLE_nlt_update_2013-02-19

Mercuri, R. T. (2003). Analyzing security costs. *Communications of the ACM, 46*(6), 15-18. doi:10.1145/777313.777327

Merriam-Webster. (2006). Habituate. *Merriam-Webster Online.* Retrieved from http://www.m-w.com/dictionary/habituating

Microsoft Corporation. (2002). Microsoft Security Bulletin MS02-039: Buffer Overruns in SQL Server 2000 Resolution Service Could Enable Code Execution (Q323875). Retrieved from http://www.microsoft.com/technet/security/bulletin/ms02-039.mspx

Microsoft Corporation. (2003, September 10, 2003). Microsoft Security Bulletin MS03-026: Buffer Overrun In RPC Interface Could Allow Code Execution (823980). Retrieved from http://www.microsoft.com/technet/security/bulletin/MS03-026.mspx

Microsoft Corporation. (2004, Jan 11, 2005). PSS Security Response Team Alert - Sasser Worm and Variants. *TechNet Security Virus Alert.* Retrieved from http://www.microsoft.com/technet/Security/alerts/sasser.mspx

Microsoft Corporation. (2006a). *The Security Risk Management Guide*: Microsoft Press.

Microsoft Corporation. (2006b). Win32/Antinny. *Malicious Software Encyclopedia.* Retrieved from http://www.microsoft.com/security/encyclopedia/details.aspx?name=Win32%2fAntinny

MicroWorld. (2006, March 22). Winny Virus Wreaks Data Havoc in Japan. *MicroWorld Press Release.* Retrieved from http://www.mwti.net/Microworld_press/Winny_Virus_Wrecks_Data_Havoc_in_Japan.asp

Ministry of Health Singapore. (2003). *Advice on SARS for Singaporeans and Residents Travelling Overseas* (118/2003).

Mirkovic, J., Dietrich, S., Dittrich, D., & Reiher, P. (2005). *Internet Denial of Service: Attack and Defense Mechanisms*: Prentice Hall.

Mitnick, K., & Simon, W. L. (2005). *The Art of Intrusion - The Real Stories Behind the Exploits of Hackers, Intruders & Deceivers*: Wiley Publishing, Inc.

Mitnick, K., Simon, W. L., & Wozniak, S. (2002). *The Art of Deception - Controlling the Human Element of Security*: Wiley Publishing, Inc.

Moeller, R. R. (2004). *Sarbanes-Oxley and the New Internal Auditing Rules*. Hoboken, New Jersey: John Wiley & Sons.

Monica, P. R. L. (2003, November 5). Microsoft: Bounty hunter-The world's No. 1 software company announces a $5M reward program to help catch virus authors. *CNN/Money.* Online. Retrieved from http://money.cnn.com/2003/11/05/technology/microsoftbounty/index.htm?cnn=yes

Moniz, D. (2003, September 7, 2003). Monthly costs of Iraq, Afghan wars approach that of Vietnam. *USA Today*. Retrieved from http://www.usatoday.com/news/world/iraq/2003-09-07-cover-costs_x.htm

Moses, R. (1994). Risk Analysis and Management. In K. M. Jackson, J. Hruska, & D. B. Parker (Eds.), *Computer Security Reference Book* (pp. 227-263): Butterworth Hienemann.

Nakao, K. (2004). *Information Security Technologies in Japan.* Paper presented at the Inaugural Regional Asia Information Security Standards (RAISS) Forum Meeting, Tokyo, Japan.

Nakao, K. (2005). *Introduction and Updates on Information Security Technologies and Activities in Japan.* Paper presented at the 2nd Regional Asia Information Security Standards (RAISS) Forum Meeting, Singapore.

Nakao, K. (2006, November 1). *Collaboration of Security Operation - Telecom-ISAC Japan.* Paper presented at the ISO/IEC JTC 1/SC 27 Cybersecurity Seminar, Singapore.

National Geographic. (2004, January 14). The Dealiest Tsunami in History? *National Geographic News.*Retrieved from http://news.nationalgeographic.com/news/2004/12/1227_041226_tsunami.html

NIST. (2000). *Federal Information Technology Security Assessment Framework*. Washington, D.C.: CIO Council, United States General Accounting Office.

Northcutt, S. (1999). *Network Intrusion Detection - An Analyst's Handbook*: New Riders Publication.

Norton, M. (2001). Basics of Network Segmentation: Switching and Bridging. *Networking as a 2nd Language, O'Reilly Network*. Retrieved from http://www.oreillynet.com/pub/a/network/2001/03/16/net_2nd_lang.html

O'Kelley, N. (2013, March 31, 2013). Three Ways Technology Work to Improve Security. Retrieved from http://redwireus.com/three-ways-technology-works-to-improve-security/

Ormerod, P. (2005). *Why Most Things Fail ... And how to avoid it.* London: Faber and Faber.

Parker, D. B. (1998). *Fighting Computer Crime: A New Framework for Protecting Information* (Second Edition ed.): John Wiley & Sons, Inc.

PCB Piezotronics Inc. (2002, Sep 1, 2006). General Piezoelectric Theory. *Technical Support - General Theory.* Retrieved from http://www.pcb.com/techsupport/tech_gen.php

Pelline, J. (2004, February 2). MyDoom downs SCO site. Retrieved from http://news.com.com/MyDoom+downs+SCO+site/2100-7349_3-5151572.html

Perrow, C. (1999). *Normal Accidents: Living with High-Risk Technologies*. Princeton, New Jersey: Princeton University Press.

Perry, W. E. (1985). *Management Strategies for Computer Security*. Boston: Butterworth.

Pethia, R. D. (2001). Information Technology : How prepared are we for attacks.

Pfleeger, C. P. (1997). *Security in Computing* (2nd ed.): Prentice Hall PTR.

Piper, F. (2006, April 11, 2006). *Planning a Global Strategy for the Future of Information Security*. Paper presented at the International Symposium on the Future of Security and Privacy, Seoul, Korea.

Posner, R. A. (2004). *Catastrophe - Risk and Response*: Oxford University Press.

Potter, B., & Fleck, B. (2003). *802.11 Security*: O'Reilly.

PriceWaterhouseCoopers. (2003). *Information Security: A strategic guide for business* (1-891865-11-0). Retrieved from

PricewaterhouseCoopers, & DTI. (2002). *Information security breaches survey* (URN 02/318). Retrieved from London: http://www.pwc.com/images/gx/eng/ about/svcs/grms/2002Detailedreport.pdf

PricewaterhouseCoopers, & DTI. (2004). *Information security breaches survey* (URN 04/617). Retrieved from London: http://www.pwc.com/images/gx/eng/about /svcs/grms/2004Technical_Report.pdf

PriceWaterhouseCoopers, L. L. P. (2011). The consumerization of IT- The next-generation CIO: PwC.

Princeton University. (2003). WordNet 2.0.

Prystay, C. (2003, May 16-18). SARS Squeezes Travel Industry in Asia. *The Asian Wall Street Journal*, p. M8.

Ptacek, T. H. (1998). Important Comments: Intrusion Detection. Retrieved from https://honor.trusecure.com/pipermail/firewall-wizards/1998-February/002135.html

Pugh, D. S., & Hickson, D. J. (1996). *Writers on Organizations: An invaluable introduction to the ideas of leading authorities on management* (Fifth ed.): Penguin Books.

Rafail, J. A. (2004, April 13). Vulnerability Note VU#753212: Microsoft LSA Service contains buffer overflow in DsRolepInitializeLog() function. *US-CERT Advisory*. Retrieved from http://www.kb.cert.org/vuls/id/753212

Raymond, E. S., & Landley, R. W. (2004). Habituation, Expertise, and Undo Operations. In E. S. Raymond (Ed.), *The Art of Unix Usability*.

Rees, J., Bandyopadhyay, S., & Spafford, E. H. (2003). PFIRES: a policy framework for information security. *Communications of the ACM, 46*(7), 101-106. doi:10.1145/792704.792706

Revans, R. (1980). *Action Learning: New techniques for management*. London: Blond & Briggs.

Revans, R. (1982). *The Origins and Growth of Action Learning*. Bromley: Chartwell-Bratt.

Revans, R. (1998). *ABC of Action Learning: Empowering managers to act to learn from action* (3rd ed.). London: Leomos and Crane.

Richmond, R. (2011, April 2, 2011). The RSA Hack: How They Did It. *The New York Times*. Retrieved from http://bits.blogs.nytimes.com/2011/04/02/the-rsa-hack-how-they-did-it/

Ringland, G. (1998). *Scenario Planning: Managing for the Future*: John Wiley & Sons Ltd.

Ringland, G. (2002). *Scenarios in Business*: John Wiley & Sons.

Rodewald, G. (2005, September 23-24). *Aligning Information Security Investments with a Firm's Risk Tolerance.* Paper presented at the Information Security Curriculum Development (InfosecCD) Conference 2005, Kennesaw, GA, USA.

Sankaran, S., Tay, B.-H., & Cheah, Y.-S. (2004). Application of a Dialectical Model of Soft Systems Methodology to Conduct Action Research. *Action Learning and Action Research (ALAR) Journal, 9*(1), 93-104.

Schelling, T. C. (1960). *The Strategy of Conflicts*: Havard University.

Schneier, B. (1997). Cryptography, Security and the Future. *Communications of the ACM, 40*(1), 138.

Schneier, B. (2001). *Secrets and Lies*: John Wiley & Sons.

Schneier, B. (2002). How to think about security. *Cryptogram Newsletter.* April 15, 2002. Retrieved from http://www.schneier.com/crypto-gram-0204.html#1

Schneier, B. (2003). *Beyond Fear - Thinking Sensibly about Security in an Uncertain World*: Copernicus Books.

Schwartau, W. (2001). *Time Based Security - Measuring Security and Defensive Strategies in a Networked Environment* (Revised ed.): Interpact Press.

Schwartz, P. (1996). *The Art of the Long View*: Doubleday.

Senge, P. M. (1990). *The Fifth Discipline - The Art and Practice of The Learning Organization*: Random House.

Senge, P. M. (2006). *The Fifth Discipline - The Art and Practice of the Learning Organization* (Revised ed.): Currency Doubleday.

Shain, M. (1994). An Overview of Security. In W. Caelli (Ed.), *Information Security Handbook* (pp. 1-26). New York: Stockton Press.

Singh, S. (1999). *The Code Book - The Science of Secrecy from Ancient Egypt to Quantum Cryptography*: Fourth Estate Limited.

Siponen, M. T. (2000a). A conceptual foundation for organizational information security awareness. *Information Management and Computer Security, 8*(1), 31-41.

Siponen, M. T. (2000b). Critical analysis of different approaches to minimizing user-related faults in information systems security: implications for research and practice. *Information Management and Computer Security, 8*(5), 197-209.

Skoudis, E., & Zeltser, L. (2004). *Malware: Fighting Malicious Code*. New Jersey: Prentice Hall.

Smith, M. (1998). *Virtual LANs - Construction, Operation, Utilization*: McGraw-Hill.

Song, K. (2003, May 14-18). Finance-Firm Risk Officers Say Outbreak will Reduce Earnings. *The Asian Wall Street Journal,* p. M8.

Sophos Plc. (2006). W32/Antinny-R. Retrieved from http://www.sophos.com/virusinfo/analyses/w32antinnyr.html

SPRING Singapore. (2001). *Singapore Standard 493: Specification for IT Security Standards Framework - Part 1* (SS 493). Retrieved from Singapore.

Stacey, R. D. (1992). *Managing the Unknowable: Strategic boundaries between order and chaos in organizations*: John Wiley & Sons, Inc.

Stoneburner, G., Goguen, A., & Feringa, A. (2002). *Risk Management Guide for Information Technology Systems* (SP 800-30).

Styles, E. A. (2005). *Attention, Perception and Memory: An Integrated Introduction*. Hove and New York: Psychology Pressq.

Sullivan, L. (2006, April 6). Compliance, Not Malware, Drives IT Budgets: Survey. *Information Week.*Retrieved from http://www.informationweek.com/story /showArticle.jhtml?articleID=184429550

Summers, R. C. (1997). *Secure Computing - Threats and Safeguards*: McGraw-Hill.

Swanson, M., Bartol, N., Sabato, J., Hash, J., & Graffo, L. (2003). *Security Metrics Guide for Information Technology Systems* (SP800-55). Retrieved from http://csrc.nist.gov /publications/nistpubs/800-55/sp800-55.pdf

Swanson, M., & Guttman, B. (1996). *Generally Accepted Principles and Practices for Securing Information Technology Systems*. NIST.

Symantec. (2004a). W32.HLLW.Antinny/G. *Security Response.* Retrieved from http://www.symantec.com/security_response/writeup.jsp?docid=2004-031917-3952-99

Symantec. (2004b, Feb 23, 2005). W32.Sasser.Worm. *Security Response.* Retrieved from http://www.symantec.com/security_response/writeup.jsp?docid=2004-050116-1831-99

Takakura, H. (2006). *Design and Deployment of Self-configurable Honeypot Systems to Detect Unknown Malicious Code*. Paper presented at the Joint Information Security Workshop on Internet Monitor and Analysis, Tokyo, Japan.

Tay, B.-H. (2003). *Using Action Research to develop a Social Technical Diagnostic Expert Systems for an Industrial Environment.* (Doctor of Philosophy), Southern Cross University, Lismore, Australia.

Tay, B.-H., & Lim, B. K.-P. (2004). *A Scenario-based Training System for a Railway Service Provider in Singapore.* Paper presented at the SETE 2004, Adelaide.

Tay, B.-H., & Lim, B. K.-P. (Eds.). (2007). *Using Dialectic Soft Systems Methodology as an Ongoing Self-evaluation Process for a Singapore Railway Service Provider*: American Evaluation Association.

Telegraph. (2005). Girl, 10, used geography lesson to save lives. *Telegraph News.* Retrieved from http://www.telegraph.co.uk/news/1480192/Girl-10-used-geography-lesson-to-save-lives.html

The Economist. (2003, April 26). Stopping Spam. *The Economist,* 56.

The Honeynet Project. (2002). *Know Your Enemy: Revealing the security tools, tactics, and motives of the Blackhat community*: Addison-Wesley.

Tiller, J. S. (2003). *The Ethical Hack: A Framework for Business Value Penetration Testing*: Auerbach.

Timm, K. (2010, May 19). Intrusion Detection FAQ: How does an attacker evade IDS with Session Splicing? Retrieved from http://www.sans.org/security-resources/ idfaq/ sess_ splicing.php

UNESCAP. (2006). Disaster Management and Prevention. Retrieved from http://www.unescap org/icstd/dmp.aspx

US-DoD. (1983). *Department of Defense Trusted Computer System Evaluation Criteria* (CSC-STD-001-83). Retrieved from http://www.cs.cmu.edu/afs/cs.cmu.edu/user/bsy/ security/CSC-STD-001-83.txt

US-DoD. (1985). *Department of Defense Trusted Computer System Evaluation Criteria* (DoD 5200.28-STD). Retrieved from http://www.radium.ncsc.mil/tpep/library/rainbow/ 5200.28-STD.html

Venables, P. (2004). *Information Security and Complexity - Challenges and Approaches*. Paper presented at the Burton Group's Conference on Identity Management, USA.

Viega, J. (2005, June 2005). Security Problem Solved? Solutions to many of our security problems already exist, so why are we still so vulnerable? *Queue,* 41-50.

Vijayan, J. (2005). Focus on Compliance Could Weaken Info Security, Execs Warn: IT needs a broader strategy, they say. *Computerworld.* Retrieved from http://www. Computerworld .com/printthis/2005/0,4814,106370,00.html

Volonino, L., & Robinson, S. R. (2004). *Principles and Practices of Information Security*. New Jersey, USA: Pearson Prentice Hall.

Wang, G. (2005, October 28, 2005). *Strategy and Influence for Security Success.* Paper presented at the IDG SecurityWorld, Singapore.

Wang, Y.-M., Beck, D., Jiang, X., & Roussev, R. (2005). *Automated Web Patrol with Strider HoneyMonkeys: Finding Web Sites That Exploit Browser Vulnerabilities* (MSR-TR-2005-72). Retrieved from Redmond, WA 98052:

Weick, K. E., & Sutcliffe, K. M. (2001). *Managing the Unexpected - Assuring High Performance in an Age of Complexity*: Jossey-Bass.

Whitman, M. E. (2003). Enemy at the gate: threats to information security. *Communications of the ACM, 46*(8), 91-95. doi:10.1145/859670.859675

Whittaker, Z. (2012). A year in cybersecurity and cybercrime: 2012 review.

Wilson, M., & Hash, J. (2003). *Building an Information Technology Security Awareness Program* (SP 800-50).

Wood, C. C. (1995). Writing InfoSec Policies. *Computer & Security, 14*.

Yngstrom, L. (1995, May 1995). *A holistic approach to IT security.* Paper presented at the Information Security - the Next Decade, IFIP TC11 Eleventh International Conference on Information Security, IFIP/Sec '95, Cape Town, South Africa.

Yourdan, E. (2002). *Byte Wars - The Impact of September 11 on Information Technology*: Prentice Hall PTR.

Wood, K. [illegible] (2008). [illegible]
Professional [illegible]

Wimalo, M. P. (2003). [illegible]
[illegible]

Whitaker, Z. (2007). [illegible]

Wilson, M. [illegible] (2005). [illegible]
[illegible]

Wood, [illegible]

Yang, [illegible] (2005). [illegible]
Information Security – the Next Decade. IFIP TC11 [illegible]
on Information Security. IFIP [illegible]

Yuan, [illegible] (2003). [illegible]
Prentice Hall PTR.